杨式太极拳体用图解

崔毅士 亲传
崔仲三 编著

北京体育大学出版社

策划编辑:佟　晖　　　　　　责任编辑:佟　晖
审稿编辑:鲁　牧　　　　　　责任校对:婉　英
责任印制:长　立　陈　莎

图书在版编目(CIP)数据

杨式太极拳体用图解/崔毅士亲传,崔仲三编著.-北京:北京体育大学出版社,2002.1

ISBN 7-81051-678-7

Ⅰ.杨… Ⅱ.①崔…②崔… Ⅲ.太极拳,杨式-套路(武术) Ⅳ.G852.111.9

中国版本图书馆 CIP 数据核字(2001)第 087497 号

杨式太极拳体用图解　　崔毅士　亲传
　　　　　　　　　　　崔仲三　编著

北京体育大学出版社出版发行　　新华书店总店北京发行所经销
(北京·中关村北大街　邮编:100084)　　北京雅艺彩印有限公司印刷

开本:787×960 毫米 1/16　　印张:21.875　　定价:40.00 元
2002 年 1 月第 1 版第 1 次印刷　　印数:5000 册
ISBN 7—81051—678—7/G·573
(本书因装订质量不合格本社发行部负责调换)

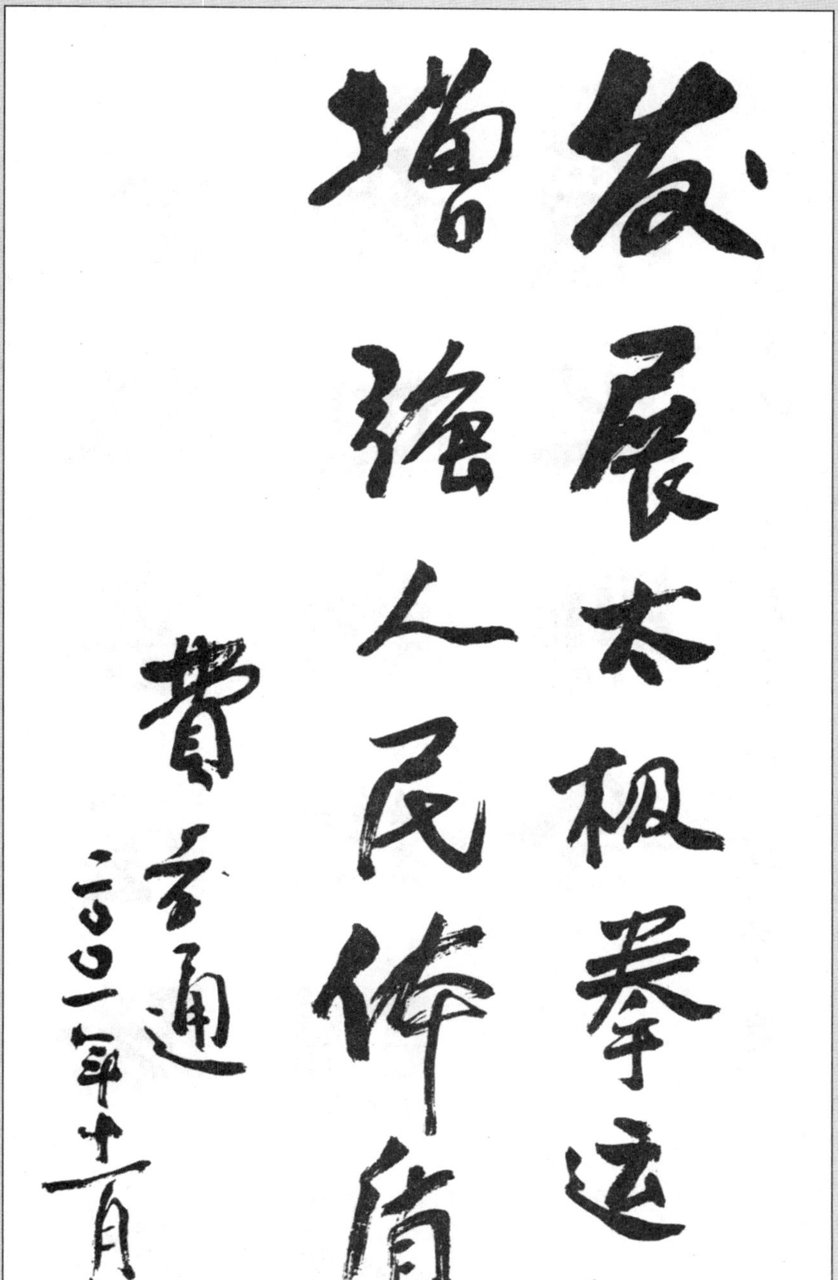
发展太极拳运动
增强人民体质
费孝通
二〇〇一年十月

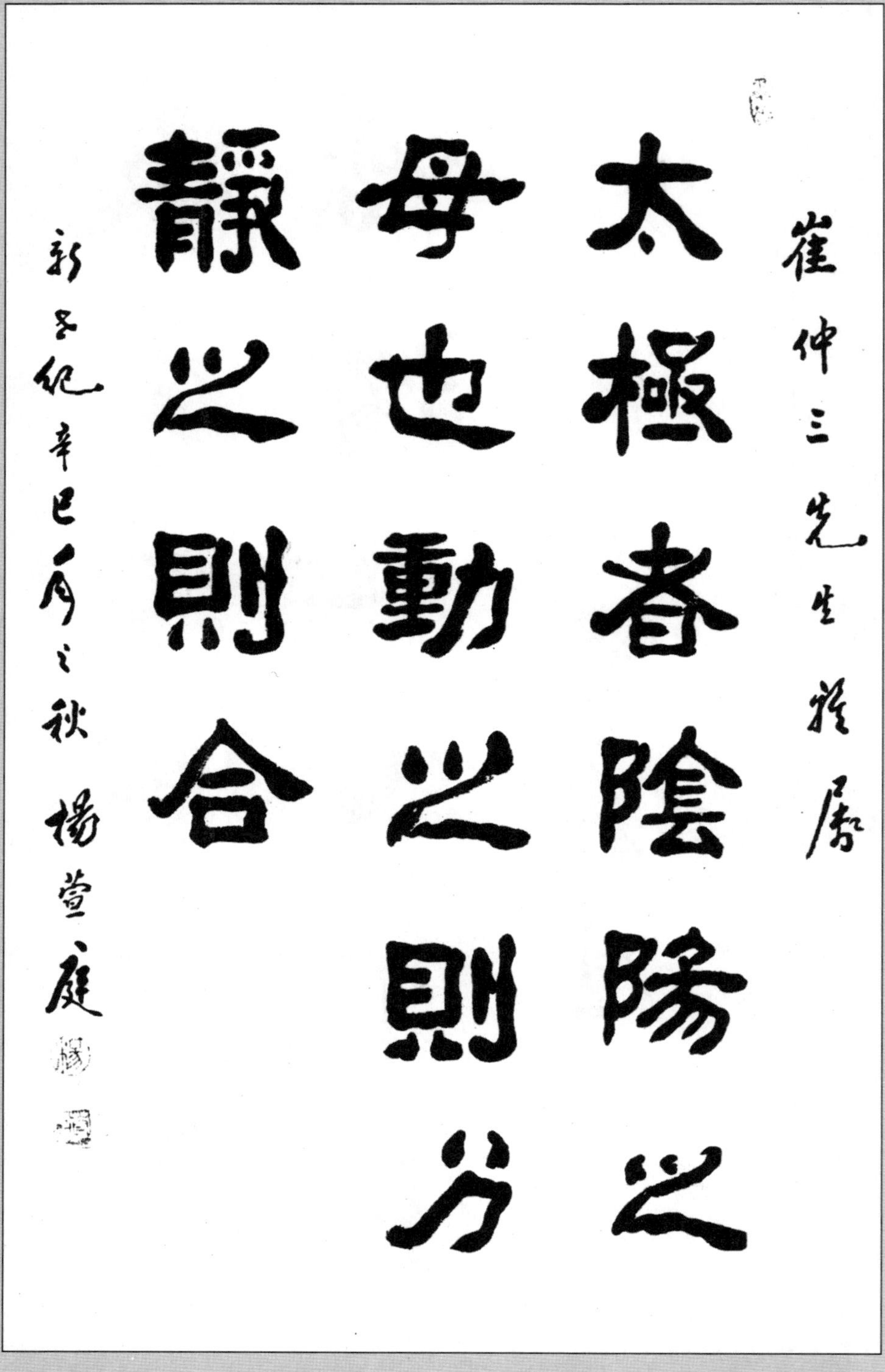
崔仲三先生雅属
太極者陰陽之
母也動之則分
靜之則合
新世纪辛巳年之秋

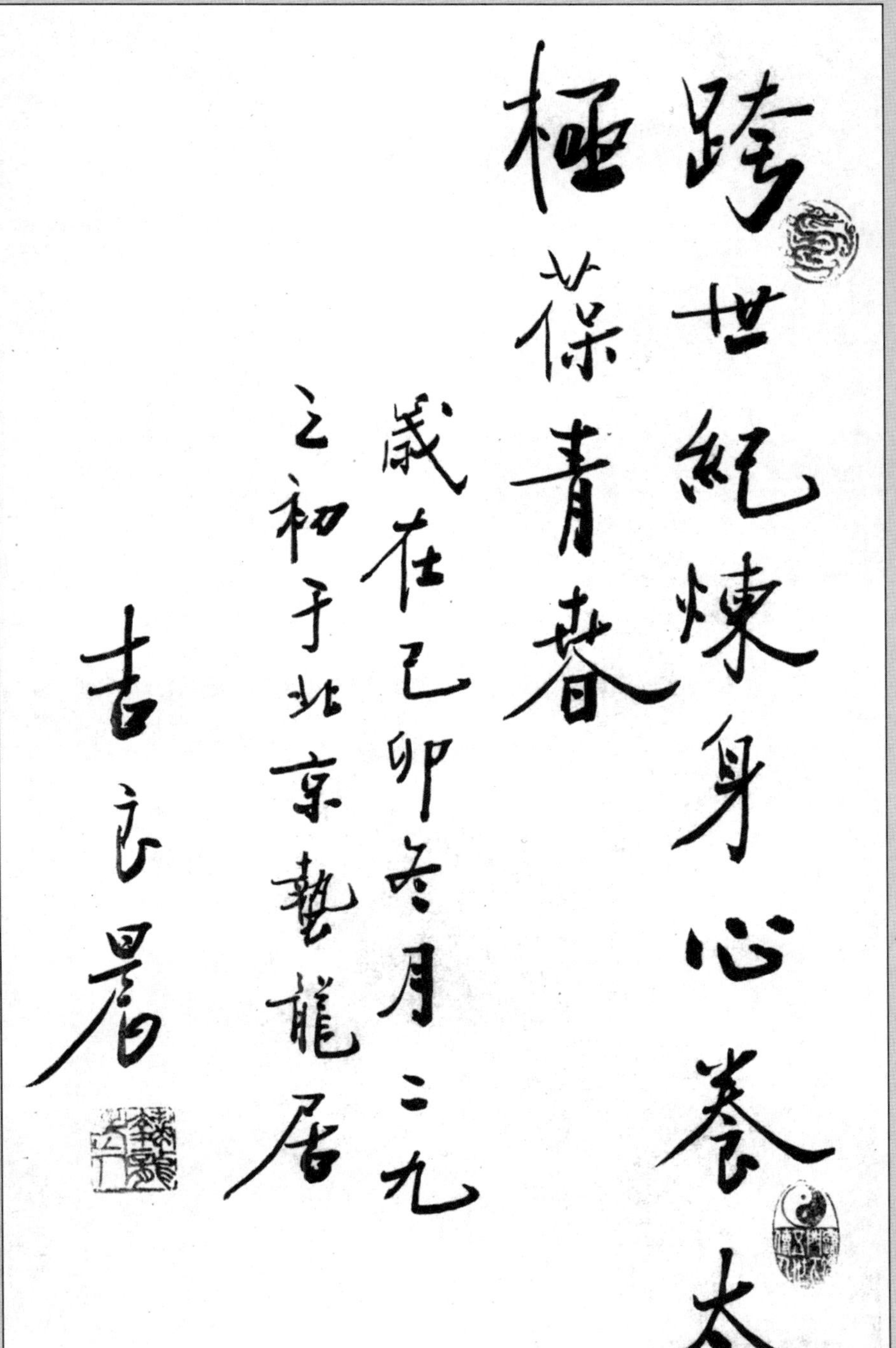
跨世紀煉身心養太極葆青春
歲在己卯冬月二九之初于北京藝龍居
吉良書

杨式太极拳一代宗师杨澄甫

杨式太极拳一代名家崔毅士

前排左起：傅钟文、崔毅士、牛椿明、刘东汉、李雅轩　后排右三为本书作者崔仲三

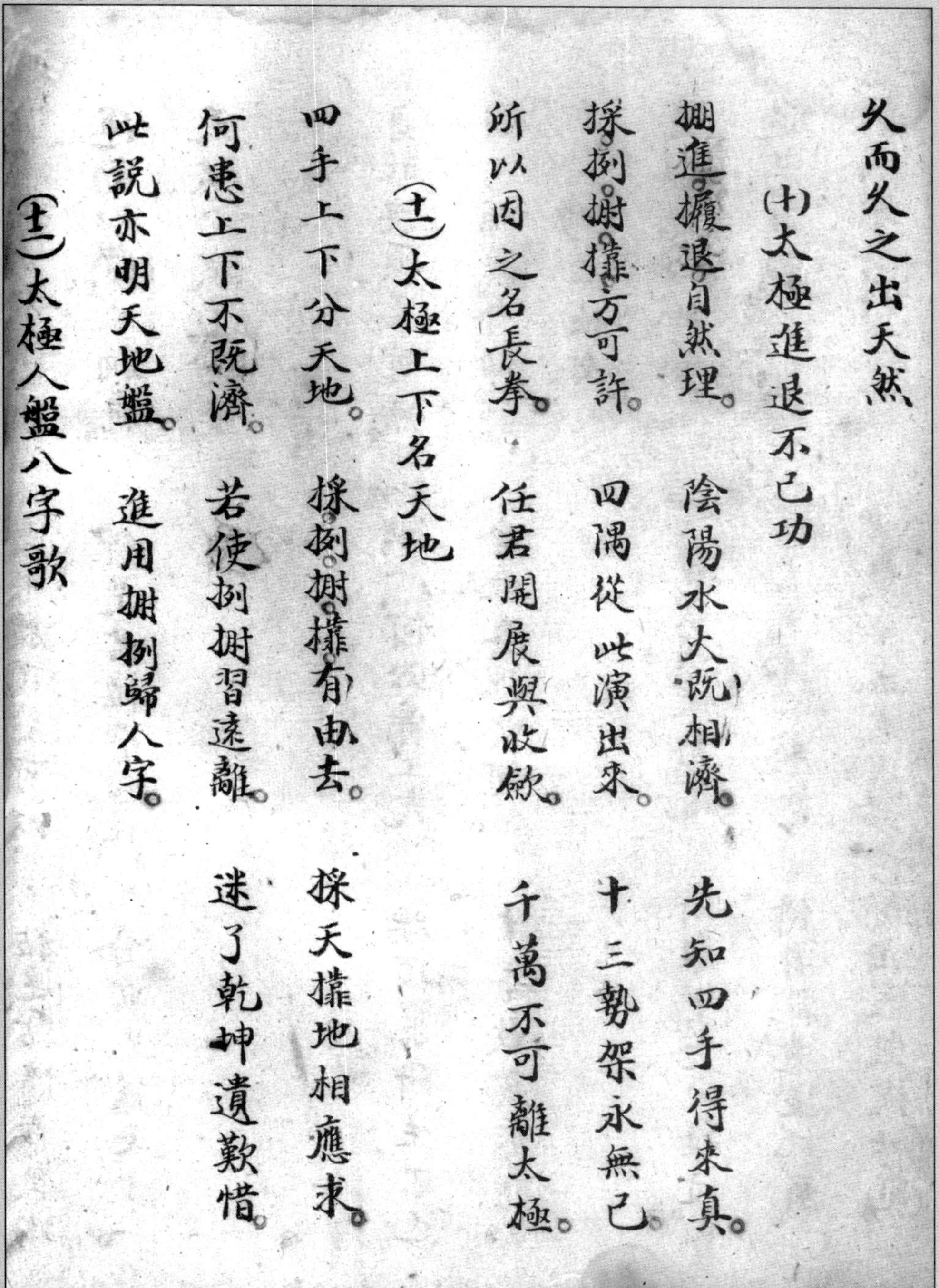

久而久之出天然

(十)太極進退不已功

掤進攦退自然理　陰陽水火既相濟　先知四手得來真

採挒掤擃方可許　四隅從此演出來　十三勢架永無已

所以因之名長拳　任君開展與收斂　千萬不可離太極

(十一)太極上下名天地

四手上下分天地　採挒掤擃有由去　採天擃地相應求

何患上下不既濟　若使挒掤習遠離　迷了乾坤遺歎惜

此說亦明天地盤　進用掤挒歸人字

(十二)太極人盤八字歌

崔毅士手迹

预备势

左揽雀尾

右揽雀尾（掤式）

右揽雀尾（捋式）

捋式（正面）

右揽雀尾（挤式）

右揽雀尾（按式）

单　鞭

提　手

白鹤晾翅

左搂膝拗步

右搂膝拗步

搬拦捶之一

搬拦捶之二

如封似闭

十字手

右倒卷肱

斜飞式

海底针

闪通背

撇身捶

白蛇吐信

右云手

左云手

高探马

右分脚

左蹬脚

左打虎

右打虎

双封贯耳

右玉女穿梭

单鞭下式

左金鸡独立

弓步穿掌

单摆莲

指裆捶

上步七星

退步跨虎

弯弓射虎

收　势

崔毅士简介

崔毅士(1892～1970)，名崔立志，字毅士，河北任县人。杨式太极拳主要传人之一，杨式太极拳一代宗师杨澄甫入室弟子，第四代正宗传人。1928～1936年随杨师南下巡回授拳于南京、上海、杭州、广州、武汉、西安、兰州、蚌埠、万县、汉口等地。解放初期在北京成立《永年太极拳社》，亲任社长，曾荣任北京市武协委员。崔毅士曾在北京中山公园设场授拳，广传技艺，从学者众多，有"北崔南傅"之美誉。崔毅士先生以毕生的精力研修杨式太极拳功法，尤以太极推手最擅长，深得杨师遗风。崔教学严谨，一丝不苟，别具一格，享有"崔派太极"之美誉。1964年创编《简化杨式太极拳42式》、《杨式太极棍》，流传于世，使杨式太极拳进一步得到完善和升华。终成为北派杨式太极拳代表人物之一。

崔仲三简介

崔仲三(1948～　)，崔毅士嫡孙，北京市人，祖籍河北。北京体育大学大专学历，中国武术七段，国家一级武术裁判员。出身太极世家，幼年起就随祖父崔毅士习练传统杨式太极拳，至今已有40余年。崔仲三先生秉承家传，在祖父严格教导下全面掌握了太极拳、器械及推手，深得教诲。他继承了祖父拳架舒展大方、匀缓柔和、轻灵沉稳、刚柔相济、意在其中的风范，是北京杨式太极拳嫡传之人。

前　言

谨以本书深深怀念我的祖父——一代太极名家崔毅士。

我的祖父崔立志（字毅士），1892年生于河北任县，1970年故于北京。是杨式太极拳一代宗师杨澄甫先师的高足、杨式太极拳第四代正宗传人。祖父自幼酷爱武术。在家乡向邻村老拳师刘瀛洲（清末名镖师）习三皇炮捶，喜舞刀棍，善练石锁。与邢台李宝玉（李香远）是挚友，共同习练开合太极（即武式太极拳）。祖父于1909年慕名进北京拜杨澄甫先生为师，成为入室弟子，从此开始了太极生涯。入室后，精心习拳，潜心练功，深得杨师器重与教诲，得其真髓。1928年~1936年随杨师南下，巡回授拳于南京、上海、杭州、汉口、广州等地。1936年又独自授拳于南京、武汉、万县、西安、兰州、蚌埠、合肥等地，1945年返回北京。此后，祖父一直居住在北京，广交武林朋友，解放初期成立北京永年太极拳社，任社长。曾荣任北京市武协委员。祖父在教学中，态度严谨，一丝不苟，对“教”和“练”要求甚严，深得学员赞誉。在60多年的练功及授拳研修过程中，祖父不仅完全继承了杨师当年授拳时的作风，而且加之多年随师授拳，深得杨师真谛，并毕生精心研修，终于成为北派杨式太极拳的代表人物。

祖父为人善良、处世忠厚、性情耿直、豪爽有节，富贵不淫、贫穷不移、爱拳敬业。他以毕生精力修炼杨式太极功夫，治学严谨、技艺精湛。凡杨式太极拳、剑、刀、大杆（枪）、推手、大捋，无不得杨师之真传，功底深厚，造诣精深，尤以太极推手最为擅长。他善化善发，出手绵软，柔中寓刚；轻灵机敏，虚实分明；听之至细，动之至微，引之至长，发之至骤，凡身受者未觉其动，早已腾空跌出丈外，令人惊叹折服。祖父一生从学者不计其数，其中不乏党、政、军要员，如原海军司令萧劲光（大将）、爱国将领耿毅先生、原中南局书记王首道，原中宣部副部长周扬，作家周立波、丁玲，著名演员金山，著名画家李可染等，以及外国驻华使节、各国朋友、学者、工人、农民、学生、普通百姓，可谓桃李满天下。祖父毕生练功和授拳研修，其技艺达到了炉火纯青的地步。在练习方法上，祖父强调科学性、整体性、连贯性、圆活性和内外身心的统一性。其拳势宽大柔绵而舒展，别具一格，使杨式太极拳“舒展大方、匀缓柔和、轻灵沉稳、刚柔相济、结构严谨、浑厚庄重”的特点日臻完美，并得到进一步的发展。因之，有“崔派太极”之美誉。

祖父毕生致力于杨式太极拳的研修和普及工作，同时也是第一位在北京传授武式太极拳的名师。为了更进一步推广和普及太极拳，祖父根据自己数十年的教学经验和对太极拳的独特精辟理解，于1964年在传统杨氏太极拳的基础上，创编了一套简单易学、更适宜工间进行练习的“杨式简化42式太极拳”。此套路保留了传统套路的风格、特点和动作精华，删减了重复动作，融入数十年对太极拳的理解和体会，改进了太极拳势结构与动作方法，使新编套路更具短小精干、再现风韵、清新流畅、简单易学的特点。此套路推出后，受到广大太极拳爱好者的欢迎，至今广为流传。祖父又根据自己多年修炼体会并结合武术中棍术的特点，创编了“杨式太极棍”，为继承和发展太极拳运动做出了卓越的贡献。

祖父在毕生的习武和教学中，积累了丰富的教学经验和对太极拳的精辟理解。我至今还保存着近百幅30年代在我家庭院，由澄甫先师亲自指导，拍摄的祖父练习传统杨式太极拳的动作照片。从这些极其珍贵的照片中我们可以看到60年前传统杨式太极拳的动作姿态、风格特点，以及祖父当年练拳时的风韵和深厚功底。祖父经常用橡皮筋来比喻太极拳的内劲，他讲：“当你用双手牵住橡皮筋的两端，将橡皮筋拉长，拉到极限时，橡皮筋就会断开。这好比练拳时用力过猛，产生动作僵滞，没有回旋的余地。如果双手向里合，橡皮筋就会软下来，这就像练拳时不用力，易产生动作松软无力，没有变化的余地。只有将橡皮筋拉到恰到好处，使它富有一定弹性时，这时既可以继续拉长，又可以适时地回收。”这极其生动形象的比喻，使学拳者能比较通俗易懂地理解太极拳的内劲。进而体会到练拳时用意不用力（是指不用拙力），动作松柔圆活（不是松软无力，而是要有内劲）。只有这样不断地加深理解，循序渐进地练习，才能达到棉里藏针的境界。祖父对太极拳术的理解和体会是与他一生的不断探索、追求、虚心好学分不开的。现在保存极好的一本太极拳拳理手抄本，就是当年祖父用小楷书写的。《揉手（推手）真义》手稿，是祖父一生对太极推手的理解和解译，是宝贵的文史资料。

祖父经常提到，舒展大方、匀缓柔和、轻灵沉稳、结构严谨、浑厚庄重是杨式太极拳的特点，以其动作简洁、外柔内刚、体态潇洒、神态安详、体舒心静、优美自然、开展大方深得国内外广大太极拳爱好者所喜爱。杨式太极拳在练习方法上突出整体性、连贯性、圆活性和内外身心的统一性。端正自然，不偏不倚，舒展大方，旋转松活，以腰为轴，完整贯穿。从起势到收势，前后连贯有如一线贯通，衔接一气，上下表里，自然贯通，势断劲不断，衔接和顺，周身完整。动作沉稳中带有轻灵，轻灵而不飘浮。急而不急动，静而不僵滞，即所谓轻而不飘，沉而不僵。外柔内实，绵绵不断，刚中寓柔，刚柔相济。不论虚实变化、起伏转换，都是式式相连，犹如行云流水，没有丝毫停顿间断之处，更没有忽急忽缓带有棱角之处。正如《拳论》所云“由脚而腿而腰总须完整一气”，“其根在脚，发于腿，主宰于腰，形于手指”，“绵绵不断”。杨式太极拳要求在意识引导下，呼吸匀细深长，气沉丹田，运劲如抽丝，迈步如猫行。“心静”，才能“用气不用力”。要在宁静的情绪下，身正体松，意识、呼吸、动作三位一体，密切结合，进行有节奏的练身、练意、练气。所以，太极拳是内外兼修，形神合一，动静结合，上下相随的高级行为的运动方式。太极拳不同于其它的运动，从精神到形体都是一种柔和的运动。

祖父经常讲起当年在中山公园“行健会”和太庙（现北京市劳动人民文化宫）跟随杨师习拳、推手、练刀剑、抖大杆时的情景。本书所描绘的拳路，是我和姐姐崔仲萍从幼年起在祖父的熏陶教导下所掌握的套路。祖父不仅完全继承杨澄甫宗师的拳路，并将他几十年研修的体会和经验传授给了我们。本书参阅了祖父的手稿和祖父当年所讲的有关故事、典故，尤其是拳术劲力的体现和动作外形的规格要求，以及我的笔记，编写成此书。

1948 年我出生在这个太极世家，从幼年起就随祖父习练传统杨式太极拳。祖父对我要求非常严格，虽然年龄小，但每次练习都要达到一定数量和规定的标准。在练习传统杨式太极拳的基本功时更是如此。“搂膝拗步”是杨式太极拳功夫中最具代表性的动作。它看似简单，但按要求达到标准，并非易事。记得小时候每次练“搂膝”动作时，祖父经常都会买下一串山楂糖葫芦，每当我练完一圈（约 30～40 个搂膝动作）才允许吃一粒山楂。我那时年龄小，要想吃糖葫芦必须按规定、按要求练完才能吃。现在想起来，日后参加比赛所取得的成绩均得益于祖父的严格要求和扎实的基本功。我自 4 岁起就向祖父学习传统杨式太极拳，深得祖父偏爱与教诲，秉承家传，全面掌握太极拳、械及推手，继承了祖父“拳架舒展大方，匀缓柔和，轻灵沉稳，刚柔相济，意在其中”的风范。自 1957 年首次获青少年组太极拳冠军起，多次参加各种规模的太极拳比赛，并于 1960 年入选北京市青少年业余武术学校训练。1960～1961 年连获北京市武术比赛太极拳冠军。1982 年获北京市第 6 届运动会太极拳赛亚军。1985～1986 年再次连获北京市武术比赛太极拳冠军。1986 年获全国太极拳剑比赛太极剑亚军。曾任北京代表队教练、1985 年全国工人运动会开幕式太极拳表演任总教练。1990 年第 11 届亚运会开幕式中日太极拳表演，任东城区执行总教练。1993 年第 7 届全国运动会，担任武术裁判工作。1995～1997 年连续三届世界太极修炼大会，任副总教练和杨式太极拳导师。1997 年第 8 届全国运动会，担任武术裁判工作。多次参加太极拳推手竞赛规则研讨编写，及北京市武术挖掘整理工作并获嘉奖，多次荣获北京市优秀辅导员称号。多年的教学积累了丰富的经验，三年的体育大学学习进一步丰富了理论知识和太极拳的运动内涵。多年来为传播推广太极拳而辛勤耕耘，弟子袁健、钟祖琴、李沐泽、王仲华、米瑞（美国）、朴观雨（韩国）等人多次在全国和北京市运动会中取得优异成绩，并为武汉工业大学、北京大学、清华大学等高等学府输送武术人才。二十多年来，相继向来自十多个国家和地区的外宾（团队和个人）传授太极功夫。曾受北京市对外友协委派、应日本太极拳协会邀请，三次东渡日本进行太极功法教学，1999年应美国亚特兰大市“美国美中杨式太极拳协会”邀请赴美传授杨式太极拳。2001年被中国武术协会授予“中国武术七段”段位，同年受中国武术协会邀请赴三亚市参加“首届世界太极拳健康大会”做名家表演。根据自己几十年练习体会及教学经验，近些年编著出版发行了《传统杨式太极拳教程》、《太极刀》、《学练24式太极拳32式太极剑》以及中国传统武术经典系列片、名家名拳《传统杨式太极拳108式》教学光盘，为把太极拳推向世界作出积极贡献。

现任北京市武协委员、北京市朝阳区武协委员、北京市丰台区武协高级顾问、北京永年太极拳社社长，及河北廊坊、沧州，安徽蚌埠等市杨式太极拳学会名誉会长。曾任北京市东城武术馆副馆长、北京市东城区武术协会秘书长之职。

附：

杨式太极拳一代宗师杨澄甫所传入门弟子：

陈月坡、阎仲魁（月川）、尤志学、崔立志（毅士）、王旭东、牛春明（敬轩）、李春年（雅轩）、王景星、张庆林、郭子荣、陈微明（慎先）、姜廷宣、刘东汉、张钦林、傅钟文、武汇川、田兆麟、董英杰、褚桂庭、郑曼青、曾如柏等。

一代太极名家崔毅士先师所传入门弟子：

和西青、吴文考、吉良晨、杨俊峰、刘高明、张海涛、殷建尼、白志铭、韩敏英、杜星垣、王永祯、马祥麟、李鸿、黄永德、沈德丰、崔彬、邱佩如、孙正、方宁、李连生、陈连宝、曹彦章以及滕茂桐、朱习之、王守礼、姜焕亭、张家驹、崔少卿、钮心玉、杨乐安、宋翊三、陈志强、于家岚、陈雷等。

第五代传人崔仲三再传入门弟子：

袁健、钟祖琴、王仲华、苏凤琴、喻继红、杨冬梅、刘新国、曹志勇、胡德民、秦辉、江峡羽、石红、刘文吉、吴学军、张守省、付文胜、尔桂茹、任玉琴、陈浩、高及春、于俛、贺红波、徐庆、许允同、刘延晨、宋晶、罗伯逊（巴西）、米瑞（美国）朴观雨（韩国）、刘二南等。

杨式太极拳传统套路

杨式太极拳传统套路

第1式 预备势

动作1：身体自然直立，两臂自然下垂，两掌轻贴大腿外侧，两脚并拢，成并立步；头宜正直，下颌内收，口微开；精神集中；眼向前平视（图1）。

动作要领：（1）呼吸自然，身体正直。（2）两肩放松，收腹敛臀，含胸拔背。

易犯错误：（1）双臂紧夹身体，耸肩身体僵直。（2）身体前俯、后仰、歪斜，挺胸、凸腹、突臀。

动作方向：此动作身体向南方向。

技击含义：此势动作，双脚并拢，头顶上悬，下颌微收，口微开，舌抵上腭，神态自然，身体自然直立，眼向前平视。两肩放松，含胸拔背，收腹敛臀，松腰沉髋（臀部前送，裆部虚空）。呼吸自然，气沉丹田。双掌指轻贴两大腿外侧，双肘关节微向两侧轻撑，双臂自然呈弧形，双腋不可紧夹身体。双膝关节微屈，不可挺直。身体重心不可偏前（重心偏前，双脚趾产生承重感，身体极易向前俯身）。身体重心也不可偏后（重心偏后，双脚跟产生承重感，身体极易向后倾倒）。此时，身体重心意贯双足心。要体会拳谚所云："一动无有不动，一静无有不静。立身中正安舒，支撑八面。"

动作2：身体自然直立，重心于右腿，左脚跟微提起，左前脚掌踏地；眼向前平视（图2）。

动作要领：（1）呼吸自然，身体正直。（2）两肩放松，收腹敛臀，含胸拔背。

易犯错误：（1）重心偏于右侧身体向右倾倒。（2）脚跟提起过高，身体重心起伏。

图1

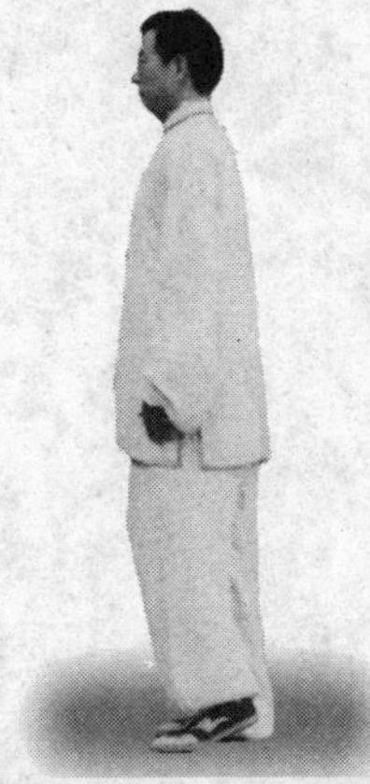

图2

动作方向：此势动作身体向南方向。

技击含义：此势动作幅度相当小，重心于右腿，左脚跟微提起，左前脚掌踏地，要具有支撑感，而不是虚提。动作要舒松自然。身体外形不可向右侧倾倒。

动作3：身体自然直立，左脚向左侧轻分开，前脚掌先踏地，随重心左移，全脚掌踏实，双脚与肩同宽，脚尖向前；眼向前平视（图3）。

动作要领：（1）呼吸自然，身体正直。（2）两肩放松，收腹敛臀，含胸拔背。

易犯错误：（1）开步过大，耸肩。（2）两臂与身体过于夹紧。

动作方向：此动作身体向南方向。

技击含义：此势左脚动作时要轻提、慢开、缓落。也就是左脚轻轻提起，与地面近于擦地向左缓慢平行移动，然后左前脚掌先踏地，随重心移动，再全脚掌踏实，身体不可产生明显的位移。双脚平行，脚尖向前。双脚间距离与肩同宽，（练习者可以右脚跟为轴右脚尖向内扣转，此时双脚间的距离为一脚宽，既为本人的肩宽）。

传统杨式太极拳中，此势动作也称为"开势"，是占有"地方"的意思。这样站立，身体重心最稳，并且可以适时度势的进行变化。只有占据了"根据地"，才能站稳脚跟待机而动。要如拳谚所云："虚实易分清楚，一处自有一处虚实，处处总有此一虚实。周身节节贯串，勿令丝毫间断。"

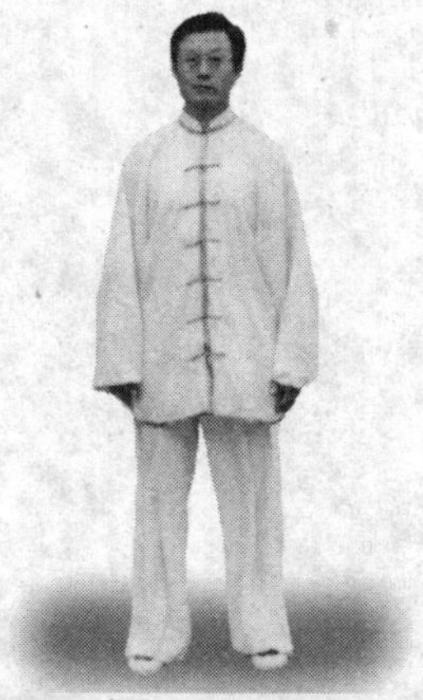

图3

第2式 起势（太极出势）

动作1：接上势，双臂缓慢向前平举，与肩平，掌心相对，虎口向上。双掌与肩同宽；眼向前平视（图4）。

动作要领：（1）两臂平举肩放松，手指微屈；双肘松沉，有下坠之意。（2）两臂放松，收腹敛臀，含胸拔背。

易犯错误：耸肩、挺肘，掌指用力。

动作方向：此动作身体向南方向。

技击含义：两臂准备向前平举时，双手掌指首先要微向下伸展，然后双臂微微外旋，转动虎口向上，拇指与食指在同一平面，以虎口为力点“运劲如抽丝”，带动双臂慢慢前举。腕与肩平时，要沉肩垂肘，舒腕展指，同时以“虚领顶劲”的意念，带动脚部产生的力量，而腿、而腰、而肩，将身体向上催起，最后力达掌指。此时的身形要达到尾闾中正、安舒，含胸拔背，呼吸要平稳、深长，神态要自然。要竖顶立腰，身体重心要在同一纵轴线上，以保持身体的稳固。明了力量的来源，才能体会到拳谚所云：“其根在脚，发于腿，主宰于腰，形于手指。”

动作2：两臂屈肘挑掌，向内划弧收于胸前，掌心相对，指尖向上；眼向前平视（图5）。

动作要领：（1）屈肘挑掌；双掌向内回收要成弧形。（2）两小臂成八字形，两腋微撑开。（3）呼吸自然，身体中正。

易犯错误：（1）两臂与身体过于夹紧。（2）双掌直臂回收，掌指用力。

动作方向：此势动作身体向南方向。

技击含义：动作时，身体重心微下坐，双膝关节要微屈，同时，先沉肩、再垂肘，以双手拇指为力点，腕关节向内转动，带动双掌指，立圆弧形向上挑起，

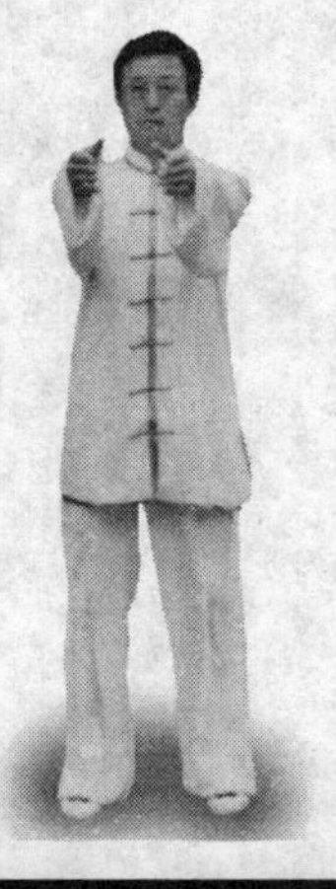

图4

图5

收于胸前，双腋要虚，不可紧夹身体。双掌心侧相对，双臂呈八字形。此时，身形要立身中正，含胸拔背，松腰沉髋，呼吸要平缓，精神提起，用双掌的动作将外力引化到自己的双脚化解，万不可用双臂的直线回抽把双掌收到体前，一定要用弧形动作过程破解外力的直线方向。而本身的力量要用意念贯注双小臂外侧。才能达到拳谚所云："舍己从人，引进落空，四两拨千斤也。"

动作3：两掌微向下；同时向左、右平圆划弧分开，再向前按出，掌指向上与鼻平，掌心侧向前；眼向前平视（图6）。

动作要领：（1）双臂屈肘撑圆，双掌虎口相对，掌心不可直对向前。（2）双掌指与鼻平，双掌左右分开与肩同宽。（3）呼吸自然，身体中正，达到尾闾中正、安舒。

易犯错误：（1）双臂僵直，掌心向前，身体前俯。（2）双掌推出时，超过肩宽。

动作方向：此势动作身体向南方向。

技击含义：双臂微内旋，向下旋腕，翻转掌心侧向下。双手以人字形向两侧平分，掌心侧相对，松肩垂肘、虚腋，此时力贯双掌外侧，以转臂旋腕的动作继续将外力化解。然后，双掌再沿椭圆形路线向前展臂推出，双掌前推时要保持在肩宽的范围内。掌指向上，与鼻平，掌心侧相对，顺腕舒指，腕部不可向前坐腕用力，手指与肩要保持在圆活、自然的状态。同时身体重心随向前展臂前推动作，以"虚领顶劲"之意，脚生之力，将身体向上拔起。含胸拔背、坐腰，掌心内涵，意念贯注十指。才能达到拳谚所云："劲起于脚跟，主宰于腰，形于手指，发于脊骨。"

图6

动作4： 两腿微屈，同时双掌轻轻下按于两腿前外侧，掌心向下，掌指向前；眼向前平视（图7）。

动作要领：（1）双臂微屈撑圆，两肩放松，收腹敛臀，含胸拔背。（2）呼吸自然，身体直立，达到尾闾中正、安舒。

易犯错误：（1）折腕，双臂僵直，耸肩。（2）身体中心过于下坐，产生身体前俯、后仰歪斜现象。

动作方向： 此势动作身体向南方向。

技击含义： 双臂内旋翻转掌心向下，按先松肩、再垂肘，然后落腕顺指的顺序，将双掌缓缓下落到两腿前外侧。定势时双臂要保持自然弧形，不可僵直用力，更不可僵腕张指。身体要安宜舒适，心情要平和。双手要有如在水中向下按漂浮物的感觉，欲有动中寓静，静中寓动之感。

但有许多练习者，在做此动练习时往往是将双臂回抽下落，孰不知此时本人已失去进攻和防卫的能力。所以讲太极拳的动作意识感觉不能断，久而久之才能达到拳谚所云："始而意动，既而劲动，转接要一线串成。"

第3式　左掤势

动作1： 接上势，身体向右转，右脚尖外转45度，重心于右腿；左脚跟提起；右掌屈臂上提于胸前，掌指向前，虎口向上；左掌向右划弧于右腹前，翻转掌心侧向上，掌指向后；眼视右手方向（图8）。

动作要领：（1）身体右转与右脚尖外展动作要协调一致，以腰的转动为主，转体方向以45度为宜。（2）左掌与右肘上下相对，呈抱球状。（3）立身中正，松腰沉髋。

易犯错误：（1）身体前俯后仰、突臀。（2）动作不协调，脱节。

图7

图8

动作方向： 此势动作身体向西南方。

技击含义： 身体向右转，在传统杨式太极拳的练习中是指以髋关节转向右前侧方 45 度。使头部、躯干部位面向右前侧方，这样才能达到“肩与胯合”的要求，而不仅仅是腰部以上部位的扭动。随转身的动作，以右脚跟为轴，前脚掌微抬离地面，向右外撇转 45 度，再全脚掌踏实，此种脚法在传统杨式太极拳中称为“碾步”。他不仅是身体转动时起到轴的作用，而且具有极强的杀伤力，即以脚的转动锁住对方的脚跟，再配合弓步的动作直接伤害对方的迎面骨。练习时强调膝关节与右脚跟在同一纵轴线上的转动，身体的转动也是围绕着身体纵轴而动。同时，松腰松髋将身体七成重心坐于右腿，左脚跟提起，前脚掌踏地，含有三成重心。如身体转动超过 45 度，或偏离了身体纵轴方向，则容易产生身体向右倾倒的现象。

右臂外旋，转动掌心向左，虎口向前、向上提于胸前。松肩垂肘，顺腕舒指，掌指与肩保持弧形，意贯右小臂上侧，有向上顶起和向外撑扩的感觉。左臂外旋，翻转掌心向上、向右合抱于右臂下，意贯左臂外侧，有向下向外的撑力。同时双手中指都要有顺向、向前顶力的意念，动作才能饱满。此动在传统杨式太极拳中称为“合手”，即现在称谓“抱球”。传统杨式太极拳对“合手”的要求是极严格的，无论上面的手是掌心向下还是侧向内，都要做到左（右）手与右（左）肩相对，掌指与肩平。松肩垂肘、顺腕舒指，肘关节低于腕关节。掌与肩的距离一般要达到 4 拳距离。下面的手与对侧腹部相对，肘关节要撑圆。掌与腹部的距离一般要在 1～2 拳距离。身形要做到松腰沉髋，含胸拔背，双臂撑圆。这样才能力贯双臂，动作饱满。动作外形基本上是上手下肘，手肘相对，但又不可教条理解为上下掌心相对。“合手”动作在传统杨式太极拳动作中起着极其重要的衔接作用，因而也称为“太极手”，俗称“衔接手”。在练此势动作时如拳谚所云：“一动无有不动，一静无有不静，视动尤静，视静尤动，内固精神，外示安逸。”

动作2：身体向左转，重心于右腿；左脚提起向前迈出，左脚跟先着地，右臂微内旋；眼随体转向前平视（图9）。

动作要领：（1）左脚迈出时，左脚与地面夹角在45～60度之间为宜。（2）立身中正，松腰沉髋，左膝微屈。

易犯错误：（1）身体前俯，突臀。（2）左膝挺直，重心起伏。

动作方向：此势动作身体向西南方。

技击含义：在做此动时，只强调迈步时的感觉，身体重心稳固于右腿，再将左大腿轻提，带动小腿、左脚提收于身体重心之下，再向前迈出。脚距离地面要有似擦非擦的感觉，所以不能抬脚过高，避免身体重心起伏。迈出时左脚后脚掌踏地，这即是“脚跟着地”的动作。但有许多练习者简单理解为后脚掌外沿着地是不全面或错误的。实际是，脚不是以边缘轻放在地面上，而是要有力度、有力量，松腰沉髋身体重心必然的落到双脚上，只有脚踏实地，才有根基。迈出腿的膝关节要保持一定的弧度，角度过大身体重心前倾，膝关节挺直，身体重心完全在支撑腿，失去了双腿同时支撑松腰沉髋的意义。所以迈出腿要有似放非放、似抬非抬的感觉，使之具有进则弓步，退则撤步的灵活性。“迈步如猫行”的拳谚就提醒练习者动作时要轻提慢放，使之在缓慢的过程中控制腿部的力量。尽量避免快速迈出重心前倾，产生“砸地”和“抢步”的现象。这也是在整套传统杨式太极拳动作练习中的必要感觉。脚步迈出身体重心分配要合理，才能达到拳谚所云：“半轻半重不为病，偏轻偏重是为病。”

动作3：身体继续向左转，重心移于左腿；左脚全脚掌踏实，左腿屈膝慢慢向前弓出，成左弓步；随体转，左臂向前掤出，掌心向内、掌指向右，与胸平；右臂内旋翻转，右掌向下落于右髋旁，掌心向下，虎口向前，掌指斜向前；眼向前平视（图10）。

动作要领：（1）双掌分开与弓步动作与身体转动同时完成。（2）立身中正，

图9

图10

松腰沉髋，沉肩坠肘，双臂撑圆。

易犯错误：（1）耸肩仰肘，弓步与双掌分开动作不协调。（2）右臂僵直，右掌落于腹前，重心起伏。

动作方向：此势动作身体向南方。

技击含义：主宰于腰，以腰的左转，带动髋关节将身体转正。此时重心前移，松腰沉髋，左腿屈膝慢慢向前弓出，随重心前移左脚逐渐全脚掌踏实地面。切不可先将左脚放平，再弓步或膝关节已经到位，而脚却迟迟未放下。定势时，前腿的膝关节要与脚尖在同一垂线，膝过脚尖，身体重心偏前，容易被对方牵动；膝不到位，身体重心偏后，动作不饱满，失去攻击力，容易被对方控制住力量。当前腿动作到位时，特别要强调后腿的动作。后腿不可完全绷直，膝关节要自然舒松，后腿保持自然蹬直状态，要富有弹性。膝关节要微向外撑，近于与后脚尖在同一方向。两胯根要向内合、裹裆，敛臀。

双臂动作，双臂微内合，左臂微外旋，转动掌心向内、向前掤出，与胸平。松肩垂肘，肘关节略低于腕关节，意贯前臂外侧，右臂内旋，翻转掌心向下，采按于右髋外侧，虎口向前，掌指侧向右斜前方，虚腋、右肘关节微向右后撑，意贯虎口和右臂外侧，使之具有采按的威力。要含胸拔背，使左臂平圆与右臂立圆相互呼应，成弓形。左掤的动作要体会到拳谚所云："蓄劲如开弓，发劲如放箭。曲中求直，蓄而后发。力由脊发，步随身换。"

第4式 右揽雀尾（掤势）

动作1：接上势，身体微向左转，左脚尖内扣45度，右脚跟提起，随身体转动右手上提于体右侧，掌心侧向外；左手转动掌心侧向上，双掌指向前，双臂平展于体侧；眼视左手方向（图11）。

动作要领：（1）脚尖内扣，与身体左转同时协调完成。（2）两臂放松，双臂成弧形。

易犯错误：（1）转体幅度过大，重心偏于左侧。（2）身体重心起伏，耸肩挺肘。

动作方向：此动作身体偏向东南方向。

技击含义：左脚内扣“碾脚”时，以虚领顶劲之意，以腰髋的转动带动上体左转，右脚跟提起是为了将身体的重心送向左腿，但右前脚掌要踏地，使之具有一定的支撑力。此时的重心分配应是“左七右三”比较合理。左脚内扣（脚尖向右转）而身体向左转，看似动作是矛盾的，其实在太极拳理中包含了许多矛盾、统一的关系，如上下、升降、开合……等，在此动中，左脚内扣和以转腰的腰身之力，加强左臂向左引带的掤劲，动作时要“松腰沉髋”，气沉丹田，稳固重心，避免了身体起伏的弊病。双手随体转，左臂微外旋，意贯左臂外侧，保持掤劲，右臂上提，意贯右臂外侧，保持向外的撑劲。双手腕与肩平，松肩垂肘，顺腕展指，含胸拔背，双臂成弓形，使双臂具有弹性。“立身中正”在松沉的感觉中要有向上的挺拔之感。身体的转动，要达到拳谚所云：“命意源头在腰隙。”

图11

动作2：身体向右转，重心于左腿；右脚提起向前迈出，脚跟先着地；同时左掌微向上划弧屈臂于右胸前，掌心向下，掌指向右；右掌向左下划弧于左腹前，转动掌心侧向上，掌指向左；眼视左手方向（图12）。

动作要领：（1）立身中正，沉肩垂肘，双臂保持弧形。（2）松腰沉髋，右腿屈膝，双脚间横向距离30厘米为宜。

易犯错误：（1）身体歪斜、突臀，左右歪髋。（2）耸肩、仰肘，双膝挺直，重心起伏。

动作方向：此势动作身体向西南方。

技击含义：将右脚的三分力，完全送到左腿，身体重心坐实，将腰髋向右转动时，带动右腿、右脚提起，向右前方迈出，后脚掌踏地，脚尖向前，脚尖与地面的夹角以45~60度为宜。因为夹角度数太大易给对方造成进攻的机会，同时也不符合太极拳“曲中求直”的理论，这也是现在我们经常提到的“亮靴底”的毛病。同时，左臂向右圈合；转动掌心向下，左掌与右肩相对，与肩平。臂撑圆，肘关节低于手腕，意贯左臂外侧。右臂边向下，边外旋，转动掌心向上，合于左腹前，意贯右臂外侧，做“合手”动作（合手的动作要领前面已介绍）。身法上要尾闾中正，松肩拔背。双脚的横向距离约与肩同宽，开步（迈步）过宽，影响身体转动的灵活性；过窄，削弱了身体的稳固性。前脚、后脚、身体重心应在一合理的三角形面积内，而不是在一直线上，避免了通常我们所讲双脚在一线如同走钢丝的现象。此势在气势上要达到拳谚所云：“刻刻留意在腰间，腹内松静气腾然。”

动作3：身体继续向右转，重心移于右腿；右脚全脚掌踏实，右腿屈膝慢慢向前弓出，成右弓步；随体转，右臂向上经面前立掌向前掤出，掌心侧向前，掌指向上，与鼻平；左掌随体转落于右肘内侧，掌心侧向上，掌指对右肘；眼随体转向前平视（图13）。

图12

图13

动作要领：（1）以腰转动带动上下动作协调完成。（2）沉肩、坠肘，含胸拔背。（3）右臂立掌向前掤出要成立圆弧形。

易犯错误：（1）身体前俯、突臀，双腋紧夹身体。（2）耸肩、仰肘，双膝挺直，重心起伏。

动作方向：此势动作身体向西方。

本套路中的右掤动作与目前所流传的动作有所不同，一种练习方法是：身体向右转，左右手同时向前运动，定势时，右臂成右平掤式，左手成立掌置于右腕下侧。而本套路所讲解的动作是右手以立圆的动作弧形向前掤出，定势时，右手为立掤，左手于右臂内侧。此动作的变化是杨澄甫宗师所变，有60年前我祖父在自家庭院由杨澄甫宗师亲自指导所练的一套动作照片为证。据我祖父讲，本势动作一改平掤为立圆立掤，是为了加大动作的攻击力和防卫能力，也更为了进一步结合推手动作所变，双方一搭手我即以立掤迎击，有利于我动作劲力的攻防变化。

身体向右转，以腰、髋关节的转动，带动上体立身向前平移。随体转，身体重心浙渐移向右腿，右脚全脚掌踏实，成右弓步。同时右小臂向上划弧，至面前时，掌心向内，掌指与眼平，意贯右小臂右侧。在运动过程中要保持右掌与身体的3～4拳的距离，这样右臂向上不仅是掤劲，而且还保持向外的撑力，同时右臂也保持了饱满的动作外形。由于身体的转动和重心的前移，右臂自面前，缓缓外旋，以立圆弧形向前展臂，至体前，掌心侧向前，掌指向上，与鼻平。意贯小臂外侧，从面前至动作完成，右臂是由掤劲转换过渡到掤劲、再保持右臂的立掤劲。整体动作过程是：右掌从左腹前，以立圆、大弧形经面前向前展臂，劲力也内含了上掤的掤劲——右掤劲——立掤劲的转换过程。在右手动作的同时，左臂边外旋、边下落于右臂内侧，转动掌心侧向上，掌指侧对右肘关节，意贯左臂外侧，要保持柔韧而有弹性。此时要注意立身中正、松腰沉髋、松肩垂肘、虚腋，双臂保持弧形。从双臂的动作外形讲左臂、胸部、右大臂，形似阴阳鱼的鱼头，而右小臂与左掌指形似鱼尾。正如拳谚所云：“掤劲义何解，如水负舟行，先实丹田气，次紧顶头悬，周身弹簧力，开合一定间，任尔千斤力，漂浮亦不难。”

第4式 右揽雀尾（捋势）

动作1：接上势，身体向左转，重心移于左腿，成坐步；双掌随身体转动向左后捋至腹前，双掌心侧相对，右掌心向左，掌指向前，左掌心侧向上，掌指向右；眼随体转向前平视（图14）。

动作要领：（1）向后捋时，左肘应向左侧后45度方向撤肘。（2）立身中正，沉肩、坠肘，松腰沉髋。（3）右肘与身体保持20厘米左右距离为宜。

易犯错误：（1）身体后仰、左右歪髋，双腋紧夹身体。（2）耸肩、仰肘，双膝挺直，动作姿势起伏。

动作方向：此势动作身体向西南方。

技击含义：“主宰于腰”，以腰的左转带动双手，自面前向下、向后划弧而动。由于腰的转动右手必然会微向前展伸；然后再向下、向左弧形下落。右肘落于右腹前侧，掌心向左，掌指向前，虎口向上，五指在同一平面，右肘与右腹间相距20厘米左右。此时，右臂既有向下的沉劲，又有向左的带劲。而左手以肘关节领先，向左下后方弧形下落，左掌落于左腹前侧，掌心向上，掌指向前，左掌与左腹间相距10厘米左右。此时，左臂既有向下的掤劲，又有向左后的引劲。由于双手的动作，将对方向隅向牵引。运动过程中双手的动作要同时而动，切不可先后而动，而失去了捋的动作含义。但同时必须注意的是步型、步法的变化。配合身体的转动，随身体重心的移动，髋关节沿水平位置向后平移，带动身体立身位移，上下相随，即由右弓步，转换为左坐步。左膝关节与左脚的45度方向一致，六成劲坐于左腿。右腿膝关节不可挺直，要微屈，右脚前脚掌要有向后的搓劲，右腿要有四成劲，松腰沉髋，气沉丹田，收腹敛臀，顶头悬、立腰竖项，松肩垂肘、虚腋、双臂撑圆，双手的劲力方向是左后45度的合力。捋的动作要

图14

体会到如拳谚所云：“捋劲意何解，引导使之前，顺其来势力，轻灵不丢顶，引之使延长，力尽自然空，重心自维持，莫被他人乘。”此句拳谚充分说明了捋的动作含义及技击方法和劲力的方向。

第4式　右揽雀尾（挤势）

动作1：接上势，身体向右转，重心于左腿，成坐步；同时右臂外旋屈肘提于腹前，右掌心向内，掌指向左；左臂内旋上提附于右腕内侧，左掌心向前，掌指斜向右；眼随体转向前平视（图15）。

动作要领：（1）腰的转动带动双手相合。（2）立身中正，沉肩、坠肘，松腰沉髋。

易犯错误：（1）身体前俯突臀、左右歪髋，双腋紧夹身体。（2）耸肩、右膝挺直，动作姿势起伏。

动作方向：此势动作身体向西方。

技击含义：当捋到尽点时，即以腰髋的转动，使身体向右转正。此时，随腰的转动，右臂微外旋，屈臂提于腹前，转动掌心向内，掌指向左，力贯右臂外侧，为右平掤。左臂内旋，左掌以拇指意领，向右旋转，同时向前推掌，力贯左掌心，附于右腕内侧，掌指斜向上。顶头悬，立腰竖项，身体不可前俯、突臀，左右歪髋，松肩垂肘，虚腋，双臂撑圆。双掌相合，双臂外形成下八字形，保持坐步步型。蓄劲于左腿，右腿要寓撑劲。要领会拳谚所云“上下一条线，全凭两手转”，“劲断意不断，意断神可接”的意境。

动作2：重心前移，右腿屈膝慢慢向前弓出，成右弓步；同时双掌向前挤出，腕与肩平，右掌心向内，掌指向左，左掌心向外，掌指斜向上；眼向前平视（图16）。

图15

图16

动作要领：（1）立身中正，沉肩、双肘应有下垂之意。（2）双臂撑圆，动作要饱满。

易犯错误：（1）身体前俯，双臂僵直。（2）耸肩、左膝挺直，动作姿势起伏。

动作方向：此势动作身体向西方。

技击含义：立身、平髋，以腰腿之力，向前弓步，随身体重心前移，身体向前平移。顶头悬，身中正，尾闾收住。双臂随身体重心前移，向前展臂。腕与肩平，右掌心向内，掌指向左，左掌心向外，掌指斜向上，沉肩、垂肘、含胸，双臂撑圆，双臂外形成八字形，意贯右掌，力达手背。这里所指的力达，并不是就在此动用力、使劲，而是仍要求运动时，动作缓慢，柔和。动作时要达到“先在心，后在身”，以意贯手背，意到、气到、力到，意之所注处就有所感觉。左手辅助发击，也就是用两手合力发击，正如拳谚所云：“挤劲义何解，用时有两方，直接单纯力，迎合一劲中，间接反应力，如球碰壁还，又如钱投鼓，跃跃声锵然。”

第4式　右揽雀尾（按势）

动作1：接上势，重心微向前移，成右弓步；同时双掌向前平展，左掌从右掌上向前分开，腕与肩平，双掌心相对，虎口向上，双掌指向前；眼向前平视（图17）。

动作要领：（1）立身、沉肩、双肘下垂。（2）双掌前分要舒腕展指，双臂保持弧形。

易犯错误：（1）身体前俯、双臂僵直。（2）双臂过于上举，耸肩仰肘。

动作方向：此势动作身体向西方。

图 17

技击含义： 松腰，沉髋，身体重心微微下沉，向右腿稍送劲，成右弓步，此时要注意右膝不可超过右脚尖。同时，双臂向前平展，左掌自右掌上向前平抹分开，腕与肩平，双掌心相对，虎口向上，双掌指向前，双掌相距不超过肩宽。在传统杨式太极拳术中此势动作称之为开手、开掌或称开式。动作时要舒腕展指，掌指向前，拇指与食指在同一平面，双臂保持弧形。立身中正，松肩垂肘，双臂要有沉长劲感，所谓长劲就是动作劲力、意气的延伸。太极拳的劲力是根据动作不断的变化而以不同的方式出现，此时动作要体现拳谚所云“绵绵不断，运劲如抽丝”的劲力感觉。

动作 2： 重心后移于左腿，成左坐步，同时，双臂屈肘挑掌收于胸前，两掌心侧相对，掌指斜向上；眼向前平视（图 18）。

动作要领：（1）重心后移与屈臂挑掌应同时协调完成。（2）两臂放松，双腋微虚，屈肘挑掌动作成弧形。

易犯错误：（1）双肘平展，俯身突臀。（2）重心后移与收掌动作脱节、不协调。

动作方向： 此势动作身体向西方。

技击含义： 身体重心后移时，动作外形不可有起伏，身体要保持平稳位移。左腿屈膝后坐，左膝关节与左脚的方向要一致。同时随身体重心后移；先沉肩、再垂肘，以双手拇指为力点，腕关节向内转动，带动双掌指，立圆弧形向上挑起，收于胸前，双腋要虚，不可紧夹身体。双掌心侧相对，双臂呈八字形，此时，身形要立身中正，虚领顶劲，含胸拔背，松腰沉髋，呼吸要平缓，精神提起，用双掌的动作将外力引化到自己的左腿（后脚）化解，万不可用双臂的直线回抽把双掌收到体前，一定要用弧形动作过程破解外力的直线方向。而本身的力量要用意念贯注双小臂外侧。才能达到拳谚所云：“舍己从人，引进落空，四两拨千斤也。”

图 18

动作3：重心前移，右腿屈膝慢慢向前弓出，成右弓步；双掌微向下，再向前上按出，掌心向前，掌指向上与肩平；眼向前平视（图19）。

动作要领：（1）双掌前按动作要走弧形，双臂撑圆，双肘微屈。（2）双掌前按，要顺腕立掌，腕部要柔顺。

易犯错误：（1）双臂僵直，上体前俯、突臀。（2）耸肩、前按动作时双掌过高。

动作方向：此势动作身体向西方。

技击含义：身体重心前移时，动作外形不可有起伏，身体要保持立身位移。以左腿之力缓慢将身体重心移向右腿，成右弓步。同时随身体重心前移；双臂微内旋，向下旋腕，翻转掌心侧向下。双手以人字形向两侧平分，掌心侧相对，松肩垂肘、虚腋，此时力贯双掌外侧，以转臂旋腕的动作继续将外力化解。然后，双掌再沿椭圆形路线向前展臂推出，双掌前推时要保持在肩宽的范围内。掌指向上，与鼻平，掌心侧相对，顺腕舒指，腕部不可向前坐腕用力，手指与肩要保持在圆活，自然的状态。同时身体重心随向前展臂前推动作，以“虚领顶劲”之意，脚生之力，将身体重心前移。含胸拔背、坐腰，掌心内含，意念贯注十指。才能达到拳谚所云：“按劲义何解，运用如水行，柔中已寓刚，急流势难挡，逢高则膨满，遇凹向下潜，波浪有起伏，有空必钻入。”

第5式 单 鞭

动作1：接上势，身体向左转，右脚尖内扣135度，重心移至左腿；双掌随腰转动微向上，经面前向左划弧至身体左前侧，掌心向外，掌指向上；眼视左掌方向（图20）。

动作要领：（1）右脚尖内扣幅度应尽量大。（2）转体时动作姿势平稳，双臂

图19

图20

撑圆，含有劲力上引之意，动作呈弧形。(3) 双掌至左前以达到45度为宜，角度过大，重心易偏斜。

易犯错误：身体姿势起伏，双臂挺直。

动作方向：此动作身体向东南方向。

技击含义：身体向左转，重心的移动要平稳，动作外形不可有起伏。此时，随体转，右脚内扣的幅度要大，尽量达到135度，要做到右膝关节与右脚尖的方向一致，髋关节的转动是相当关键的，所以要松腰、沉髋。同时双掌微向上、向左划弧，至身体左前45度，与身体转动的方向一致。双掌弧形移动时，左掌劲力为“引带劲”，而右掌劲力为“掤劲”。双掌虽然同时运动，但是劲力确不同。向上的弧形，双掌指不可超过上眉。沉肩、垂肘，双臂动作要饱满，肩背要松。要体会拳谚所云“切记一动无有不动，一静无有不静。内固精神，外示安逸”之意。

动作2：身体向右转，重心移于右腿，左脚提起向左前迈出，脚跟先着地；随体转，左掌向下划弧至右腹前，掌心向上，掌指向右；右掌转动掌心向上，向内划弧经颌下握勾手向右前伸出，勾尖向下，勾背略高于肩；眼视勾手方向（图21）。

动作要领：(1) 向右转体幅度要适中，不可超过右前45度。(2) 勾手向右前伸出与左脚迈出、左掌下落动作要协调一致。(3) 立身中正、松肩坠肘，松腰沉髋。

易犯错误：(1) 左脚迈出时身体重心起伏，凸臀，双臂僵直。(2) 动作不协调、脱节，向右转体幅度大、重心向后倾倒。

动作方向：此动作身体向西南方向。

技击含义：身体向右转幅度要适中，重心要移于右腿，左脚迈出动作才能轻松自如。左膝关节要微屈，不可僵直挺硬。右掌翻转掌心向上，向颌下屈臂回收

图21

时，要注意到松肩、含胸，力达肘关节，意在“肘劲”。右腋要撑开，肘关节的运动方向是右斜前45度。随右前臂的展伸，右掌握勾手，以勾背为力点向前顶出。左掌弧形下落时，意在“掤按”劲，至右腹前时，翻转掌心侧向上，此时力贯左臂为“掤劲”。双臂动作要饱满撑圆。正如拳谚所云：“立身须中正安舒，支撑八面。”

动作3： 身体向左转，重心前移，左脚全脚掌踏实，左腿屈膝慢慢向前弓出，成左弓步；同时左掌向上经面前，立圆（立掌）向前推出，掌心向前，掌指向上；右勾手向右后方拉开，勾尖向下，勾背略高于肩；眼向前平视（图22）。

动作要领：（1）向左转体、弓步与双手的动作要同时完成。（2）立身中正，松腰沉髋，含胸拔背。（3）松肩坠肘，双臂保持弧形。

易犯错误：（1）向左转体时身体重心起伏，动作不协调、脱节。（2）耸肩仰肘，双臂僵直。

动作方向： 此动作身体向东方向。

技击含义： 身体左转，要注意强调腰髋的转动必须协调一致。转体弓步时，松腰、沉髋，以腰的转动带动左臂向上、向前的大弧形运动。但运动时左掌指不可超过上眉，动作要一气呵成。定势时，左臂与右臂的夹角应在135度，也就是左掌向正前方，与左腿的弓步方向一致，右勾手向右后45度方向。肩要松沉，肘要下垂。左掌指与鼻相平齐，掌心侧向前，虎口撑圆，力贯左臂外侧。右勾背略高于肩，但右腕关节不可死折、力达勾背。双臂的动作外形要圆活、饱满，沉稳中要寓有轻灵之意。要体会到拳谚所云：“以心行气，务沉着，乃能收敛入骨，所谓‘命意源头在腰隙也’。”

图22

第6式 提 手

动作1：接上势，身体向左转，左脚尖内扣45度，重心于左腿，右脚跟提起；同时右勾手变掌，随体转，双臂外旋，双掌微向下、向后平展划弧于体侧，腕与肩平，双掌心向上，掌指向左、右两侧；眼随体转视左手方向（图23）。

动作要领：（1）身体转动的幅度要小，左脚内扣与双掌平展要协调。（2）松肩垂肘，立身中正，双臂撑圆。（3）双臂平展幅度要小，要符合“含胸拔背”的拳理要求。

易犯错误：（1）向左转体时身体重心起伏，转体幅度大，重心偏于右腿。（2）耸肩仰肘，双臂僵直。

（3）双臂平展幅度大，造成背肩挺胸现象。

动作方向：此势动作身体向东南方。

技击含义：身体向左转，而左脚却向内（右）扣45度，看起来这是一个上下肢体不协调的动作，但是这种不顺向的转动，却是为下一动作的完成孕育极大的力量。正如太极图中的阴阳鱼头尾相接相向而动的寓意一样。这也是杨式太极拳动作的特点，此势动作双臂外旋，向下、向后平展时，动作幅度很小，立身要中正，要松肩、垂肘，力点意贯双臂下侧含有“沉劲”和双臂后侧含有“引化劲”。双臂动作外形要强调呈一“弓型”，身形要保持“虚领顶劲”、“含胸拔背”的要求，右脚跟提起，是将身体重心完全移于左腿，身体沿纵轴旋转的动作才能自如。只有这样，双臂才具有弹性和撑力，最后达到为破解对方的力量，起到引化的效果。正如拳谚所云：“身形腰顶岂可无？缺一何必费功夫！”

图23

动作2：身体向右转，重心于左腿，右脚提起向前迈出，脚跟落地，成右虚步；双掌屈臂向上划弧经耳侧向前合手推出，右掌指向上与鼻平，掌心略向左前侧；左掌心向下，掌指斜对右肘；眼视右掌方向（图24）。

动作要领：（1）双掌合掌推出时，做到右掌在前、左掌在后。（2）松腰胯，沉肩坠肘，敛臀，双臂撑圆。

易犯错误：（1）定势时动作起伏，耸肩。（2）身体前俯突臀，左右歪髋。

动作方向：此动作身体向南方向。

技击含义：此势动作完成时，要达到转体、虚步，双掌动作的协调一致。虚步步型要注意身体重心前三（右腿）后七（左腿）的合理分配，这样才能保持即虚步的稳定性。尤其是要特别注意左支撑腿的膝关节与左脚尖在同一方向，同向左侧前45度。这样身形才能达到：尾闾中正，松腰沉髋，含胸拔背。双掌合臂向前推出时，要按右前、左后的顺序相合，臂膀要做到：沉肩坠肘，双臂保持自然弧形。双臂之间动作要饱满撑圆。

动作外形看起来与手挥琵琶动作近似，只是左右相反，但是提手的动作劲力上着重强调了一个“提”字，所谓“提劲”就是向上提拔、沾粘之力。将对方的力提引起来，使其失去根基，失去重心。要用腰腿之劲，催动右手向斜上提拔，不可只用臂膀之力。正如拳谚所云：“自己懂劲，接及神明，为之文成。”

图24

第7式 上 势

动作 1： 接上势，身体向左转，重心于左腿，随体转，左掌转动掌心向上、向下划弧至左腹前，掌指向前；右掌随体转向前微展，掌心向前，掌指向上；眼随身体转动向前平视（图 25）。

动作要领：（1）保持立身中正，双臂撑圆，左臂不可紧夹身体。（2）松腰沉髋，沉肩垂肘。

易犯错误：（1）身体前俯、凸臀，动作姿势起伏。（2）左右歪髋，双臂僵直。

动作方向： 此动作身体向东南方向。

技击含义： 做此势动作时，左臂边外旋、边向下、向后划弧落于左腹前。左臂的动作要含有向下的掤劲，意贯左臂下侧。又要含有向后的撑顶劲，意贯左肘关节，这样才能保证左臂的动作饱满。肘关节的方向保持在左侧后 45 度，要顶头悬，松肩垂肘。以腰髋的转动带动双臂的运转，身体转动时，右脚跟要含有向后的蹬劲，而左支撑腿要含有撑劲，双膝关节要屈，才能做到圆裆、敛臀，松腰沉髋身体的转动才能灵活自如。右掌随身体的动作微向前平展，腕关节要和顺。随身体的转动双臂要含有对拔之劲，即意贯右臂外侧，有立掤的感觉，左臂同时要有掤撑劲，要含胸拔背，以肩背的舒展、松沉，将两臂的劲力连贯、疏通成为一体，双臂、身形保持圆形。正如拳谚所云："太极者圆也，无论内外、上下，不离此圆也。"

动作 2： 身体向右转，重心于左腿，右脚提起向前迈出，右脚跟先落地；此时随体转，右掌向下划弧平掤于胸前，掌心转动向内，掌指向左；左掌向后而上划弧按在右小臂内侧，掌心向外，掌指斜向上；眼向前平视（图 26）。

图 25

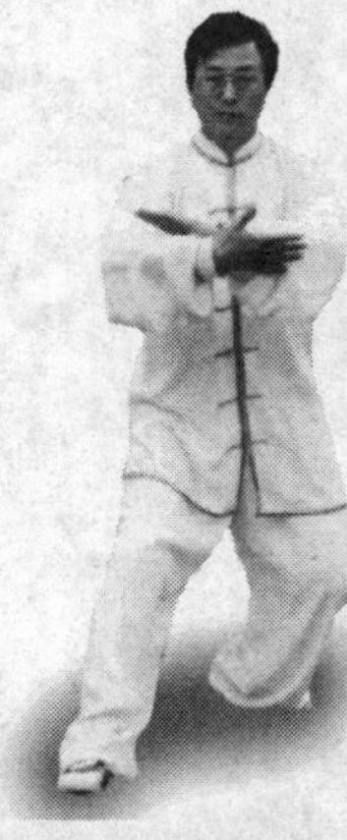

图 26

动作要领：（1）转体、迈步，双掌相合的动作要协调。（2）立身中正、松腰沉髋、松肩垂肘，双臂撑圆。

易犯错误：（1）身体前倾、突臀，左右歪髋。（2）动作姿势起伏，双腿僵直。

动作方向：此动作身体向南方向。

技击含义：此势动作时，双掌的动作要以腰髋的右转而动。身体右转时，左支撑腿要保持上势动作力度不变，随腰髋的转动，带动右脚提起向前迈出，右膝关节不可挺直。同时，右掌先向下再向上以弧形的动作过程，屈臂提掤于胸前，意贯右前臂外侧。左掌自左腹前向后而上经面前按附于右前臂内侧，意贯左掌心，动作强调外柔内刚。身形中正，含胸拔背、沉肩垂肘，松腰沉髋，双臂撑圆。要体会拳谚所云“内要含蓄坚刚而不外施”之意。

动作3：重心移至右腿，右脚全脚掌踏实，右腿屈膝慢慢向前弓出，成右弓步；双掌向前下方挤出，右掌心向内，掌指向左，左掌心向外掌指斜向上；眼视体前下方（图27）。

动作要领：（1）双掌前挤时，双臂保持圆形。（2）立身中正，松腰沉髋。

易犯错误：身体前倾、突臀、耸肩，抬肘。

动作方向：此动作身体向南方向。

技击含义：此势动作向前的弓步，要以左腿的力量，通过腰髋的向前平移，逐渐过度到右腿，成右弓步。同时，双臂也随同腰髋的平移向前下挤出，意贯右前臂外侧，左掌辅助发力。此势动作外形与右揽雀尾的挤式动作相仿，但却体现出两种不同的劲力方法和产生不同的效果。右揽雀尾的挤式动作是平挤，左掌附于右掌腕部，是破坏对方的重心后，将对方沿水平方向放出，产生使对方后退的效果。此势动作左掌按附于右臂内侧，力的方向是本人的前下方的劲力，是以“挤靠”劲为主打，是将对方沿本人劲力前下方放出，使对方后退后跌到在地。

图27

动作时身形微微有些前俯，绝不可过于前倾，使自己失去重心。如拳谚所云："偏轻偏重为病，偏者，偏无着落，所以为病。因无着落，必失方圆。"

第8式　白鹤亮翅

动作1：接上势，身体向左转，右脚尖内扣45度，重心于右腿，随身体转动右小臂内旋，微向前展；右掌心向左，虎口向上，掌指向前；左掌附在右小臂上，掌心向下，掌指向右；眼随身体转动向前平视（图28）。

动作要领：(1) 右小臂内旋、前展，含有下沉之意。(2) 立身中正，松肩垂肘，双臂撑圆。

易犯错误：(1) 重心偏于右腿，上体右倾，左右歪髋。(2) 转体与右臂微前展动作不协调。

动作方向：此动作身体向东方向。

技击含义：身体向左转，右脚尖内扣45度的动作，要充分体现出杨式太极拳"碾脚"的动作特点，因此身体重心要基本保持在右腿。随体转，右臂内旋转动动作时，要意贯右臂下侧，要含有向下的"沉劲"。同时掌心转动向左，虎口撑圆，掌指向前，意贯右掌，含有向前的"穿劲"。腰髋的转动使身体沿纵轴方向而动。顶头悬，立腰身，松肩垂肘，含胸拔背，以保持身形的中正和双臂动作的饱满。转体时，右膝关节与右脚尖要同时而动，并保持膝关节与脚尖的上下相对。体会拳谚所云："腰脊为第一之主宰"，"一动无有不动，一静无有不静"的感觉。

图28

动作2：重心于右腿，左脚提起向前迈出，前脚掌踏地，成左虚步；双掌分别向右上、左下分开，右掌上提于右额前，掌心向外，掌指向上；左掌落于左髋前外，掌心向下，掌指向前；眼向前平视（图29）。

动作要领：（1）身体正直，双臂保持圆形。（2）双掌分开，双膝关节微上伸。（3）含胸、拔背，双臂保持圆形。

易犯错误：（1）俯身突臀，身体重心起伏过大。（2）左右歪髋，右膝关节过分内扣。

动作方向：此动作身体向东方向。

技击含义：左脚前迈，前脚踏地成左虚步时，身体重心要注意前三（左脚）后七（右腿）的合理分配，以保持身形的稳定。双膝关节微伸，重心向上拔起的同时，右臂边内旋，边向上托举。意贯虎口为力点，使右臂具有向上的"擎托劲"。同时意贯左掌，使之具有向下的"採按"劲。定势时左掌虎口侧向前。松腰沉髋，尾闾中正、含胸拔背、收腹敛臀，双臂动作成圆形，双腿要含有弹性，通过身形的调整把右"擎托"左"採按"的劲力合为一体。要体现出拳谚所云"欲要得机得势，先要周身一家；欲要周身一家，先要周身无有缺陷"的动作完整同一性。

图29

图29正面

第9式　左搂膝拗步

动作1：接上势，身体微向左转，重心于右腿，随身体转动；右掌转动掌心向上，向左摆掌于体前，掌指斜向前上；眼视右掌方向（图30）。

动作要领：（1）摆掌与身体转动应协调配合，右腿重心要稳固。（2）身体平稳，动作轻灵、沉稳，松腰髋、垂肘、松肩。

易犯错误：（1）重心前倾，身体前俯。（2）左右歪髋，双臂挺直。

动作方向：此势动作身体向东北方。

技击含义：拗步的“拗”字，在辞海中的释疑是弯曲的含义，在本势动作定势时，就可以理解为一腿膝关节弯曲成弓步的意思。在太极拳术中的一种解释为左右不顺向的意思，也就是讲左手右脚、右手左脚不是同时顺向的动作。

身体微向左转，转体的角度应不超过左侧前45度。随身体的转动，右臂外旋，翻转掌心向上，向左摆掌，但不可超过身体的中线，意贯右臂左侧，动作要舒展，是承接对方之力的意思。也称为接手、迎手。动作时双腋不可紧夹身体，右臂成弧形，左掌随体转相向而动。此时的身形要保持上势的动作要领不变。立腰、竖顶动作要和顺，劲力要饱满，要符合拳谚所云：“立身须中正不偏，方能八面支撑。静如山岳，动若江河。”

动作2：身体向右转，重心于右腿，左脚提起向前迈出，脚跟先着地；同时右掌下落经腹前再向右后上方划弧于右肩外，掌心向外，掌指向上；左掌由下向上经面前划弧于右肩前，掌心向内，掌指向右；眼视右手方向（图31）。

动作要领：（1）双掌运转与迈步动作协调一致。（2）双臂呈弧形，右掌向体右后侧划弧应在体右后侧45度为宜。（3）迈步时身体重心必须坐实，以保持身体平衡。

图30

图31

易犯错误：（1）双臂运转与迈步不协调。（2）凸臀，身斜，转体角度过大，出现动作重心偏斜现象。

动作方向：此动作身体向南偏东方向。

技击含义：身体转动时，松腰沉髋，重心下沉，右腿要屈膝下坐，这样才能保证左脚的迈出轻灵、稳健。避免了造成左脚迈出时，身体重心突然前移的弊病。腰髋的转动带动身体转动，身体的转动，协调了双掌与左脚迈出的一致性。松腰沉髋的动作要领，保证了身体纵轴的自如旋转，也避免了左右歪髋，俯身突臀的不良习惯。右臂下落后展时，意贯右肘关节，以肘带为主，同时又含有向下的掤劲，动作外形才能饱满。后展时，意贯右臂外侧，是立掤劲。左掌划弧于右肩前时，动作外形要撑圆，意贯左臂外侧，是平掤劲。沉肩垂肘，是保证双手保持弧形的动作基础概念。身体转动的幅度要合理，右臂的方向要保持在右后侧45度，转体幅度太大极易造成身体重心向后倾倒。动作时要体会太极拳理所云“灵通于背，神贯于顶。流行于气，运之于掌”的意念。

动作3：身体向左转，重心前移，左脚全脚掌踏实。左腿屈膝慢慢向前弓出，成左弓步；同时随体转，左掌落于右腹前，掌心翻转向下，向前经左膝前搂过至左膝外侧，虎口向前，掌指侧向前；右臂屈肘，右掌经耳旁立掌向前推出，掌心向前，掌指向上，腕与肩高；眼向前平视（图32）。

动作要领：（1）弓步时，身体重心坐实，保持身体平衡。（2）“主宰于腰”，以腰为轴，双臂运转必须协调一致，两肩平齐；弓步、搂掌、推掌应同时完成，做到“上下相随”。（3）定势时，右掌应基本对准身体中线，沉肩，松腰。

易犯错误：（1）右掌动作过高、前伸，右肩过于前送。（2）双脚在同一直线上。

动作方向：此动作身体向东方向。

技击含义：身体左转，重心前移，髋关节的水平移动，带动上体立身位移。

图32

右腿的脚腿之力，逐渐地移向左腿形成左弓步，左掌下落于右腹前时，掌心向内、掌指向右，然后翻转掌心向下，向前经左膝前弧形搂过于左膝外侧，虎口向前，掌指侧向前，同时右臂屈收，右掌经右耳侧立掌向前推出，掌心向前，掌指向上，与鼻同高。这些动作都要在同一时间段协调完成。身型的中正安舒，腰髋的松沉，松肩拔背，双臂保持弧形、撑圆，是意贯双臂、力达双掌的必然条件。要体验拳谚所云“其根在脚，发于腿，主宰于腰，形于手指。由脚而腿、而腰，总须完整一气”的意境。

第10式 手挥琵琶

动作1：接上势，身体微向左转，重心移至左腿；右脚向前跟半步，右脚前脚掌踏地；随身体转动，右掌立掌向前推出，左掌保持上势搂膝姿势不变；眼视右掌方向（图33）。

动作要领：（1）重心稳固在左腿，右脚跟步踏地时，身体才能平稳。（2）动作轻灵、沉稳，松腰胯、垂肘、松肩。

易犯错误：（1）跟步距前脚太近，身体重心前倾。（2）动作姿势起伏，双臂挺直。

动作方向：此动作身体向东偏北方向。

技击含义：此势动作时，身体重心要移于左腿，重心稳固，身体才能左转自如，带动右脚向前跟步，跟步距离以不超过半步距离为好。微向前送肩，右掌向前展推，此势动作极其重要的一点是，重心前移向前跟步，身体姿势要保持平稳，万不可起伏，沉肩、松腰髋，动作意识要注重身体重心下沉，沉稳中寓有轻灵之感。右脚向前跟步，前脚掌要踏实，也就是前七（左腿）后三（右腿）的劲力分配。右掌前推，意贯右掌指。左掌同时要有沉劲，相辅相成。动作才能饱满

图33

圆活。要达到拳谚所云："身为心之用，劲力为身之用。心、身有一定之主宰者，理也。"

动作 2：身体向右转，重心移至右腿，右脚全脚掌踏实；右掌屈臂立掌收于胸前，掌心微向左，掌指向上；左掌弧形上提于体前，掌心向右，掌指向上，与鼻平；眼随体转向前平视（图 34）。

动作要领：（1）向右转体以右前侧 45 度为宜，右脚踏实与前进方向成 45 度。（2）左掌上提，虎口含有上挑之意。（3）身体中正，松肩垂肘，以腰为轴带动双掌运行。

易犯错误：（1）转体幅度过大，重心偏斜，身体向后倾倒。（2）双臂过于夹紧身体。

动作方向：此动作身体向南方向。

技击含义：向右转体，同时，身体重心右移，右脚尖与前进方成 45 度，右脚全脚掌踏实。右掌屈收，意贯右掌背，含有向后的"引带劲"，左掌挑起，意贯左掌虎口，含有向上的"挑架"之力，双臂的动作以腰髋的纵轴转动为主，动作过程要成弧形，立腰竖项，松肩垂肘、双掌虎口撑圆，以保持劲力的饱满。动作时要特别注意前臂与上臂之间以及双臂与身体之间不可夹紧，以免形成死角。要体会拳谚所云："提顶吊裆心中悬，松肩沉肘气丹田。"

动作 3：身体向左转，重心于右腿，同时左脚提起前移，脚跟着地成虚步；同时双掌微向下、向前上方弧形推出，左掌与鼻平，掌心向右，掌指向上；右掌心向左，与左肘相对，掌指斜向前上；眼向前平视（图 35）。

动作要领：（1）定势动作有下沉之气势，神态具有轻灵、挺拔之意。（2）左脚前移要保持上体中正，松腰松髋，定势时身体稍向右侧。（3）左脚与地面夹角应在 45～60 度之间，双膝要微屈，不可挺直。

易犯错误：（1）耸肩、双腋夹紧身体，双臂僵直。（2）身体前俯突臀，左右

图 34

图 35

歪髋。

动作方向：此动作身体向东方向。

技击含义：向左转体，左脚跟踏地，成左虚步；前三（左脚）后七（右脚）的身体重心的分配，使得左脚具有向后的蹬劲，左脚掌与地面的夹角以不超过60度为宜。双膝要屈，右脚与右膝关节在同一45度方向，右脚具有向前的撑劲，使下盘根基更加稳固。随身体的转动，两掌前后交错，双臂下沉相合，向前推（挥）出。因而身体的转动，要顶头悬、立腰身，含胸拔背，松腰沉髋，以腰背之力，腿脚之功，以及松肩垂肘，使得双臂松沉、劲力延伸，意贯双掌心，使得动作沉稳中不乏轻灵，圆活中不含松散。正如拳谚所云："顺项贯顶两膀松，束烈下气把裆撑。忽隐忽现进则长，一羽不加至道藏。"

第11式　左搂膝拗步

动作1：接上势，身体向右转，重心于右腿，左脚提起向前迈出，脚跟先着地；随身体转动，左手翻转掌心向内，经面前划弧于右肩前，掌心向内，掌指向右；右手翻转掌心向上，向下经腹前再向右上划弧于右肩前，掌心向外，掌指向上；眼视右手方向（图36）。

动作要领：（1）双掌运转与左脚迈出动作要协调一致。（2）双臂呈弧形，右掌向体右后侧划弧应以体右侧后45度为宜。（3）迈步时身体重心必须坐实，以保持身体平衡稳定。

易犯错误：（1）双臂运转与迈步动作不协调。（2）突臀，左右歪髋，转体角度过大，出现动作重心偏斜现象。

动作方向：此动作身体向东南方向。

图36

动作2：身体向左转，重心前移，左脚全脚掌踏实。左腿屈膝慢慢向前弓出，成左弓步；同时随体转，左掌落于右腹前，掌心翻转向下，向前经左膝前搂过至左膝外侧，虎口向前，掌指侧向前；右臂屈肘，右掌经耳旁立掌向前推出，掌心向前，掌指向上，腕与肩高；眼向前平视（图37）。

动作要领：（1）弓步时，身体重心坐实，保持身体平衡。（2）“主宰于腰”，以腰为肘，双臂运转必须协调一致，两肩平齐；弓步、搂掌、推掌应同时完成，做到上下相随。（3）定势时，右掌应基本对准身体中线，沉肩，松腰。

易犯错误：（1）右掌过高、前伸，右肩过于前送。（2）双脚在同一直线上。

动作方向：此动作身体向东方向。

第12式 右搂膝拗步

动作1：接上势，身体向左转，左脚尖外展45度，重心于左腿，右脚提起向前迈步，脚跟先着地；随身体转动，右掌心翻转向内，向上经面前划弧落于左肩前侧，掌心向内，掌指向左；同时左掌心翻转向上、向下、向左后上划弧于左肩外，掌心向外，掌指向上；眼视左手方向（图38）。

动作要领：（1）双掌运转与迈步动作协调一致。（2）双臂呈弧形，左掌向体左后侧划弧应在体左后侧45度为宜。（3）迈步时身体重心必须坐实，以保持身体平衡。

易犯错误：（1）双臂运转与迈步不协调。（2）凸臀，身斜，转体角度过大，出现动作重心偏斜现象。

动作方向：此动作身体向东北方向。

技击含义：动作运动时，转体、转脚的度数同是左前45度。腰髋的转动不仅带动了左膝关节与左脚的同时而动，控制了左膝关节与左脚的同一方向，使得

图37

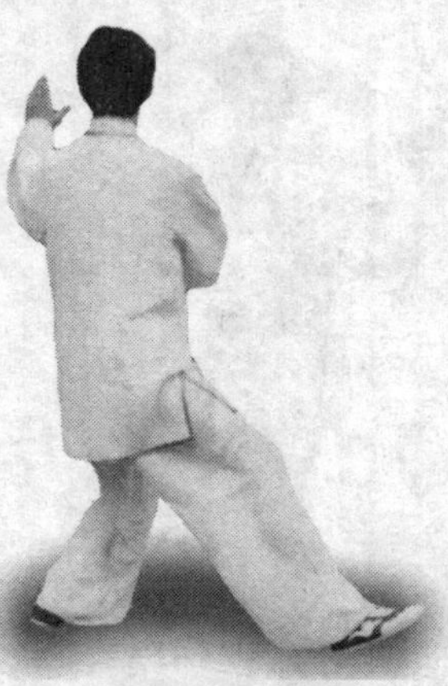
图38

图38正面

身体重心完全坐于左腿时，右脚提起向前迈出的动作才能轻松自如，达到“迈步如猫行”的要领。而且腰髋的转动，同时带动了双臂的动作。右臂外旋，翻转掌心向内时，由于身体的转动右掌微向前展伸，此时意贯右臂外侧，向上划弧经面前的动作过程其劲力是挒劲，要保持右掌、臂与身体的合理距离。落于左肩前时，其劲力为掤劲，动作外形要撑圆，意贯右臂外侧，是平掤。随身体的转动，左臂同时外旋，翻转掌心向上。此时，意贯左臂下侧，为下掤劲，向后划弧时，先要意贯右肘关节，以肘带为主，同时又含有向下的掤劲，动作外形才能饱满。后展时，意贯左臂外侧，是立掤劲。立身中正，松腰沉髋、沉肩垂肘，是双臂保持弧行动作的基本概念，身体转动的幅度要合理，左臂的方向要保持在左后45度，如果转体角度太大极易造成身体重心向后倾倒。要领会拳谚所云：“灵通于背，神贯于顶。流行于气，运之于掌。”

动作2：身体向右转，重心前移，右脚全脚掌踏实。右腿屈膝慢慢向前弓出，成右弓步；同时随体转，右掌落于左腹前，掌心翻转向下，向前经右膝前搂过至右膝外侧，虎口向前，掌指侧向前；左臂屈肘，左掌经耳旁立掌向前推出，掌心向前，掌指向上，腕与肩高；眼向前平视（图39）。

动作要领：（1）弓步时，身体重心要坐实，保持身体平衡。（2）定势时，左掌应基本对准身体中线。（3）以腰转动为轴，双臂运转与右脚迈出必须协调一致，两肩平齐，要做到上下相随。

易犯错误：（1）左掌过高、前伸，左肩过于前送。（2）双脚在同一直线上。

动作方向：此动作身体向东方向。

技击含义：身体右转，重心前移，髋关节的水平移动，带动上体立身位移。左腿的脚腿之力，逐渐地移向右腿形成右弓步。右掌落于左腹前时，掌心向内，掌指向左，意贯右臂下侧，是下截劲。然后翻转掌心向下，意贯右臂外侧，向前经右膝前弧形搂过于右膝外侧时是横劲。虎口向前，掌指侧向前，加强了右掌的

图39

才、按劲力。同时左掌要完成屈肘、推掌的动作。尤其强调的是，左右脚的横向距离要与肩同宽。定势时，双脚应做到“一条中心线”，是指身体的中线。“左右两侧分”，是讲双脚要在身体中线的两侧，如把前脚直接收回，双脚间距离应与肩同宽为宜。身形的中正安舒，松肩拔背，双臂保持弧形、撑圆，是意贯双臂、力达双掌的必然条件。要体会拳谚所云“其跟在脚，发于腿，主宰于腰，形于手指。由脚而腿、而腰，总须完整一气”的理论。

第13式　左搂膝拗步

动作1： 接上势，身体向右转，右脚尖外展45度，重心于右腿，左腿提起向前迈步，脚跟先着地；随身体转动，左掌心翻转向内，向上经面前划弧落于右肩前侧，掌心向内，掌指向右；同时右掌心翻转向上、向右后上划弧于右肩外，掌心向外，掌指向上；眼视右手方向（图40）。

动作要领： （1）双掌运转与迈出步动作协调一致。（2）双臂呈弧形，右掌向体右后侧划弧应在体右后侧45度为宜。（3）迈步时身体重心必须坐实，以保持身体平衡。（4）左脚迈出时，左膝关节微屈。

易犯错误： （1）双臂运转与迈步不协调。（2）凸臀，身斜，转体角度过大，出现动作重心偏斜现象。

动作方向： 此动作身体向东南方向。

动作2： 身体向左转，重心前移，左脚全脚掌踏实。左腿屈膝慢慢向前弓出，成左弓步；同时左掌落于右腹前，掌心翻转向下，向前经左膝前搂过至左膝外侧，掌指向前；右臂屈肘，右掌经耳旁立掌向前推出，掌指向上略高于肩；眼向前平视（图41）。

动作要领： （1）弓步时，身体重心要坐实，才能保持身体平衡。（2）“主宰

图40

图41

于腰”，以腰为肘，双臂运转必须协调一致，两肩平齐；弓步、搂掌、推掌应同时完成，做到“上下相随”。(3) 定势时，右掌应基本对准身体中线，沉肩，松腰。

易犯错误：(1) 右掌过高、前伸，右肩过于前送。(2) 双脚在同一直线上。

动作方向：此动作身体向东方向。

第14式　手挥琵琶

动作1：接上势，身体微向左转，重心移至左腿；右脚向前跟半步，右脚前脚掌踏地；随身体转动，右掌立掌向前推出，左掌保持上势搂膝姿势不变；眼视右掌方向（图42）。

动作要领：(1) 重心稳固在左腿，右脚跟步踏地时，身体才能平稳。(2) 动作轻灵、沉稳，松腰胯、垂肘、松肩。

易犯错误：(1) 跟步距前脚太近，身体重心前倾。(2) 动作姿势起伏，双臂挺直。

动作方向：此动作身体向东偏北方向。

动作2：身体向右转，重心移至右腿，右脚全脚掌踏实；右掌屈臂立掌收于胸前，掌心微向左，掌指向上；左掌弧形上提于体前，掌心向右，掌指向上，与鼻平；眼随体转向前平视（图43）。

动作要领：(1) 向右转体以右前侧45度为宜，右脚踏实与前进方向成45度。(2) 左掌上提，虎口含有上挑之意。(3) 身体中正，松肩垂肘，以腰为轴带动双掌运行。

易犯错误：(1) 转体幅度过大，重心偏斜，身体向后倾倒。(2) 双臂过于夹紧身体。

图42

图43

动作方向：此动作身体向南方向。

动作3：身体向左转，重心于右腿，同时左脚提起前移，脚跟着地成虚步；同时双掌微向下、向前上方弧形推出，左掌与鼻平，掌心向右，掌指向上；右掌心向左，与左肘相对，掌指斜向前上；眼向前平视（图44）。

动作要领：（1）定势动作有下沉之气势，神态具有轻灵、挺拔之意。（2）左脚前移要保持上体中正，松腰松髋，定势时身体稍向右侧。（3）左脚与地面夹角应在45～60度之间，双膝要微屈，不可挺直。

易犯错误：（1）耸肩、双腋夹紧身体，双臂僵直。（2）身体前俯突臀，左右歪髋。

动作方向：此动作身体向东方向。

第15式　左搂膝拗步

动作1：接上势，向右转体，重心于右腿，左脚提起向前迈出，脚跟先着地；随身体转动，左手翻转掌心向内，经面前划弧于右肩前，掌心向内，掌指向右；右手翻转掌心向上，向下经腹前再向右上划弧于右肩前，掌心向外，掌指向上；眼视右手方向（图45）。

动作要领：（1）双掌运转与左脚迈出动作要协调一致。（2）双臂呈弧形，右掌向体右后侧划弧应以体右侧后45度为宜。（3）迈步时身体重心必须坐实，以保持身体平衡稳定。

易犯错误：（1）双臂运转与迈步动作不协调。（2）突臀，左右歪髋，转体角度过大，出现动作重心偏斜现象。

动作方向：此动作身体向东南方向。

动作2：身体向左转，重心前移，左脚全脚掌踏实。左腿屈膝慢慢向前弓

图44

图45

出，成左弓步；同时左掌落于右腹前，掌心翻转向下，向前经左膝前搂过至左膝外侧，掌指向前；右臂屈肘，右掌经耳旁立掌向前推出，掌指向上略高于肩；眼向前平视（图 46）。

动作要领：（1）迈步时，身体重心坐实，保持身体平衡。（2）“主宰于腰”，以腰为肘，双臂运转必须协调一致，两肩平齐；弓步、搂掌、推掌应同时完成，做到“上下相随”。（3）定势时，右掌应基本对准身体中线，沉肩，松腰。

易犯错误：（1）右掌过高、前伸，右肩过于前送。（2）双脚在同一直线上。

动作方向：此动作身体向东方向。

第 16 式　进步搬拦捶

动作 1：接上势，身体向左转，左脚尖外展 45 度，重心于左腿；右脚提起向前迈出，脚跟先着地；随身体转动，左掌转动向上，向左后而上划弧至左肩外，掌心向外，掌指向上，腕与肩平；右掌变拳向左下划弧至腹前，拳心向下，拳眼向内；眼视左掌方向（图 47）。

动作要领：（1）双掌动作应与迈步动作协调完成。（2）动作姿势不可起伏，身体重心要稳固。

易犯错误：（1）动作不协调，身体前俯突臀，左右歪髋。（2）耸肩、双臂僵直。

动作方向：此动作身体向东北方向。

技击含义：腰髋的转动，同时带动了双臂的动作，左臂外旋，翻转掌心向上．此时，意贯左臂下侧，是下掤劲。向左后划弧时，先要意贯左肘关节，以肘带为主，同时又含有向下的掤劲，动作外形才能饱满。后展时，意贯左臂外侧，是立掤劲。而右掌的握拳，随腰的转动向左下划弧时，此时意贯右臂内侧，是引

图 46

图 47

图 47 正面

带劲。落于腹前时，右拳与身体的距离以20厘米为宜，双臂要撑圆，松肩沉肘，要虚腋。松腰沉髋，圆裆敛臀，左膝关节与左脚的方向一致，使得身体重心更加稳固，同时也加强了立身中正的动作概念。要体现拳谚所云："主宰在腰，上于两膊相系，下于胯、两腿相随。"

动作2： 身体向右转，重心前移，右脚全脚掌踏实，右腿屈膝慢慢向前弓出，成右弓步；随腰转；右拳向前翻打，拳心向上，拳面向前，拳与胸平；左掌同时经面前向前横掌下压于右掌前，掌心向下，掌指向右，腕与肩平；眼向前平视（图48）。

动作要领：（1）双手的动作与弓步要同时协调完成。（2）上体正直，双肩松沉，双臂撑圆。（3）左掌、右拳之间以一拳距离为宜。

易犯错误：（1）翻打、盖掌，与弓步的动作不协调。（2）身体前俯，耸肩、扬肘。

动作方向： 此动作身体向东方向。

技击含义： 此势动作，随身体的转动，右拳上提，右前臂以右肘关节为圆心，向前翻打。此时，意贯右拳背及右臂外侧，是搬劲。同时左掌向右拳前压盖。此时，意贯左臂下侧，左掌为采劲。要做到顶头悬，立身中正，松肩垂肘，含胸拔背，双臂撑圆，动作饱满，劲力充实，使双臂含有向下的"沉劲"。正如拳谚所云："有上即有下，有前即有后，有左即有右，如意要向上，即寓下意；若将物掀起，而加以挫之之力，斯其根自断，乃坏之速而无疑。"

动作3： 身体向右转，右脚尖外展45度，重心于右腿，左脚提起向前迈出，脚跟先着地；右拳收于右腰间，拳心向上；左掌立掌向前、向左划弧拦出，掌心侧向右，掌指向上，腕与肩平；眼向前平视（图49）。

动作要领：（1）立身中正，松腰沉髋，双臂不可挺直。（2）迈步、拦掌、收拳动作要协调完成。

图48

图49

易犯错误：（1）右臂紧夹身体，动作不协调。（2）突臀、左右歪髋，上体前俯。

动作方向：此动作身体向东南方向。

技击含义：随身体的转动，右拳的回收，眼先向右平视。上体稍稍左转，左脚提起向前迈出与左掌的拦掌动作要同时完成。此时，眼视左掌方向，劲力不仅要意贯右臂下侧，同时肘关节要具有向后的撑劲，右臂不可紧夹身体。左臂具有自右向左的拦劲，还要含有向前的立掤劲。双臂之间要有对拔的撑劲，松腰沉髋、尾闾中正的身形，使得动作具有虎虎生气。如拳谚所云："含胸，拔背；裹裆，护臀；提顶，吊裆；松肩，沉肘。"

动作4：身体向左转，重心前移，左脚全脚掌踏实。左腿屈膝慢慢向前弓出，成左弓步；右臂内旋，右拳自腰间向前打出，拳眼向上，与胸平；左掌弧形收至右前臂内侧，掌心侧向右，掌指斜向上；眼视右拳方向（图50）。

动作要领：（1）立身中正，两臂微屈，沉肩垂肘，双臂撑圆。（2）弓步的形成、左掌收回、右拳打出的动作要协调，速度均匀。（3）右拳、左掌之间距离以一横拳为宜。

易犯错误：（1）上体前俯、突臀，耸肩右臂僵直。（2）动作不协调，上下不相随。

动作方向：此动作身体向东方向。

技击含义：此势动作，右臂要边内旋，右拳边打出，意贯拳面。左掌的弧形回收，动作要圆活，意贯左臂外下侧，是掤劲。立身中正，松肩沉肘，涵胸拔背，双臂撑圆，右腿之力要于脚、于腿、于腰达于拳面。要体会拳谚所云："蓄劲如开弓，发劲如放箭。屈中求直，蓄而后发。"

图 50

第17式 如封似闭

动作1：接上势，重心于左腿；左掌心转动向上，掌指向右，由右肘下向前穿出；右拳变掌，双掌心相对，掌指向前，腕与肩平；眼向前平视（图51、52）。

动作要领：（1）动作时身体重心要平稳，动作要轻灵，双肘要微屈。（2）立身中正，松肩垂肘。

易犯错误：（1）身体重心起伏，耸肩。（2）上体前俯，双臂僵直。

动作方向：此动作身体向东方向。

技击含义：此动作时特别要注意的是：保持上势左弓步的同时，先以松腰沉髋的意识将身体重心微微下沉，此时，右拳稍前送，意贯拳面。左臂外旋翻转掌心向上，由右肘下向前穿出，意贯左掌指，同时又具有向外的掤劲。双臂不可紧夹身体，肩肘松沉。尾闾中正，含胸拔背，肩背的舒展保证了双臂动作保持弧形，动作劲力的饱满。双臂的动作不可用僵劲、拙力，要松沉自如。在轻灵之中，体会拳谚所云“内要含蓄坚刚而不外施”。

动作2：重心移于右腿，右腿屈膝，成坐步；双掌心相对，虎口向上，屈臂挑掌收于胸前，两掌心侧相对，掌指斜向上；眼向前平视（图53）。

动作要领：（1）重心右移，双膝要屈，重心的移动与屈臂挑掌同时协调完成。（2）两臂放松，双腋微虚，屈肘挑掌动作成弧形。

易犯错误：（1）双肘平展，仰身挺腹。（2）重心右移与屈臂挑掌动作脱节、不协调。

动作方向：此动作身体向东方向。

图51

图52

动作 3： 重心前移，右腿屈膝慢慢向前弓出，成左弓步；双掌微向下，再向前上按出，掌心侧向前，掌指向上，腕与肩平；眼向前平视（图 54）。

动作要领：（1）双掌前按动作应走弧线，双臂撑圆，双肘微屈。（2）上体正直，松腰沉胯，双掌前按要顺腕立掌，腕部要柔顺。

易犯错误：（1）上体前俯、突臀，双臂僵直。（2）双掌前按动作幅度过大，耸肩平肘。

动作方向： 此动作身体向东方向。

第18式　十字手

动作 1： 接上势，身体向右转，左脚尖内扣 90 度，重心于左腿；随体转，双掌向上、向右划弧于面前，掌指向上，双掌心侧向外，腕与肩平；眼向前平视（图 55）。

动作要领：（1）身体向右转时，身体重心不可起伏。（2）两臂呈弧形，松肩、垂肘。

易犯错误：（1）身体重心起伏，上体前俯突臀。（2）耸肩、扬肘，双臂僵直。

动作方向： 此动作身体向南方向。

技击含义： 此势动作时，身体的转动与左脚的内扣动作要协调进行。腰髋的转动带动双掌的动作。演练时，双臂不仅要保持弧形，而且双掌要注意劲力的体现。右掌为“引化劲”，意贯右掌及右臂外侧。左掌为“沾粘劲”，意贯左掌及左臂。腰髋要松沉，立身要中正、安舒，动作要轻灵中寓于稳重，如拳谚所云：“身形腰顶皆可以，粘黏连随意气均。运动知觉来相应，神是君位骨肉臣。”

图 53

图 54

图 55

动作2：身体向右转，右脚尖外展45度，重心移于右腿；成右侧弓步，随体转，双掌微向上、再向左右平分下落撑开，掌与髋平，掌心向外，掌指向两侧；眼视右掌方向（图56）。

动作要领：（1）松腰沉髋，身体重心下沉，双掌平撑分开，双臂保持弧形。（2）尾闾中正，沉肩垂肘。

易犯错误：（1）身体前俯、突臀，双臂僵直。（2）双掌平分撑开与右脚转动动作脱节、不协调。

动作方向：此动作身体向西南方向。

技击含义：此动作时，身体的右转、右脚的外展，双掌的平分下落，同样要以腰髋的转动同时协调完成。尤其是双掌的分落，要以双肘为圆心，两前臂向两侧平撑分开下落，意贯双臂下侧。肩、肘、腕、指的关节，要相应达到松、垂、顺、舒的要求。要体会拳谚所云："手不向空起，手亦不向空落，精敏神巧全在活。"

动作3：身体向左转，重心移至左腿，右脚尖内扣45度；随身体转动，双臂内旋，双掌向下划弧于腹前双腕交叉合抱，右掌在外，左掌在内，双掌心向内，掌指向左、右斜下方；眼视前下方（图57）。

动作要领：（1）双掌合抱时要沉肩、松肘，虚腋。（2）身体重心左移、双掌合抱动作应同时协调完成。（3）松腰沉髋，尾闾中正，安舒。

易犯错误：（1）双掌合抱时耸肩、平肘，双臂紧夹身体。（2）身体重心起伏，上下动作不协调。（3）身体前俯，突臀。

动作方向：此动作身体向南方向。

技击含义：此动作身体重心左移时，髋关节要沿水平位置移动，带动身体平稳位移。松腰沉髋的动作要领是身体移动的关键。身体左转，右脚内扣与双臂边内旋边向下划弧；双掌交叉合抱动作要协调进行。沉肩垂肘、含胸拔背是保证双

图56

图57

臂撑圆的要领，正如拳谚所云："切记一动无有不动，一静无有不静。"

动作 4： 重心于左腿，右脚内收成开立步，双脚平行与肩同宽。然后双腿缓慢直立；双掌交叉合抱上举于面前，腕与肩平，左掌在内，右掌在外，双掌心向内，掌指向左、右，成斜十字形；眼向前平视（图 58、59）。

动作要领：（1）收脚成开立步，双掌合抱上举，动作要协调。（2）立身中正、安舒，沉肩垂肘，双臂撑圆。（3）双膝关节不可僵直。

易犯错误：（1）动作脱节不协调。（2）身体前俯、耸肩、扬肘。

动作方向： 此动作身体向南方向。

技击含义： 身体重心于左腿，右脚收回时，右脚跟先要提起，然后以右前脚掌微蹬地，顺势回收，前脚掌先踏地，再全脚掌踏实。随身体重心提起，双腿直立，双掌自下而上弧形向前合掤，腕与肩平，与身体约三拳距离。此时，意贯双臂外侧。要虚领顶劲、尾闾中正、含胸拔背、松肩垂肘、双臂撑圆，精神自然提起，要体会拳谚所云："蹬之于足，行之于腿，纵之于膝，活泼于腰，灵通于背，神贯于顶。"

第 19 式　抱虎归山

动作 1： 接上势，身体向右转，重心于左腿，左脚内扣 135 度，随体转，双掌合掤向右平移，眼向前平视（图 60）。

动作要领：（1）左脚内扣要与身体转动协调进行。（2）尾闾中正，上下动作要相随，身体重心微下沉。

易犯错误：（1）双臂僵直，上体前俯、突臀。（2）动作不协调，双腿僵直。

动作方向： 此势动作身体向西南方。

技击含义： 身体向右转，左脚内扣 135 度，也就是要求随身体的转动，左脚

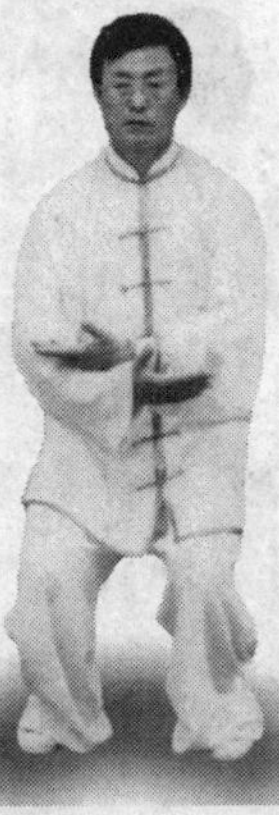

图 58

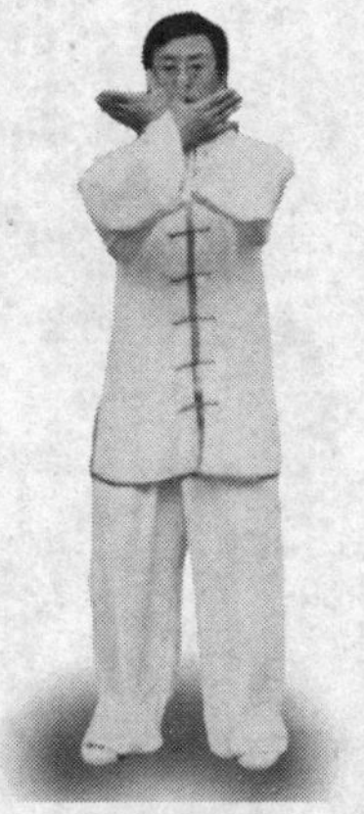

图 59

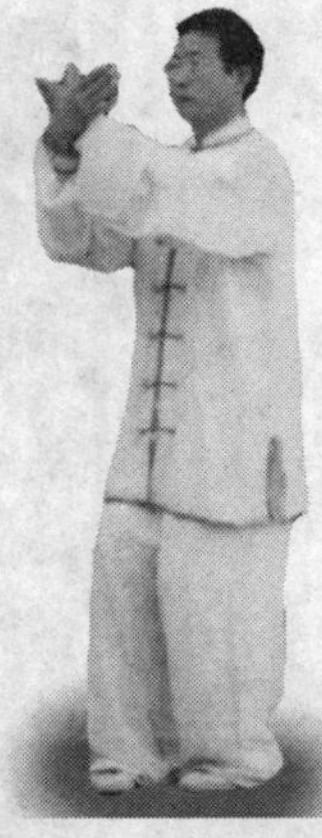

图 60

向内扣的度数要合适，并且为下一动作的进行打好基础。随身体的转动，身体重心的下沉，左脚要实腿而内扣，这就是传统杨式太极拳独特的风格和特点。双掌的合搠动作，要保持上一动作的外形和要领。身体要保持中正、安舒，转体、扣脚动作要轻灵、自如。如拳谚所云："轻灵活泼求懂劲，阴阳既济无滞病。若得四两拨千斤，开合鼓荡主宰定。"

动作2：身体继续向右转，重心于左腿；随体转，右脚提起向右前方迈出，脚跟先着地；同时右掌微向上划弧经面前落于左肩侧前，掌心向内，掌指向左；同时左掌翻转掌心向上、向下、向左后上划弧于左肩外，掌心向外，掌指向上；眼视左手方向（图61）。

动作要领：（1）双掌运转与迈出步动作协调一致。（2）双臂呈弧形，左掌向体左后侧划弧应在体左后侧45度为宜。（3）迈步时身体重心必须坐实，以保持身体平衡。（4）右脚迈出时，右膝关节微屈。

易犯错误：（1）双臂运转与迈步不协调。（2）凸臀，身斜，转体角度过大，出现动作重心偏斜现象。

动作方向：此动作身体向西南方向。

动作3：身体向右转，重心前移，右脚全脚掌踏实，右腿屈膝慢慢向前弓出，成右弓步。随体转，右掌落于左腹前，掌心翻转向下，向前经右膝前搂过至右膝外侧，虎口向前，掌指侧向前；同时左臂屈肘，左掌经左耳旁立掌向前推出，掌心向前，掌指向上，腕与肩高；眼向前平视（图62）。

动作要领：（1）弓步时身体重心要坐实，以保持身体平衡。（2）定势时，左掌应基本对准身体中线。（3）以腰转动为轴，双臂运转与右脚迈出必须协调一致，两肩平齐，要做到上下相随。

易犯错误：（1）双臂僵直，上体前俯、突臀。（2）左掌过高、前伸，左肩过于前送。（3）双脚在同一直线，动作不协调。

图61

图62

动作方向：此势动作身体向西北方。

第20式 右揽雀尾（掤势）

动作1：身体向右转，重心微前移，成右弓步。随体转，左掌向前展伸，左臂外旋，翻转掌心向上，掌指向前，腕与肩高；同时，右臂外旋，右掌翻转掌心向上，向右侧后划弧展开于右肩外，掌心向外，掌指向上，腕与肩平；眼视右掌方向（图63）。

动作要领：（1）身体向右转要松腰沉髋，以保持身体平衡。右臂展开的方向应是右后45度为宜。（2）以腰转动为轴，带动双臂运转必须协调一致，要做到上下相随。（3）松肩垂肘，立身中正双臂撑圆。

易犯错误：（1）双臂僵直，上体前俯、突臀。（2）动作不协调，上下不相随。

动作方向：此势动作身体向北方。

技击含义：身体向右转，是以腰髋的转动，带动双臂的展伸。虽然转体的动作幅度不是很大，但是双掌的动作要做到要开俱开、要合俱合的意境。要意贯左臂下侧，此时要松肩垂肘，顺腕、展指。右臂要意贯右掌外缘及右臂外侧，同样要松肩垂肘，顺腕立掌。立身要保持中正，双臂保持在135度为好。腰髋的松沉是身体转动的根本保证，同样也是保持身体平稳的前提。要体会拳谚所云“一动无有不动，一静无有不静，心气一发，四肢皆动”的感觉。

动作2：身体向左转，成右弓步。随体转，右臂屈肘，右掌经右耳侧向前立掌推出，掌心侧向前，掌指向上，与鼻平；同时，左臂屈肘回收于胸前，掌心侧向上，掌指对右肘，右臂外旋；眼视右掌方向（图64）。

动作要领：（1）身体向左转以腰转动为轴，带动双臂运转必须协调一致，要

图63

图64

做到上下相随。(2) 松肩垂肘，立身中正，含胸拔背，双臂撑圆。

易犯错误：(1) 双臂僵直，上体前俯、突臀，双臂紧夹身体。(2) 动作不协调，上下不相随。(3) 耸肩、扬肘，双膝挺直，重心起伏。

动作方向：此势动作身体向北方。

技击含义：身体向左转，是以腰髋的转动，带动双臂同时而动。虽然转体的动作幅度是在上一动的基础上回转，幅度不是很大，但是此时要有要合俱合的意境，要意贯左臂外侧，是向下、向外的“掤劲”。此时要松肩垂肘，顺腕、展指。右臂要意贯右掌外缘及右臂外侧，同样要松肩垂肘，顺腕、立掌，是“立掤劲”。立身要保持中正，腰髋松沉，松肩垂肘，虚腋双臂保持弧形。从双臂的动作外形讲，左臂、胸部、右大臂形似阴阳鱼的头部，而右小臂与左掌形似鱼尾。

正如拳谚所云“一开连一合，开合递相承”，“拔背含胸含太极，裹裆护臂踩五行”。

第 20 式　右揽雀尾（捋势）

动作 1：身体向左转，重心移于左腿，成左坐步。双掌随身体转动向左后捋至腹前，双掌心侧相对，右掌心向左，掌指向前，左掌心侧向上，掌指向右；眼随体转向前平视（图 65）。

动作要领：(1) 向后捋时，左肘应向左侧后 45 度方向撤肘。(2) 松肩、垂肘，立身中正，双臂撑圆，松腰沉髋。(3) 右肘与身体保持 20 厘米左右距离为宜。

易犯错误：(1) 双臂僵直，左右歪髋，身体后仰，双臂紧夹身体。(2) 动作不协调，上下不相随。(3) 耸肩、扬肘，双膝挺直，重心起伏。

动作方向：此势动作身体向西南方。

图 65

技击含义：“主宰于腰”，以腰的左转带动双手，自面前向下、向后划弧而动。由于腰的转动右手必然会微向前展伸；然后再向下、向左弧形下落。右肘落于右腹前侧，掌心向左，掌指向前，虎口向上，五指在同一平面，右肘与右腹间相距20厘米左右。此时，右臂既有向下的沉劲，又有向左的带劲。而左手以肘关节领先，向左下后方弧形下落，左掌落于左腹前侧，掌心向上，掌指向前，左掌与左腹间相距10厘米左右。此时，左臂既有向下的掤劲，又有向左后的引劲。由于双手的动作，将对方向隅向牵引。运动过程中双手的动作要同时而动，切不可先后而动，而失去了捋的动作含义。但同时必须注意的是步型、步法的变化。配合身体的转动，随身体重心的移动，髋关节沿水平位置向后平移，带动身体立身位移，上下相随，即由右弓步转换为左坐步。左膝关节与左脚的45度方向一致，六成劲坐于左腿。右腿膝关节不可挺直，要微屈，右脚前脚掌要有向后的搓劲，右腿要有四成劲，松腰沉髋，气沉丹田，收腹敛臀，顶头悬、立腰竖项，松肩垂肘、虚腋、双臂撑圆，双手的劲力方向是左后45度的合力。捋的动作要体会到如拳谚所云：“捋劲意何解，引导使之前，顺其来势力，轻灵不丢顶，引之使延长，力尽自然空，重心自维持，莫被他人乘。”此句拳谚充分说明捋的动作含义及技击方法和劲力的方向。

第20式 右揽雀尾（挤势）

动作1：身体向右转，重心于左腿，成坐步；同时右臂外旋屈肘提于腹前，右掌心向内，掌指向左；左臂内旋上提附于右腕内侧，左掌心向前，掌指斜向上，掌指向右；眼随体转向前平视（图66）。

动作要领：（1）腰的转动带动双手相合。（2）立身中正，沉肩、坠肘，松腰沉髋。

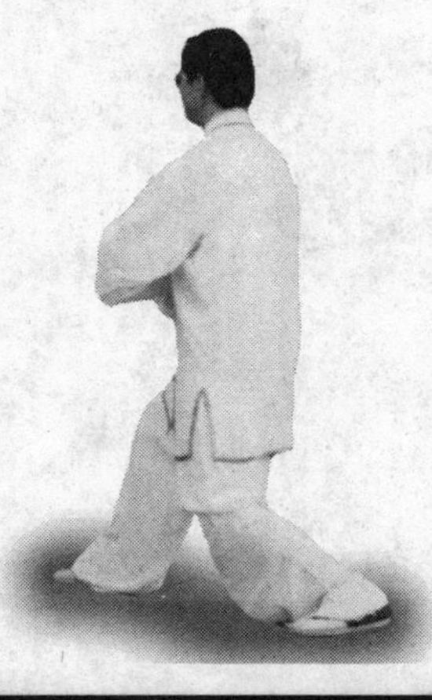

图66

易犯错误：（1）身体前俯突臀、左右歪髋，双腋紧夹身体。（2）耸肩、右膝挺直，重心起伏。

动作方向：此势动作身体向西北方。

技击含义：当捋到尽点时，即以腰髋的转动，使身体向右转正。此时，随腰的转动，右臂微外旋，屈臂提于腹前，转动掌心向内，掌指向左，力贯右臂外侧，为右平掤。左臂内旋，左掌以拇指意领，向右旋转，同时向前推掌，力贯左掌心，附于右腕内侧，掌指斜向上。顶头悬，立腰竖项，身体不可前俯、突臀，左右歪髋，松肩垂肘，虚腋，双臂撑圆。双掌相合，双臂外形成下八字形，保持坐步步型。蓄劲于左腿，右腿要寓撑劲。要领会拳谚所云“上下一条线，全凭两手转”，“劲断意不断，意断神可接”的意境。

动作 2：重心前移，右腿屈膝慢慢向前弓出，成右弓步；同时双掌向前挤出，腕与肩平，右掌心向内，掌指向左，左掌心向外，掌指斜向上；眼向前平视（图 67）。

动作要领：（1）立身中正，沉肩、双肘应有下垂之意。（2）双臂撑圆，动作要饱满。

易犯错误：（1）身体前俯，双臂僵直。（2）耸肩、左膝挺直，重心起伏。

动作方向：此势动作身体向西北方。

技击含义：立身、平髋，以腰腿之力，向前弓步，随身体重心前移，身体向前平移。顶头悬，身中正，尾闾收住。双臂随身体重心前移，向前展臂。腕与肩平，右掌心向内，掌指向左，左掌心向外，掌指斜向上，沉肩、垂肘、含胸，双臂撑圆，双臂外形成八字形，意贯右掌，力达手背。这里所指的力达，并不是就在此动用力、使劲，而是仍要求运动时动作缓慢、柔和。动作时要达到“先在心，后在身”，以意贯手背，意到、气到、力到，意之所注处就有所感觉。左手辅助发击，也就是用两手合力发击。正如拳谚所云：“挤劲义何解，用时有两方，

图 67

直接单纯力，迎合一劲中，间接反应力，如球碰壁还，又如钱投鼓，跃跃声锵然。”

第20式　右揽雀尾（按势）

动作1：接上势，重心微向前移，成右弓步；同时双掌向前平展，左掌从右掌上向前分开，腕与肩平，双掌心相对，虎口向上，双掌指向前；眼向前平视（图68）。

动作要领：（1）立身，沉肩、双肘下垂。（2）双掌前分要舒腕展指，双臂保持弧形。

易犯错误：（1）身体前俯、双臂僵直。（2）双臂过于上举，耸肩仰肘。

动作方向：此势动作身体向西北方。

动作2：重心后移于左腿，成左坐步；同时，双臂屈肘挑掌收于胸前，两掌心侧相对，掌指斜向上；眼向前平视（图69）。

动作要领：（1）重心后移与屈臂挑掌应同时协调完成。（2）两臂放松，双腋微虚，屈肘挑掌动作成弧。

易犯错误：（1）双肘平展，俯身突臀。（2）重心后移与收掌动作脱节、不协调。

动作方向：此势动作身体向西北方。

技击含义：身体重心后移时，动作外形不可有起伏，身体要保持平稳位移。左腿屈膝后坐，左膝关节与左脚的方向要一致。同时随身体重心后移；先沉肩、再垂肘，以双手拇指为力点，腕关节向内转动，带动双掌指立圆弧形向上挑起，收于胸前，双腋要虚，不可紧夹身体。双掌心侧相对，双臂呈八字形。此时，身形要立身中正，虚领顶劲，含胸拔背，松腰沉髋，呼吸要平缓，精神提起，用双

图68

图69

掌的动作将外力引化到自己的左腿（后脚）化解，万不可用双臂的直线回抽把双掌收到体前，一定要用弧形动作过程破解外力的直线方向。而本身的力量要用意念贯注双小臂外侧。才能达到拳谚所云："舍已从人，引进落空，四两拨千斤也。"

动作3：重心前移，右腿屈膝慢慢向前弓出，成右弓步；双掌微向下，再向前上按出，掌心向前，掌指向上与肩平；眼向前平视（图70）。

动作要领：（1）双掌前按动作要走弧形，双臂撑圆，双肘微屈。（2）双掌前按，要顺腕立掌，腕部要柔顺。

易犯错误：（1）双臂僵直，上体前俯、突臀。（2）耸肩、前按动作时双掌过高。

动作方向：此势动作身体向西北方。

技击含义：身体重心前移时，动作外形不可有起伏，身体要保持立身位移。以左腿之力缓慢将身体重心移向右腿，成右弓步。同时随身体重心前移；双臂微内旋，向下旋腕，翻转掌心侧向下。双手以人字形向两侧平分，掌心侧相对，松肩垂肘、虚腋，此时力贯双掌外侧，以转臂旋腕的动作继续将外力化解。然后，双掌再沿椭圆形路线向前展臂推出，双掌前推时要保持在肩宽的范围内。掌指向上，与鼻平，掌心侧相对，顺腕舒指，腕部不可向前坐腕用力，手指与肩要保持在圆活、自然的状态。同时身体重心随向前展臂前推动作，以"虚领顶劲"之意，脚生之力，将身体重心前移。含胸拔背、坐腰，掌心内涵，意念贯注十指。才能达到拳谚所云："按劲义何解，运用如水行，柔中已寓刚，急流势难挡，逢高则膨满，遇凹向下潜，波浪有起伏，有空必钻入。"

图70

第21式　斜掤势

动作1： 接上势，身体向左转，右脚内扣135度，重心移于左腿；随体转，双掌向两侧平撑，双掌心向外，腕与肩平；眼随体转视左掌方向（图71）。

动作要领：（1）向左转体，右脚内扣左脚保持原动作方向不变。（2）松腰沉髋，松肩垂肘，立身中正，双臂撑圆。（3）重心左移身体保持平稳。

易犯错误：（1）耸肩、扬肘，双膝挺直，重心起伏。（2）动作脱节，上下不相随。

动作方向： 此势动作身体向西南方。

技击含义： 做此动作时，首先要注意的是身体向左转，要松腰沉髋，以身体的转动带动双臂向两侧平展。左掌的动作速度相对的要快一点，以达到扣脚、转体、展臂，在腰的带动下同时到位，以求动作的连贯，协调、和顺。双臂平展，要意贯双掌外缘及双臂外侧，是同时向外开展，意贯左掌为掤带劲，右掌为撑掤劲。立身要中正，含胸拔背，松肩垂肘，肩背舒展，双臂要成弓形，极富有弹性。气沉丹田，呼吸的深沉，更巩固了身架的稳定性。要达到拳谚所云："要息心体认，随人所动，随屈就伸，不丢不顶，勿自伸缩。"

动作2： 向右微转体，重心于右腿，左脚提起向左前迈步，脚跟先着地；随体转，右臂屈收于胸前，右掌心向下，掌指向右，腕与肩平；同时，左掌向下划弧于右腹前，翻转掌心侧向上，掌指向右；眼视右手方向（图72）。

动作要领：（1）双掌与左脚迈出的动作要上下相随。（2）左脚迈出时，右支撑腿应微屈下蹲。（3）身体中正，身体重心平稳过度。

易犯错误：（1）身体前俯，歪髋、凸臀。（2）双掌合抱与迈步动作速度不协调。（3）右膝关节与右脚尖上下错位。

图71

图72

动作方向：此动作身体向西南方向。

技击含义：在做此动时，只强调迈步时的感觉，身体重心稳固于右腿，再将左大腿轻提，带动小腿、左脚提收于身体重心之下，再向前迈出。脚距离地面要有似擦非擦的感觉，所以不能抬脚过高，避免身体重心起伏。迈出时左脚后脚掌踏地，这也是现在经常提到的“脚跟着地”的动作，这只是在文章中的简炼提法。但有许多练习者却简单理解为后脚掌外沿着地，这其实是不全面或错误的。它的实质是，脚不是以边缘轻放在地面上，而是要有力度、有力量，松腰沉髋身体重心必然要落到双脚上。只有脚踏实地，才有根基。迈出腿的膝关节要保持一定的弧度，角度过大身体重心前倾，膝关节挺直，身体重心完全在支撑腿，失去了双腿同时支撑松腰沉髋的意义。所以迈出腿要有似放非放、似抬非抬的感觉，使之具有进则弓步，退则撤步的灵活性。“迈步如猫行”的拳谚就提醒练习者动作时要轻提慢放，使之在缓慢的过程中控制腿部的力量。尽量避免快速迈出重心前倾产生“砸地”和“抢步”的现象。这也是在整套传统杨式太极拳动作练习中的必要感觉。脚步迈出身体重心分配要合理才能达到拳谚所云：“半轻半重不为病，偏轻偏重为病。”

动作 3：身体向左转，重心移于左腿，左脚全脚掌踏实，左腿屈膝慢慢向前弓出，成左弓步；同时，左臂向前掤出，掌心向内，掌指向右，与胸平；右臂内旋翻转，右掌向下落于右髋旁，掌心向下，虎口向前，掌指斜向前；眼向前平视（图 73）。

动作要领：（1）身体转动带动双掌前后分开。（2）弓步与双掌的动作速度应协调一致。（3）立身中正，松腰沉髋，沉肩垂肘双臂撑圆。

易犯错误：（1）上体过于前倾，转体角度过大，重心偏移。（2）耸肩扬肘，俯身、凸臀，双臂僵直。

动作方向：此动作身体向东南方向。

图 73

技击含义：主宰于腰，以腰的左转，带动髋关节将身体转正。此时重心前移，松腰沉髋，左腿屈膝慢慢向前弓出，随重心前移左脚逐渐全脚掌踏实地面。切不可先将左脚放平，再弓步或膝关节已经到位，而脚却迟迟未放下。定势时，前腿的膝关节要与脚尖在同一垂线，膝过脚尖，身体重心偏前，容易被对方牵动。膝不到位，身体重心偏后，动作不饱满，失去攻击力，容易被对方控制住力量。当前腿动作到位时，特别要强调后腿的动作。后腿不可完全绷直，膝关节要自然舒松，后腿保持自然蹬直状态，要富有弹性。膝关节要微向外撑，近于与后脚尖在同一方向。两胯根要向内合、裹裆，敛臀。

双臂动作，双臂微内合，左臂微外旋，转动掌心向内、向前掤出，与胸平。松肩垂肘，肘关节略低于腕关节，意贯前臂外侧，右臂内旋，翻转掌心向下，采按于右髋外侧，虎口向前，掌指侧向右斜前方，虚腋、右肘关节微向右后撑，意贯虎口和右臂外侧，使之具有采按的威力。要含胸拔背，使左臂平圆与右臂立圆相互呼应，成弓形。左掤的动作要体会到拳谚所云："蓄劲如开弓，发劲如放箭。曲中求直，蓄而后发。力由脊发，步随身换。"

第 22 式　肘底捶

动作 1：接上势，身体向左转，左脚尖外展 45 度，重心于左腿，右脚跟提起；随体转，两臂随腰而动，平展于体侧，腕与肩平，左掌心侧向上，右掌心侧向下，双掌指向前；眼视左手方向（图 74）。

动作要领：（1）双臂平撑于体侧时，沉肩坠肘，双臂呈弧形。（2）立身中正，松腰沉髋。

易犯错误：（1）俯身突臀，耸肩扬肘，双臂僵直。（2）重心偏左，身体向左倾倒。

图 74

动作方向： 此动作身体向东方。

技击含义： 此动作演练时，腰髋的转动，使得左脚的外展，双掌的运转同时而动。右脚跟的提起，不仅加强了身体转动的灵活性，同时也保证了立身中正的动作要领的体现。双臂体侧平举，并不是双臂展开 180 度，而是在体两侧各 45 度方向。此时的立身中正，含胸拔背，使得双臂在同一圆弧线上，沉肩垂肘，双臂成一弓形。意贯左臂外侧、下侧，包含了向外的“掤劲”和向下的松沉的“掤劲”。同时意贯右臂外侧、下侧，包含了向外的撑劲、平“掤劲”和向下的“掤劲”。尾闾中正，虚领顶劲，避免了由于身体的转动、重心的左移而产生的前俯、突臀，及左、右歪髋等不良动作习惯。要如拳谚所云：“顶如准，故云‘顶头悬也’。两手即平，左右之盘也。腰即平直根株也。‘立如平准’，所谓轻重浮沉、分厘丝毫，则偏显然矣！”

动作 2： 身体微向左转，重心于左腿，右脚提起向前跟步，前脚掌踏地；左掌向下划弧于腹前，掌心侧向上；掌指向右，右掌向上划弧至面前，掌心侧向下，掌指向左；眼随体转向前平视（图 75）。

动作要领：（1）跟步时，动作重心要平稳，跟步与双掌动作协调一致。（2）跟步幅度适宜，右脚踏地要有力度。

易犯错误：（1）重心前倾，动作姿势起伏。（2）耸肩、抬肘、歪髋。

动作方向： 此动作身体向东方。

技击含义： 此势动作首先要注意的是右脚的动作，由于身体的转动，带动了右脚提起跟步，为了保持动作的平稳，右脚的落地点并不是直接向前跟进，而是向偏右的地方，前脚掌踏地，并且要具有一定的力度。也就是说左脚、身体重心垂线、右脚成三角状，双脚之间的纵向距离视每人的步幅而定，一般讲应掌握在近于半步较为合适，这样也好确定身体的稳定性。双掌的体前圈和的动作不仅要撑圆，还要注重左掌与身体的距离以本人两拳为宜，而右掌与身体的距离以本人

图 75

四拳为宜。如果距身体近，则耸肩扬肘，双臂紧夹身体，身体重心也易偏后，身体向后仰。如果距身体太远，则拔背团胸，双臂僵直，动作不饱满，身体重心易偏前，身体向前倾倒。立身中正的要领，就避免了身体俯、仰的错误动作的出现。松腰沉髋的意识稳固了动作的底盘，含胸拔背使得双臂具有一定的劲力。要意贯左臂下侧含有“掤劲，”同时意贯掌指含有“抄裹劲”。右臂要意贯右臂外侧含有撑劲，同时意贯右掌虎口含有“圈合劲”。要达到拳谚所云：“先要两股前节有力，两肩松开，其向下沉。劲起于脚跟，变换在腿，含蓄在胸，运动在两肩，主宰于腰。上于两膊相系，下于两胯、两腿相随。”

动作3：身体向右转，重心移至右腿，右脚全脚踏实，左脚提起前移，脚跟着地，成左虚步；随即身体微向左转，左掌由右腹前向上经右前臂内侧向前上方立掌穿出，掌心侧向前，掌指向上，与鼻平；同时右掌握拳，沿左臂外侧落于左肘下，拳眼向上，正对左肘；眼向前平视（图76）。

动作要领：（1）右脚踏实，与前进方成45度。（2）松腰松胯，动作要有下沉气势。（3）向右转体以不超过45度为宜，向回转以身体转正为准。

易犯错误：（1）右脚顺向，膝关节与脚方向错位。（2）俯身突臀，耸肩、抬肘，或双臂紧夹身体。（3）左右体幅度太大，身体向一侧倾倒。

动作方向：此动作身体向东方向。

技击含义：此动作时，首先要注意的是身体的左右转动幅度，向右转体是右侧前45度，向回转时以身体转向正前方为准。如果转体动作幅度太大，则重心极宜偏斜身体倾倒。其次要注意右脚的动作，右脚向前跟步前脚掌踏地，转体重心右移，此时右脚跟先要向内拧转，然后全脚掌踏实，脚尖斜向右前45度。右膝关节与脚尖同一方向，重心坐实，左脚变成虚步。双掌随身体转动，协调重心移动而动。要意贯左臂及左掌缘外侧，向前的立掤劲。右臂平圈于胸前，意贯拳外缘及前臂，是向外的拧翻劲。自然，立身中正，含胸拔背、松肩沉肘的要领保

图76

图76正面

持了身形及劲力的完正、饱满。要做到拳谚所云："太极原生无极中，浑圆一气感斯通。先天逆转随机变，万象包罗易理中。"

第 23 式　左右倒撵猴（右倒卷肱 1）

动作 1： 接上势，身体微向右转，重心于右腿，左脚跟着地，成左虚步；随体转，右拳变掌，向下落于右髋旁，掌心向上，掌指向前；同时左掌微向前展伸，掌心向前，掌指向上，腕与肩高；眼随体转向前平视（图 77）。

动作要领：（1）立身中正，松腰沉髋，以腰为轴带动双掌动作。（2）转体幅度要适宜，右肘方向为右侧后 45 度。（3）双臂撑圆，肩肘松沉。

易犯错误：（1）转体幅度大，重心偏斜，身体向左后倾倒。（2）右臂紧夹身体，双臂僵直。

动作方向： 此动作身体向东南方。

技击含义： 身体向右转动时，腰髋首先要微松沉，带动双臂的前后展伸。左臂向前的动作幅度不是很大，只是随腰而动，意贯左掌外缘及左臂，是上一动作意识的延伸，属于太极拳术中的"长劲"。右拳变掌，右臂外旋下落于右髋侧，此时，意贯右臂下侧，同时含有向下的"沉劲"和"掤劲"，而右肘关节则具有向后的"撑顶劲"。立身要中正，双肩要松沉，腰髋与肩上下相对，右腋要虚，不可紧夹身体。左脚跟要含有向后的蹬劲，正如拳谚所云："正隅收放任君走，动静变化何须愁。"

动作 2： 身体继续向右转，左脚提起向后撤步，先以脚前掌踏地；同时，右掌从右髋旁向右后上方划弧展伸，腕与肩平，掌指向上，掌心向外；左掌随身体转动向前微展，掌心向前，掌指向上，腕与肩平；眼随体转动向前平视（图 78）。

图 77

图 78

动作要领：（1）重心稳固右腿，左脚提起，应向偏左后 45 度方向退步，以避免双脚在同一直线上。（2）左脚前脚掌踏地、右手后撤动作要同时完成。（3）保持上体中正，双肩松沉，双臂保持弧形。

易犯错误：（1）双脚在同一直线上，重心不稳。（2）上下动作不相随，动作脱节。（3）俯身、突臀，左右歪髋，双臂僵直。

动作方向：此动作身体向南方。

技击含义：此动作时，左脚提起向后的退步，落点是相当重要的，因为它是身体重心稳固的基本保证。落点偏右，则双脚在同一直线上，极易产身体左右摇晃的现象。过于偏左，则双脚的横向距离太宽，动作重心不易掌握，产生重心偏后的现象。因此，双脚的横向距离以本人的一脚宽为好（即 20～30 厘米），退脚的方向以近于身体左侧后 45 度为宜。这样前脚、后脚、身体重心的垂线，此三点就确定了身体重心的稳固性。左脚落地要有蹬踏的力度，双臂的展伸，动作要圆活，肩肘的松沉，双臂保持弧形，尾闾中正的要领是动作姿势正确与否的保证。要如拳谚所云："动作出于无心，鼓舞出于不觉。身欲动，而步以为周旋；手将动，而步亦早为之催迫。"

动作 3：身体向左转，左脚跟内扣 45 度，左脚全脚掌踏实，重心移于左腿，成左坐步；同时右臂屈肘卷收，右掌经右耳侧，立掌向前推出，掌心侧向前，掌指向上，与鼻平；左臂外旋，翻转掌心向上，经右臂下收至腹前，掌指向右斜前方，同时右脚以脚跟为轴随之转正；眼视右掌方向（图 79）。

动作要领：（1）以腰为轴带动手脚动作同时进行，左脚跟内扣与右掌前推、左掌回收的动作速度协调配合。（2）当双掌交错时，右脚要适时"转正"方向，以保证右掌前推的力度。

易犯错误：（1）上下不相随，动作不协调。（2）右脚"转正"时间不适时，腰髋不顺。

图 79

图 79 正面

动作方向：此动作身体向东北方。

技击含义：腰髋的转动是此动作的关键，左脚跟向内的拧转，保证了左脚向左侧前45度的方位，膝关节与左脚的上下相对，使得身体重心的移动更加灵活。双掌交错的右推左收，要与右脚的转正，同时协调进行。立身中正，松腰沉髋，沉肩垂肘，是动作圆活的因素，也是肩、髋上下相对、顺向的保证。右掌的前推，意贯右臂外侧，是“立掤劲”，左掌的回收意贯左臂内侧和下侧，是向内的引带和向下的掤劲。整体动作感觉要如拳谚所云：“切记一动无有不动，一静无有不静。牵动往来气贴背，敛入脊骨。”

第23式 左右倒撵猴（左倒卷肱1）

动作1：接上势，身体微向左转，重心于左腿，右脚踏地，成左坐步；左掌自腹前向下划弧至左髋旁，掌心向上，掌指向前；同时右掌微微向前展伸，掌心向前，掌指向上，腕与肩平；眼随体转向前平视（图80）。

动作要领：（1）立身中正，松腰沉髋，以腰为轴带动双掌动作。（2）转体幅度要适宜，左肘方向为左后侧45度。（3）双臂撑圆，肩肘松沉。

易犯错误：（1）转体幅度大，重心偏斜，身体向右后倾倒。（2）左臂紧夹身体，双臂僵直。

动作方向：此动作身体向东方。

技击含义：身体向左转时，腰髋首先要松沉，带动双臂的前后展伸。右臂向前的动作幅度不是很大，只是随腰而动，动作时要意贯右掌外缘及右臂，劲力是上一动作意识的延伸，属于太极拳术中的“长劲”。左臂微外旋下落于左髋侧，动作意识是意贯左臂下侧同时含有向下的“沉劲”和“掤劲”，而左肘关节则具有向后的“撑顶劲”，左肘的方向应是左侧后45度。立身要中正，双肩要松沉，

图80

图80正面

腰髋与肩上下相对，左腋要虚，不可紧夹身体。右脚全脚踏地，成左坐步，要如拳谚所云："每一动，惟手先著力，随即松开。尤须贯串一气，不外起、承、转、合。始而意动，既而劲动，转接要一线串成。"

动作2：身体继续向左转，右脚提起向后撤步，先以脚前掌踏地；同时，左掌从髋旁向左后上方划弧，腕与肩平，掌指向上，掌心向外；右掌随身体转动向前微展，掌心向前，掌指向上；眼随身体转动向前平视（图81）。

动作要领：（1）重心稳固于左腿，右脚提起，应向偏左后45度方向退步，以避免双脚在同一直线上。（2）右脚前脚掌踏地，左手后撤动作要同时完成。（3）保持上体中正，双肩松沉，双臂保持弧形。

易犯错误：（1）双脚在同一直线上，重心不稳，身体向后倾倒。（2）下动作不相随，动作脱节。（3）俯身、突臀，左右歪髋，双臂僵直。

动作方向：此动作身体向东北方向。

技击含义：此动作时，右脚提起向后的退步，落点是相当重要的，因为它是身体重心稳固的基本保证。落点偏右，则双脚在同一直线上，极易产身体左右摇晃的现象。过于偏左，则双脚的横向距离太宽，动作重心不易掌握，产生重心偏后的现象。因此，双脚的横向距离以本人的一脚宽为好（即20~30厘米），退脚的方向以近于身体左侧后45度为宜。这样前脚、后脚、身体重心的垂线，此三点就确定了身体重心的稳固性。右脚落地要有蹬踏的力度，双臂的展伸，动作要圆活，肩肘的松沉，双臂保持弧形，尾闾中正的要领是动作姿势正确与否的保证。要如拳谚所云："动作出于无心，鼓舞出于不觉。身欲动，而步以为周旋；手将动，而步亦早为之催迫。"

图81

动作3：身体向右转，右脚跟内扣45度，右脚全脚掌踏实，重心移于右腿，成坐步；同时左臂屈肘卷收，左掌经左耳侧，立掌向前推出，掌心侧向前，掌指向上，与鼻平；右臂外旋，翻转掌心向上，经左臂下收至腹前，掌指向左斜前方，同时左脚以脚跟为轴随之转正；眼视左掌方向（图82）。

动作要领：（1）以腰为轴带动手脚动作同时进行，右脚跟内扣与左掌前推、右掌回收的动作速度协调配合。（2）当双掌交错时，左脚要适时“转正”方向，以保证左掌前推时的力量。

易犯错误：（1）上下不相随，动作不协调。（2）左脚“转正”时间不适时，动作脱节，腰髋不顺。

动作方向：此动作身体向东方。

技击含义：腰髋的转动是此动作的关键，右脚跟向内的拧转，保证了右脚向左侧前45度的方位，膝关节与右脚的上下相对，使得身体重心的移动更加灵活。双掌交错的右推左收，要与左脚的转正同时协调进行。立身中正，松腰沉髋，沉肩垂肘，是动作圆活的因素，也是肩、髋上下相对、顺向的保证。左掌的前推，意贯左臂外侧，是“立掤劲”，右掌的回收意贯右臂内侧和下侧，是向内的引带和向下的掤劲。整体动作感觉要如拳谚所云：“切记一动无有不动，一静无有不静。牵动往来气贴背，敛入脊骨。”

图82

第23式 左右倒撵猴（右倒卷肱2）

动作1：接上势，身体微向右转，重心于右腿，右脚踏实，成右坐步；右掌自腹前向下划弧至右髋侧，掌心向上，掌指向前；同时，左掌微微向前展伸，掌心向前，掌指向上，腕与肩平；眼随身体转动向前平视（图83）。

动作要领：（1）立身中正，松腰沉髋，以腰为轴带动双掌动作。（2）转体幅度要适宜，右肘方向为后侧45度。（3）双臂撑圆，肩肘松沉。

易犯错误：（1）转体幅度大，重心偏斜，身体向右后倾倒。（2）右臂紧夹身体，双臂僵直。

动作方向：此动作身体向东南方向。

动作2：身体继续向右转，左脚提起向后撤步，先以前脚掌踏地；同时，右掌从右髋旁向右后上方划弧展伸，腕与肩平，掌指向上，掌心向外；左掌随身体转动向前微展，掌心向前，掌指向上，腕与肩平；眼随体转动向前平视（图84）。

动作要领：（1）重心稳固于右腿，左脚提起，应向偏左后45度方向退步，以避免双脚在同一直线上。（2）左脚前脚掌踏地、右手后撤动作要同时完成。（3）保持上体中正，双肩松沉，双臂保持弧形。

易犯错误：（1）双脚在同一直线上，重心不稳。（2）上下动作不相随，动作脱节。（3）俯身、突臀，左右歪髋，双臂僵直。

动作方向：此动作身体向东南方。

技击含义：此动作时，左脚提起向后的退步，落点是相当重要的，因为它是身体重心稳固的基本保证。落点偏右，则双脚在同一直线上，极易产身体左右摇晃的现象。过于偏左，则双脚的横向距离太宽，动作重心不易掌握，产生重心偏

图83

图84

后的现象。因此，双脚的横向距离以本人的一脚宽为好（即 20 ~ 30 厘米），退脚的方向以近于身体左侧后 45 度为宜。这样前脚、后脚、身体重心的垂线，此三点就确定了身体重心的稳固性。左脚落地要有蹬踏的力度，双臂的展伸，动作要圆活，肩肘的松沉，双臂保持弧形，尾闾中正的要领是动作姿势正确与否的保证。要如拳谚所云："动作出于无心，鼓舞出于不觉。身欲动，而步以为周旋；手将动，而步亦早为之催迫。"

动作 3：身体向左转，左脚跟内扣 45 度，左脚全脚掌踏实，重心移于左腿，成左坐步；同时右臂屈肘卷收，右掌经耳侧，立掌向前推出，掌心侧向前，掌指向上，与鼻平；左臂外旋，翻转掌心向上，经右臂下收至腹前，掌指向右斜前方，同时右脚以脚跟为轴随之转正；眼视右掌方向（图 85）。

动作要领：（1）以腰为轴带动手脚动作同时进行，左脚跟内扣与右掌前推、左掌回收的动作速度协调配合。（2）当双掌交错时，右脚要适时"转正"方向，以保证右掌前推的力度。

易犯错误：（1）上下不相随，动作不协调。（2）右脚"转正"时间不适时，腰髋不顺。

动作方向：此动作身体向东北方。

技击含义：腰髋的转动是此动作的关键，左脚跟向内的拧转，保证了左脚向左侧前 45 度的方位，膝关节与左脚的上下相对，使得身体重心的移动更加灵活。双掌交错的右推左收，要与右脚的转正，同时协调进行。立身中正，松腰沉髋，沉肩垂肘，是动作圆活的因素，也是肩、髋上下相对、顺向的保证。右掌的前推，意贯右臂外侧，是"立挪劲"，左掌的回收意贯左臂内侧和下侧，是向内的引带和向下的挪劲。整体动作感觉要如拳谚所云："切记一动无有不动，一静无有不静。牵动往来气贴背，敛入脊骨。"

图 85

图 85 正面

第 23 式　左右倒撵猴（左倒卷肱 2）

动作 1： 接上势，身体微向左转，重心于左腿，右脚踏地，成左坐步；左掌自腹前向下划弧至左髋侧，掌心向上，掌指向前；同时右掌微微向前展伸，掌心向前，掌指向上，腕与肩平；眼随身转向前平视（图 86）。

动作要领：（1）立身中正，松腰沉髋，以腰为轴带动双掌动作。（2）转体幅度要适宜，左肘方向为左后侧 45 度。（3）双臂撑圆，肩肘松沉。

易犯错误：（1）转体幅度大，重心偏斜，身体向右后倾倒。（2）左臂紧夹身体，双臂僵直。

动作方向： 此动作身体向东北方。

动作 2： 身体继续向左转，右脚提起向后撤步，先以前脚掌踏地；同时，左掌从髋侧向左后上方划弧展伸，腕与肩平，掌指向上，掌心向外；右掌随身体转动向前微展，掌心向前，掌指向上；眼随身体转动向前平视（图 87）。

动作要领：（1）重心稳固左腿，右脚提起，应向偏左后 45 度方向退步，以避免双脚在同一直线上。（2）右脚前脚掌踏地、左手后撤动作要同时完成。（3）保持上体中正，双肩松沉，双臂保持弧形。

易犯错误：（1）双脚在同一直线上，重心不稳，身体向后倾倒。（2）上下动作不相随，动作脱节。（3）俯身、突臀，左右歪髋，双臂僵直。

动作方向： 此动作身体向北方向。

图 86

图 86 正面

图 87

动作3：身体向右转，右脚跟内扣45度，右脚全脚掌踏实；重心移于左腿，成左坐步；同时左臂屈肘卷收，左掌经耳侧，立掌向前推出，掌心侧向前，掌指向上，与鼻平；右臂外旋，翻转掌心向上，经左臂下收至腹前，掌指向左斜前方，同时左脚以脚跟为轴随之转正；眼视左掌方向（图88）。

动作要领：（1）以腰为轴带动手脚动作同时进行，右脚跟内扣与左掌前推、右掌回收的动作速度协调配合。（2）当双掌交错时，左脚要适时“转正”方向，以保证左掌前推时的力量。

易犯错误：（1）上下不相随，动作不协调。（2）左脚“转正”时间不适时，动作脱节，腰髋不顺。

动作方向：此动作身体向北方。

第23式 左右倒撵猴（右倒卷肱3）

动作1：接上势，身体微向右转，重心于右腿；左脚踏实，成右坐步；右掌自腹前向下划弧至右髋侧，掌心向上，掌指向前；同时，左掌微微向前展伸，掌心向前，掌指向上，腕与肩平，左脚跟着地；眼随体转向前平视（图89）。

动作要领：（1）立身中正，松腰沉髋，以腰为轴带动双掌动作。（2）转体幅度要适宜，右肘方向为后侧45度。（3）双臂撑圆，肩肘松沉。

易犯错误：（1）转体幅度大，重心偏斜，身体向右后倾倒。（2）右臂紧夹身体，双臂僵直。

动作方向：此动作身体向东南方向。

图88

图89

动作2：身体继续向右转，左脚提起向后撤步，先以前脚掌踏地；同时，右掌从右髋侧向右后上方划弧展伸，腕与肩平，掌指向上，掌心向外；左掌随身体转动向前微展，掌心向前，掌指向上；眼随体转向前平视（图90）。

动作要领：（1）重心稳固右腿，左脚提起，应向偏左后45度方向退步，以避免双脚在同一直线上。（2）左脚前脚掌踏地、右手后撤动作要同时完成。（3）保持上体中正，双肩松沉，双臂保持弧形。

易犯错误：（1）双脚在同一直线上，重心不稳。（2）上下动作不相随，动作脱节。（3）俯身、突臀，左右歪髋，双臂僵直。

动作方向：此动作身体向南方。

动作3：身体向左转，左脚跟内扣45度，左脚全脚掌踏实；重心移于左腿，成左坐步；同时右臂屈肘卷收，右掌经耳侧，立掌向前推出，掌心侧向前，掌指向上，与鼻平；左臂外旋，翻转掌心向上，经右臂下收至腹前，掌指向右斜前方，同时右脚以脚跟为轴随之转正；眼视右掌方向（图91）。

动作要领：（1）以腰为轴带动手脚动作同时进行，左脚跟内扣与右掌前推、左掌回收的动作速度协调配合。（2）当双掌交错时，右脚要适时"转正"方向，以保证右掌前推的力度。

易犯错误：（1）上下不相随，动作不协调。（2）右脚"转正"时间不适时，腰髋不顺。

动作方向：此动作身体向东北方。

图90

图91

图91正面

第24式 斜飞势

动作1：接上势，重心于左腿，右脚回收到左脚内侧，脚前掌踏地；右臂微前展，右掌心向前，掌指向上，腕与肩平，同时左掌向下收至左髋旁，掌心向上，掌指向前；眼向前平视（图92）。

动作要领：（1）右脚提起回收，应在距左脚跟右侧一横脚（20～30厘米）处落地。（2）立身中正，松肩沉肘，双臂保持弧形。

易犯错误：（1）右脚落地点与左脚距离太近或右脚落地偏后，重心不稳身体倾倒。（2）突臀，歪髋，双臂僵直。

动作方向：此动作身体向东方。

技击含义：此动作相对讲比较简单，但是右脚提起回收落地却是关键。右脚的落地点要注意应落在左脚跟右侧一横脚远的地方，同时要保持与左脚跟尽量在同一横线上。因为右脚的落地点与左脚距离太近，必然影响下一动作的转体、扣脚动作的进行。如果右脚的落地点横向距离太宽，或落地点偏于身体后侧，就极宜产生身体重心向右和向后偏斜，从而产生身体向右或向后倾倒。所以右脚的落点要保持在合理的距离内即20～30厘米为宜。自然身体重心的稳固，立身的中正，双肩的松沉，都是此动作练演的要领保证。要达到拳谚所云："向前、退后，乃能得机得势，有不得机得势处，身便散乱，必至偏倚，其病必于腰腿求之。上下、前后、左右皆然。"

动作2：身体向右转，左脚尖内扣135度，重心移于右腿，随身体转动；双掌向左右两侧平分于体侧，腕与肩高；左掌心向上，掌指向前，右掌心向外，掌指向上；眼随体转向前平视（图93）。

动作要领：（1）身体姿势保持中正，重心移动才能平稳。（2）松肩垂肘，双

图92

图93

臂保持弧形。

易犯错误：（1）重心移动不平稳，动作姿势起伏。（2）双臂僵直，动作脱节。

动作方向：此动作身体向南方。

技击含义：转体、扣脚时，身体重心要平稳过度到右腿，动作姿态要保持上一动作姿势的高低。腰髋的转动带动左脚的内扣，同时也带动双掌向左右两侧的平分摆动。尤其是右臂的分摆，要意贯右臂外侧，借腰的转动之势，向右侧掤带，臂膀要撑圆。左掌自腹前向左而上划弧，意贯左臂内侧，是右臂的辅助力量。尾闾中正，双肩松沉，双臂撑圆，含胸拔背，双臂保持同一弧形，上下动作要相随。正如拳谚所云："提起精神，虚领顶劲。含胸拔背，松肩坠肘。气沉丹田，手与肩平。"

动作3：身体继续向右转，重心于左腿，右脚提起向右前侧方迈步，脚跟先着地；左掌经面前横掌屈收于胸前，掌心向下，掌指向右；右掌向下划弧于腹前，掌心向上，掌指向左；眼随体转向前平视（图94）。

动作要领：（1）身体右转带动双掌合抱、右脚迈出同时完成。（2）右脚迈步，左支撑腿重心微下坐。（3）在本动作中，右脚迈出方向以右前侧45度为宜。

易犯错误：（1）右脚迈出方向角度过大，重心不稳，手脚动作不协调。（2）耸肩、突臀，左右歪髋。（3）左腿重心尚未坐稳，右脚迈出，产生"抢步"现象。

动作方向：此动作身体向西南方向。

技击含义：身体向右的转动，重心要稳固在左腿，左腿要屈膝下坐，同时右脚提起迈出，动作才能轻灵圆活，也就避免了由于左腿的重心不稳固，产生"抢步"和"砸地"的现象。双臂的上下圈合，要松肩垂肘，要做到左掌与右肩相对，掌指与肩平，顺腕舒指，肘关节低于腕关节。左掌与肩的距离一般要达到4

图94

拳距离。右掌与腹左侧相对，肘关节要撑圆，左掌与腹部的一般要保持在 1 ~ 2 拳的距离。身形要做到松腰沉髋，含胸拔背，双臂撑圆，这样才能力贯双臂，动作饱满。要体会拳谚所云“含胸，拔背；裹裆，护臀；提顶，吊裆；松肩，沉肘”的要领含义。

动作 4：身体微向右转，重心前移，右脚全脚掌踏实，右腿屈膝慢慢向前弓出，成右弓步；双掌同时向右上、左下分开，右掌心侧向上，掌指向前，腕与眼平；左掌于左髋旁，掌心向下，虎口向前，掌指斜向前；眼视右手方向（图 95）。

动作要领：（1）身体的转动带动双掌分开与弓步动作协调完成。（2）立身中正，松腰沉髋，沉肩坠肘，双臂撑圆。

易犯错误：（1）双掌分开与弓步动作脱节，不协调。（2）耸肩，双臂僵直。

动作方向：此动作身体向西南方向。

技击含义：主宰于腰，以腰的右转，带动髋关节将身体转正，使得身体与弓步保持方向的一致。此时重心前移，松腰沉髋，随重心前移右脚逐渐全脚掌踏实地面，右腿屈膝慢慢向前弓出。切不可先将右脚放平再弓步，或膝关节已经到位，而右脚却迟迟未放下。定势时，前腿的膝关节要与脚尖在同一垂线，膝过脚尖，身体重心偏前，容易被对方牵动。膝不到位，身体重心偏后，动作不饱满，失去攻击力，容易被对方控制住力量。当右腿动作到位时，特别要强调左腿的动作。左腿不可完全绷直，膝关节要自然舒松，左腿保持自然蹬直状态，要富有弹性。膝关节要微向外撑，近于与左脚尖在同一方向。两胯根要向内合、裹裆，敛臀。

双臂动作时，双臂微内合，右臂微外旋，右掌由腹前向体右前上方掤出，腕与肩平。松肩垂肘，肘关节略低于腕关节，意贯前臂外侧，左掌向下掤按于左髋外侧，虎口向前，掌指侧向左斜前方，虚腋、左肘关节微向左后撑，意贯虎口和

图 95

左臂外侧，使之具有掤按的劲力。要含胸拔背，使左臂与右臂相互呼应，成弓形。右掤的动作要体会到拳谚所云："蓄劲如开弓，发劲如放箭。曲中求直，蓄而后发。力由脊发，步随身换。"

第25式 提 手

动作1：接上势，重心移至右腿，右腿屈膝前弓，左脚提起向前跟步，前脚掌踏地，随重心前移；右掌向前展伸，掌心向上，腕与肩平，左掌同时向下撑按，掌心向下，掌指斜向前；眼视右掌方向（图96）。

动作要领：（1）身体保持中正，重心移动要适度，跟步距离要适中。（2）身体不可起伏，松腰沉髋，双臂撑圆。

易犯错误：（1）身体前俯，跟步太近，重心前倾，身体前倒。（2）动作起伏，耸肩直臂。

动作方向：此动作身体向西南方向。

技击含义：此动作时，身体重心的前送，右腿屈膝前弓，动作姿势不可起伏。随身体重心的前移，左脚提起向前跟步，跟步要达到半步距离，前脚掌踏地，要有力度。如果超过半步距离，加之右掌向前展伸，身体的重心极易不稳，产生身体向右前侧倾倒。跟步不到半步距离时，身重心偏后，左脚跟步踏地的力度欠缺，影响到右掌展伸的劲力。松腰沉髋，是要把身体的重心稳固下来，同时也是把左脚的踏地之力量，贯通到双臂，松肩垂肘，含胸拔背，使得双臂具有弹性。要体会拳谚所云："动则生阳静生阴，一动一静互为根。果然识得环中趣，碾转随意见天真。"

图96

动作 2：身体向左转，左脚全脚掌踏实，重心移至左腿；右脚跟提起，双掌翻转掌心向上，随身体转动微向下、向后划弧平展于体侧，腕与肩平，双掌心向上，掌指向左、右两侧；眼随体转视左手方向（图 97）。

动作要领：（1）左脚跟内扣 45 度，与双掌平展动作要协调。（2）松肩垂肘，立身中正，双臂撑圆。（3）双臂平展幅度要小，要符合“含胸拔背”的拳理要求。

易犯错误：（1）向左转体时身体重心起伏，转体幅度大，重心偏于右腿。（2）耸肩仰肘，双臂僵直。（3）双臂平展幅度大，造成背肩挺胸现象。

动作方向：此势动作身体向东南方。

技击含义：身体向左转，而左脚跟却向内（右）扣 45 度，看起来这是一个上下肢体不协调的动作，但是这种不顺向的转动，却是为下一动作的完成孕育极大的力量。正如太极图中的阴阳鱼头尾相接相向而动的寓意一样。这也是杨式太极拳动作的特点，此势动作双臂外旋，向下、向后平展时，动作幅度很小，立身要中正，要松肩、垂肘，力点意贯双臂下侧含有“沉劲”，和双臂后侧含有“引化劲”。双臂动作外形要强调呈一“弓型”，身形要保持“虚领顶劲”，“含胸拔背”的要求，右脚跟提起，是将身体重心完全移于左腿，身体沿纵轴旋转的动作才能自如。只有这样，双臂才具有弹性和撑力，最后达到为破解对方的力量起到引化的效果。正如拳谚所云：“身形腰顶岂可无？缺一何必费功夫！”

动作 3：身体向右转，重心于左腿，右脚提起向前迈出，脚跟落地，成右虚步；双掌屈臂向上划弧经耳侧向前合手推出，右掌指向上，与鼻平；掌心略向左前侧，左掌心向下，掌指斜对右肘；眼视右掌方向（图 98）。

动作要领：（1）双臂合掌推出时，做到右掌在前、左掌在后。（2）松腰胯，沉肩坠肘，敛臀，双臂撑圆。

易犯错误：（1）定势姿势起伏，耸肩。（2）身体前俯突臀，左右歪髋。

图 97

图 98

动作方向：此动作身体向南方向。

第26式 上 势

动作1：接上势，身体向左转，重心在左腿，随体转，左掌转动掌心向上、向下划弧至左腹前，掌指向前；右掌随体转动向前微展，掌心向前，掌指向上，腕与肩平；眼随体转向前平视（图99）。

动作要领：（1）保持立身中正，双臂撑圆，左腋要留有空隙。（2）松腰沉髋，沉肩垂肘。

易犯错误：（1）身体前俯、突臀，动作重心起伏。（2）左右歪髋，双臂僵直。

动作方向：此动作身体向东南向。

动作2：身体向右转，重心于左腿，右脚提起向前迈出，脚跟先落地；此时随体转，右掌向下划弧平掤于胸前，掌心转动向内，掌指向左；左掌向后而上划弧按在右小臂上，掌心向外，掌指斜向上；眼向前平视（图100）。

动作要领：（1）转体，迈步、双掌相合的动作要协调。（2）立身中正，松腰沉髋、耸肩垂肘，双臂撑圆。

易犯错误：（1）身体前俯、突臀，左右歪髋。（2）动作重心起伏，双腿僵直。

动作方向：此动作身体向南方。

动作3：重心移于右腿，右脚全脚掌踏实，右腿慢慢向前弓出，成右弓步；双掌向前下方挤出；右掌心向内，掌指向左，左掌心向外，掌指斜向上；眼视前下方（图101）。

动作要领：（1）双掌前挤时，双臂微屈，上下相随。（2）立身中正，松腰

图99

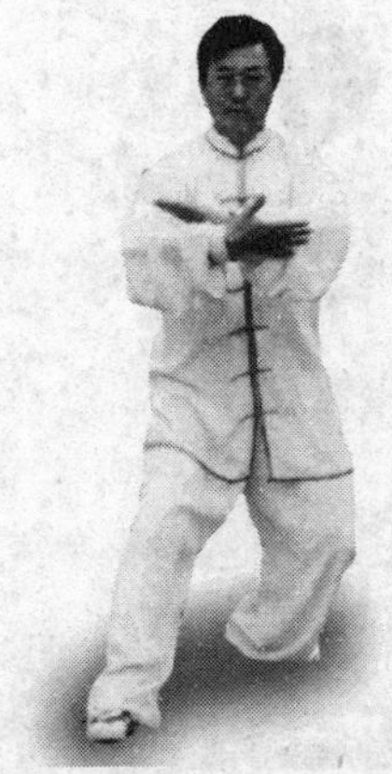
图100

图101

胯。

易犯错误：身体前倾，耸肩，抬肘。

动作方向：此动作身体向南方。

第27式 白鹤亮翅

动作1：接上势，身体向左转，右脚尖内扣45度，重心于右腿；随身体转动，右小臂内旋，微向前展；右掌心向左，虎口向上，掌指向前；左掌附在右小臂上，掌心向下，掌指向右；眼随体转向前平视（图102）。

动作要领：（1）右小臂内旋、前展，含有下沉之意。（2）立身中正，松肩垂肘，双臂撑圆。

易犯错误：（1）重心偏于右腿，上体右倾，左右歪髋。（2）转体与右臂微前展动作不协调。

动作方向：此势动作身体向东方。

动作2：重心于右腿，左脚提起向前迈出，前脚掌踏地，成虚步；双掌分别向右上、左下分开，右掌上提于右额前，掌心向外，掌指向上，左掌落于左髋前外，掌心向下，虎口向前，掌指向左斜前；眼向前平视（图103）。

动作要领：（1）身体正直，双臂保持圆形。（2）双掌分开，双膝关节微上伸。（3）含胸、拔背，双臂保持弧形。

易犯错误：（1）俯身突臀，身体重心起伏太大。（2）左右歪髋，右膝关节过于内扣。重心不稳。

动作方向：此动作身体向东方。

图102

图103

图103正面

第 28 式　左搂膝拗步

动作 1：接上势，上体微向左转，重心于右腿，随身体转动，右掌转掌动掌心向上，向左摆掌于体前，腕与肩平，掌指斜向前上；眼视右掌方向（图 104）。

动作要领：（1）摆掌与身体转动应协调配合，右腿重心要稳固。（2）身体平稳，动作轻灵、沉稳，松腰髋、垂肘松肩。

易犯错误：（1）身体前俯，重心前倾。（2）左右歪髋，双臂挺直。

动作方向：此动作身体向东北方。

动作 2：身体向右转，重心于右腿，左脚提起向前迈出，脚跟先着地；同时右掌下落经腹前再向右后上方划弧于右肩外，掌心向外，掌指向上，左掌由下向上经面前划弧于右肩前，掌心向内，掌指向右；眼视右手方向（图 105）。

动作要领：（1）双掌运转与迈步动作协调一致。（2）双臂呈弧形，右掌向体右后侧划弧应在体右后侧 45 度为宜。（3）迈步时身体重心必须坐实，以保持身体平衡。

易犯错误：（1）双臂运转与迈步不协调。（2）凸臀，身斜，转体角度过大，出现动作重心偏斜现象。

动作方向：此动作身体向东南方。

动作 3：身体向左转，重心前移，左脚全脚掌踏实。左腿屈膝慢慢向前弓出，成左弓步；同时随体转，左掌落于右腹前，掌心翻转向下，向前经左膝前搂过至左膝外侧，掌指向前；掌指侧向前，右臂屈肘卷收，右掌经耳旁立掌向前推出，掌心向前，掌指向上，腕与肩高；眼向前平视（图 106）。

动作要领：（1）迈步时，身体重心坐实，保持身体平衡。（2）“主宰于腰”，以腰为轴，双臂运转必须协调一致，两肩平齐；弓步、搂掌、推掌应同时完成，

图 104

图 105

图 106

作到“上下相随”。(3) 定势时，右掌应基本对准身体中线，沉肩，松腰。

易犯错误：(1) 右掌过高、前伸，右肩过于前送。(2) 双脚在同一直线上。

动作方向：此动作身体向东方。

第 29 式　海底针

动作 1：接上势，身体微向左转，重心移至左腿；右脚向前跟半步，右脚前脚掌踏地；随身体转动，右掌立掌向前展伸，左掌保持上势搂膝姿势不变；眼视右掌方向（图 107）。

动作要领：(1) 重心稳固在左腿，右脚跟步踏地时身体才能平稳。(2) 立身中正，松腰胯、垂肘、松肩动作，要轻灵、沉稳。

易犯错误：(1) 跟步距前脚太近，身体重心前倾。(2) 动作姿势起伏，左右歪髋，双臂挺直。

动作方向：此动作身体向东北方。

技击含义：此势动作时，身体重心要移于左腿，重心稳固，身体才能左转自如，带动右脚向前跟步，跟步距离以不超过半步距离为好。微向前送肩，右掌向前展推，此势动作极其重要的一点是，重心前移向前跟步，身体姿势要保持平稳，万不可起伏，沉肩、松腰髋，动作意识要注重身体重心下沉，沉稳中寓有轻灵之感。右脚向前跟步，前脚掌要踏实，也就是前七（左腿）后三（右腿）的劲力分配。右掌前推，意贯右掌指。左掌同时要有沉劲，相辅相成。动作才能饱满圆活。要达到拳谚所云：“身为心之用，劲力为身之用。心、身有一定之主宰者，理也。”

图 107

动作2：身体向右转，重心移于右腿；右脚全脚掌踏实，右掌屈臂立掌收于胸前，掌心微向左，掌指向上；左掌弧形上提于体前，掌心向右，掌指向上，与鼻平；眼随体转向前平视（图108）。

动作要领：（1）向右转体以右前侧45度为宜，右脚踏实与前进方向成45度。（2）左掌上提，虎口含有上挑之意。（3）身体中正，松肩垂肘，以腰为轴带动双掌运行。

易犯错误：（1）转体幅度过大，重心偏斜，身体向后倾倒。（2）双臂过于夹紧身体。

动作方向：此动作身体向南方向。

技击含义：向右转体，同时，身体重心右移，右脚尖与前进方成45度，右脚全脚掌踏实。右掌屈收，意贯右掌背，含有向后的“引带劲”，左掌挑起，意贯左掌虎口，含有向上的“挑架”之力，双臂的动作以腰髋的纵轴转动为主，动作过程要成弧形，立腰竖项，松肩垂肘、双掌虎口撑圆，以保持劲力的饱满。动作时要特别注意前臂与上臂之间以及双臂与身体之间不可夹紧，以免形成死角。要体会拳谚所云：“提顶吊裆心中悬，松肩沉肘气丹田。”

动作3：身体向左转，重心于右腿；左脚提起前移，左脚前脚掌踏地，成左虚步；随体转，右掌弧形向前下方插掌，掌心向左，掌指斜向前下，腕与腹平；左掌弧形下落于左膝旁，掌心向下，虎口向前，掌指斜向前；眼视前下方（图109）。

动作要领：（1）身体左转，右掌下插、左掌下落，与虚步动作同时完成。（2）松腰沉髋，肩背舒松，双臂撑圆。

易犯错误：（1）身体过于前俯，重心偏斜，身体向前倾倒。（2）左右歪髋，双臂僵直。

动作方向：此动作身体向东方。

图108

图109

图109正面

技击含义：此动作时，身体向左的转动，带动双掌与左虚步动作同时协调进行，也就是讲手脚的动作要在同一时间段内完成。尤其是折体下坐、插掌是相当重要的。左脚踏地成左虚步，要有力度，身体重心的分配应是前四后六。即右腿屈膝下坐，重心六成稳固于右腿，左脚要支撑身体前俯的重量，含有四成重心。右掌的动作要成弧形，向前下插出，意贯右掌指。左掌的动作要向前下弧形下落于左膝侧，意贯左掌是采按劲。要如拳谚所云："夫发手击敌，全赖身法之助，身法为何？纵、横、高、低、进、退、反、侧而已！……低，则抑其身，而身有攒促之行。"

第30式 闪通臂

动作1：接上势，身体向右转，重心于右腿，上体直起，左脚提起向前迈出，脚跟先着地；随体转，左掌搭在右腕部，双掌向上提至右额前，左掌心向外，掌指向上；右臂内旋，右掌转动掌心向外，掌指向左；眼视右前方（图110）。

动作要领：（1）腰的转动带动双掌上提、迈步协调完成。（2）立身中正，身体重心不可起伏。（3）松腰沉髋，松肩沉肘，双臂撑圆。

易犯错误：（1）动作不协调，凸臀。（2）身体重心起伏，耸肩扬肘。

动作方向：此动作身体向东南方。

技击含义：动作时身体向右的转动，与上体恢复正直同时进行的。随体转，重心要移于右腿，右腿的屈膝支撑，重心的稳固，左脚才能轻松提起向前迈出。此时，要松腰沉髋，圆裆阔步，做到身体重心的松沉，稳定。同时要注意的是，左掌先要搭附于右腕部，随身体的转动，右臂的内旋，翻转掌心上提于右前额外侧，带动左臂同时而动。身型要尾闾中正，松肩沉肘，含胸拔背，双臂撑圆。意

图110

贯双臂外侧，是“掤劲”。要达到拳谚所云：“掤手两臂要圆撑，动静虚实任意攻。”

动作2：身体向左转，重心移于左腿，左脚全脚掌踏实，左腿屈膝，向前慢慢弓出，成左弓步。随体转，左掌微向下经胸前向前立掌推出，掌指向上，腕与肩平；同时，右掌向右前上方推撑，掌指向前，掌心向外；眼向前平视（图111）。

动作要领：（1）弓步时要松腰沉髋，立身中正，双臂撑圆。（2）沉肩、坠肘、顺腕、舒指。

易犯错误：(1) 弓步时，身体重心起伏。(2) 身体前俯，突臀耸肩，双臂僵直。

动作方向：此动作身体侧向东方向。

技击含义：此动作时，随身体的转动，重心的左移，左腿逐渐成侧弓步。同时，左掌微向下经胸前立掌向体前推出。掌心侧向前，掌指向上，与鼻平；左腿、左臂上下相对，意贯左掌外缘及左臂，是侧立掌的推劲。右掌同时向右额前外侧推撑，掌心向外，掌指侧向前上方，腕与右额平，意贯右掌及右臂，是向前外的撑架劲。身体要保持中正，松腰沉髋，上体侧向前，右掌撑架于头右侧方，沉肩垂肘，舒背展臂。如拳谚所云：“两肩垂下，两肘沉下。秀若处女见人，肆若猛虎下山。手即权衡称物，而知其轻重。”

图 111

第31式 转身撇身捶

动作1：接上势，身体向右转，左脚尖内扣，重心于左腿；随体转，右掌变拳，经面前下落至腹前，拳心向下，拳眼向内；左掌向上划弧至额前上方，掌心向外，掌指向右；眼随体转向前平视（图112）。

动作要领：（1）身体的转动带动双掌与扣脚动作协调进行。（2）立身中正，松腰沉髋，肩肘松沉，肩髋相对，双臂撑圆。（3）左脚内扣幅度尽量达到大。

易犯错误：（1）动作不协调，脱节，上下不相随。（2）动作重心起伏，俯身突臀，双臂、双腿挺直。

动作方向：此动作身体向南方。

技击含义：身体重心要坐于左腿，左脚内扣要达到135度的幅度。重心稳固，身体才能右转。此势动作极其重要的一点是，右膝关节与右脚的方向一致，是身体转动的基础。同时也是动作姿势保持平稳，重心不起伏，沉肩肘、松腰髋，立身中正的保证。动作意识要注重身体重心下沉，沉稳中寓有轻灵之感。意贯右臂，要有沉劲，左掌意贯虎口，要有撑带的感觉。左右掌的动作相辅相成。动作才能饱满圆活。要达到拳谚所云："身为心之用，劲力为身之用。心、身有一定之主宰者，理也。"

动作2：身体继续向右转，重心于左腿，右脚提起向前迈出，右脚跟先着地；随体转，左掌向左下划弧于左髋侧，掌心向下，掌指向前；右拳随腰转向前翻打，拳心向上与胸平；眼随体转向前平视（图113）。

动作要领：（1）随体转，双手动作与右脚迈出的动作要协调一致。（2）尾闾中正，沉肩垂肘，双臂撑圆，动作饱满。

易犯错误：（1）上下动作不协调，动作脱节。（2）身体前俯突臀，左右歪

图112

图113

髋，双臂僵直。

动作方向：此势动作身体向西方。

技击含义：此势动作时，腰髋的向右转动，带动右脚提起迈出，右脚跟着地，要注意右脚的落地点与左脚不要成一条直线，要偏右，双脚的距离与肩同宽，避免了身体重心的不稳定因素。同时，右拳的翻打，左掌的下按与右脚的动作协调进行。身体要中正，顶头悬，沉髋，立腰，肩背要舒展，意贯右臂下侧，含有搬玉的劲力感。左掌要含有向下的按劲。双臂要保持弧形。要达到拳谚所云："自得屈伸动静之妙，有屈伸动静之妙，开合升降又有由矣！由屈伸动静，见人则开，遇出则合；看来则降，就去则升。"

动作3：身体微向右转，重心前移，右脚全脚掌踏实，右腿屈膝慢慢向前弓出，成右弓步；同时，左掌上提经右臂上横掌向前推出，腕与肩平，掌心向下，掌指向右；右拳收于右腰间，拳心向上；眼向前平视（图114）。

动作要领：（1）横掌、收拳与右弓步动作协调一致。（2）立身中正，松肩肘，双臂保持弧形。

易犯错误：（1）转体幅度过大，身体向右倾倒。（2）身体前俯，耸肩，左臂僵直。

动作方向：此动作身体向西方向。

技击含义：此势动作时，双臂的动作与身体的转动，右腿的弓步协调进行。腰髋的转动带动左掌上提向前的横掌推出，此时意贯左掌外缘及左臂，是撑推的感觉。同时右拳的回收，意贯右臂下侧，是引带劲，右肘关节含有向后的顶劲。虽然身体转动的幅度不是很大，但腰髋的转动，身体沿纵轴运转，使得左脚的蹬踏之劲，贯穿到左掌、右拳。松肩拔背是蓄劲的体现，正如拳谚所云："发劲须沉着松净，专主一方。立身须中正安舒，支撑八面。行气如九曲珠，无微不到。运劲如百炼钢，何坚不摧。"

图114

图114 正面

动作4：身体微向左转，重心于右腿，成右弓步；同时，右拳从右腰侧向前打出，拳心向上，拳面向前，腕与胸平；左臂屈肘回收，从右臂上收于右肘上方，掌心向下，掌指向右；眼向前平视（图115）。

动作要领：（1）主宰于腰，以腰髋的转动带动双臂的运转。（2）立身中正，松腰胯、垂肘、松肩动作轻灵、沉稳。（3）双臂保持弧形。

易犯错误：（1）动作左右不相随。不协调。（2）动作姿势起伏，左右歪髋，双臂挺直。

动作方向：此动作身体向西方。

技击含义：此势动作时，重心要稳固于左腿，身体才能左转自如，带动双臂的运转，右拳向前的打出，微向前送肩，意贯右拳面，是顺步冲拳。左臂的屈收，左掌向后的动作要饱满，左肘不要成死角。动作意识上要注重身体重心下沉，身体姿势要保持平稳，万不可起伏，沉肩、松腰髋，沉稳中寓有轻灵之感。右拳打出，左掌的同时回收，连贯自如。动作才能饱满圆活。要达到拳谚所云："有准顶头悬，腰之根下株。上下一条线，全凭两手转。变换取分毫，尺寸自己辩。"

图115

第 32 式　进步搬拦捶

动作 1： 接上势，身体向左转，左脚尖外展 45 度，重心于左腿，右脚提起向前迈出，脚跟先着地；随身体转动左臂外旋，左掌转动向上、向左后而上划弧至左肩外，掌心向外，掌指向上，腕与肩平；右臂内旋，右拳向左下划弧至腹前，拳心向下，拳眼向内；眼视左掌方向（图 116）。

动作要领：（1）双臂动作应与迈步协调完成。（2）重心左移，动作姿势不可起伏，要平稳过度。

易犯错误：（1）动作不协调，身体前俯突臀。（2）耸肩，双臂僵直。

动作方向： 此动作身体向东北方向。

动作 2： 身体向右转，重心前移，右脚全脚掌踏实。右腿屈膝慢慢向前弓出，成右弓步；随腰转；右拳向前翻打，拳心向上，拳面向前，拳与胸平；左掌同时经面前向前横掌下压于右拳前，掌心向下，掌指向右，腕与肩平；眼向前平视（图 117）。

动作要领：（1）双掌的动作与弓步要同时协调完成。（2）身体正直，双肩松沉，双臂撑圆。（3）左掌、右拳之间以一拳距离为宜。

易犯错误：（1）右拳翻打、左掌盖压与弓步动作不协调。（2）身体前俯，耸肩、扬肘。

动作方向： 此动作身体向东向。

动作 3： 身体向右转，右脚尖外展 45 度，重心于右腿，左脚提起向前迈出，脚跟先着地；右拳收于右腰间，拳心向上；左掌立掌向前、向左划弧拦出，掌心侧向前，掌指向上，腕与肩平；眼向前平视（图 118）。

动作要领：（1）双臂不可挺直，立身中正，松腰沉胯。（2）迈步、拦掌、收

图 116

图 117

图 118

拳动作协调完成。

易犯错误：（1）右臂紧夹身体，动作不协调。（2）突臀左右歪髋。

动作方向：此动作身体向东南方向。

动作 4：身体向左转，重心前移，左脚全脚掌踏实。左腿屈膝慢慢向前弓出，成左弓步；右臂内旋，右拳自腰间向前打出，拳眼向上，与胸平；左掌弧形收至右前臂内侧，掌心侧向右，掌指斜向上，眼向前平视（图 119）。

动作要领：（1）立身中正，两臂微屈，沉肩垂肘，双臂撑圆。（2）弓步形成、左掌收回、右拳打出动作要协调，速度均匀。（3）右拳、左掌之间距离以一横拳为宜。

易犯错误：（1）上体前俯、突臀，耸肩、右臂僵直。（2）动作不协调，上下不相随。

动作方向：此动作身体向东方向。

第 33 式　上步右揽雀尾（掤势）

动作 1：接上势，身体向左转，左脚尖外展 45 度，重心移于左腿，随体转右脚跟提起，同时，左臂外旋，翻转左掌心向上，向左下划弧撤至左腹前，掌心向上，掌指向右；右拳随体转向前展伸，腕与肩平，拳眼向上，拳面向前；眼随体转向前平视（图 120）。

动作要领：（1）立身中正，肩肘松沉，双臂呈弧形。（2）右拳向前展伸的动作幅度要适宜。

易犯错误：（1）双掌动作与转体动作不协调。（2）俯身、耸肩、吊肘，左右歪髋。

动作方向：此势动作身体向西南方。

图 119

图 119 正面

图 120

技击含义：此动作时，随身体的左转，左掌与右拳同时而动。右拳向前顺肩展伸，拳与肩平，拳面向前，意贯拳面。左臂外旋，左掌翻转向上，向左下回撤。此时，意贯左肘关节，是向后的撑劲同时左臂还含有引带之意。要含有前送（右拳），后撑（左肘）的对拔之劲力感觉。顶头悬，身中正，松腰髋，顺肩胯。右脚跟提起，右前脚掌要具有蹬踏的力度感觉，要支撑身体的稳定。要体会拳谚所云："功夫先练开展，后练紧凑。开展成而地之，才讲紧凑；紧凑得成，才讲尺、寸、分、毫。"

动作2：身体继续微向左转，重心于左腿；右脚提起向右前迈出，脚跟先着地，同时左掌向后而上划弧屈臂于右胸前，掌心向下，掌指向右；右拳变掌向左下划弧于左腹前，转动掌心侧向上，掌指向左，眼随体转向前平视（图121）。

动作要领：（1）立身中正，沉肩垂肘，双臂保持弧形。（2）松腰沉髋，右腿屈膝，双脚间横向距离30厘米为宜。

易犯错误：（1）身体歪斜、突臀，左右歪髋。（2）耸肩、仰肘，双膝挺直，重心起伏。

动作方向：此势动作身体向西南方。

动作3：身体向右转，重心移于右腿；右脚全脚掌踏实，右腿屈膝慢慢向前弓出，成右弓步；随体转，右臂向上经面前立掌向前掤出，掌心侧向前，掌指向上，与鼻平；左掌随体转落于右肘内侧，掌心侧向上，掌指对右肘；眼随体转向前平视（图122）。

动作要领：（1）以腰转动带动上下动作协调完成。（2）沉肩、坠肘，含胸拔背。（3）右臂立掌向前掤出要成立圆弧形。

易犯错误：（1）身体前俯、突臀，双腋紧夹身体。（2）耸肩、仰肘，双膝挺直，重心起伏。

动作方向：此势动作身体向西方。

图121

图122

第33式 上步右揽雀尾（捋势）

动作1：接上势，身体向左转，重心移于左腿，成坐步；双掌随身体转动向左后捋至腹前，双掌心侧相对，右掌心向左，掌指向前，左掌心侧向上，掌指向右；随体转，眼随体转向前平视（图123）。

动作要领：（1）向后捋时，左肘应向左侧后45度方向撤肘。（2）立身中正，沉肩、坠肘，松腰沉髋。（3）右肘与身体保持20厘米左右距离为宜。

易犯错误：（1）身体后仰、左右歪髋，双腋紧夹身体。（2）耸肩、仰肘，双膝挺直，动作姿势起伏。

动作方向：此势动作身体向西南方。

第33式 上步右揽雀尾（挤势）

动作1：接上势，身体向右转，重心于左腿，成坐步；同时右臂外旋屈肘提于腹前，右掌心向内，掌指向左；左臂内旋上提附于右腕内侧，左掌心向前，掌指斜向上，掌指向右；眼随体转向前平视（图124）。

动作要领：（1）腰的转动带动双手相合。（2）立身中正，沉肩、坠肘，松腰沉髋。

易犯错误：（1）身体前俯突臀、左右歪髋，双腋紧夹身体。（2）耸肩、右膝挺直，动作姿势起伏。

动作方向：此势动作身体向西方。

图123

图124

动作 2：重心前移，右腿屈膝慢慢向前弓出，成右弓步；同时双掌向前挤出，腕与肩平，右掌心向内，掌指向左，左掌心向外，掌指斜向上，眼向前平视（图 125）。

动作要领：（1）立身中正，沉肩、双肘应有下垂之意。（2）双臂撑圆，动作要饱满。

易犯错误：（1）身体前俯，双臂僵直。（2）耸肩、左膝挺直，动作姿势起伏。

动作方向：此势动作身体向西方。

第 33 式　上步右揽雀尾（按势）

动作 1：接上势，重心微向前移，成右弓步；同时双掌向前平展，左掌从右掌上向前分开，腕与肩平，双掌心相对，虎口向上，双掌指向前；眼向前平视（图 126）。

动作要领：（1）立身，沉肩、双肘下垂。（2）双掌前分要舒腕展指，双臂保持弧形。

易犯错误：（1）身体前俯、双臂僵直。（2）双臂过于上举，耸肩仰肘。

动作方向：此势动作身体向西方。

动作 2：重心后移于左腿，成左坐步，同时，双臂屈肘挑掌收于胸前，两掌心侧相对，掌指斜向上；眼向前平视（图 127）。

动作要领：（1）重心后移与屈臂挑掌应同时协调完成。（2）两臂放松，双腋微虚，屈肘挑掌动作成弧。

易犯错误：（1）双肘平展，俯身突臀。（2）重心后移与收掌动作脱节、不协调。

图 125

图 126

图 127

动作方向：此势动作身体向西方。

动作3：重心前移，右腿屈膝慢慢向前弓出，成右弓步；双掌微向下，再向前上按出，掌心向前，掌指向上与肩平，眼向前平视（图128）。

动作要领：（1）双掌前按动作要走弧形，双臂撑圆，双肘微屈。（2）双掌前按，要顺腕立掌，腕部要柔顺。

易犯错误：（1）双臂僵直，上体前俯、突臀。（2）耸肩、前按动作时双掌过高。

动作方向：此势动作身体向西方。

第34式 单 鞭

动作1：接上势，身体向左转，右脚尖内扣135度，重心移至左腿；双掌随腰转动微向上，经面前向左划弧至身体左前侧，掌心向外，掌指向上；眼视左掌方向（图129）。

动作要领：（1）右脚尖内扣幅度应尽量大。（2）转体时动作姿势平稳，双臂撑圆，含有劲力上引之意，动作呈弧形。（3）双掌至体左前以达到45度为宜，角度过大，重心易偏斜。

易犯错误：（1）身体姿势起伏，双臂挺直。（2）双掌至体左前角度过大。

动作方向：此动作身体向南方向。

动作2：身体向右转，重心移于右腿，左脚提起向左前迈出，脚跟先着地；随体转，左掌向下划弧至右腹前，掌心向上，掌指向右；右掌转动掌心向上，向内划弧经颌下握勾手向右前，勾尖向下，勾背略高于肩；眼视勾手方向（图130）。

动作要领：（1）向右转体幅度要适中，不可超过右前45度。（2）勾手向右

图128

图129

图130

前伸出与左脚迈出、左掌下落动作要协调一致。(3) 立身中正、松肩坠肘，松腰沉髋。

易犯错误：(1) 左脚迈出时身体重心起伏，凸臀，双臂僵直。(2) 动作不协调、脱节，向右转体幅度大、重心向后倾倒。

动作方向：此动作身体向西南方向。

动作 3：身体向左转，重心前移，左脚全脚掌踏实，左腿屈膝慢慢向前弓出，成左弓步；同时左掌向上经面前，立圆（立掌）向前推出，掌心向前，掌指向上，右勾手向右后方拉开，勾尖向下，勾背略高于肩；眼向前平视（图 131）。

动作要领：(1) 向左转体、弓步与双手的动作要同时完成。(2) 立身中正，松腰沉髋，含胸拔背。(3) 松肩坠肘，双臂保持弧形。

易犯错误：(1) 向左转体时身体重心起伏，动作不协调、脱节。(2) 耸肩仰肘，双臂僵直。

动作方向：此动作身体向东方向。

第 35 式　左右云手（左云手 1）

动作 1：接上势，身体向右转，左脚尖内扣 90 度，重心于左腿，随体转，左掌（立掌）向右平摆至体前；腕与肩平，掌心向外，掌指向上，右勾手保持上势不动；眼随体转向前平视（图 132）。

动作要领：(1) 身体转动重心要平稳，保持身体平衡。(2) "主宰于腰"，以腰为轴，带动手、脚动作协调进行。(3) 身体中正，沉肩垂肘，松腰髋，左掌应基本对准身体中线。

易犯错误：(1) 动作重心起伏，双臂僵直。(2) 上体前俯，凸臀。

动作方向：此动作身体向南方。

图 131

图 132

技击含义：此动作是衔接式。做此动作时，首先要注意的是身体的右转，身体重心要保持稳定，重心保持稳定的关键就是松腰沉髋。腰髋的转动使得身体沿纵轴旋转时，必须做到虚领顶劲，才能立身中正。立身中正，就避免了身体的前俯后仰。左脚随身体的转动内扣碾脚，不仅加强了身体转动时的灵活性，而且有利于主宰于腰以腰为轴，带动手脚动作的协调进行。同时左掌随身体的转动向右平摆于体前，松肩垂肘，顺腕舒指。左掌基本对准身体中线，意贯左臂内侧及虎口，含有引带，化解的劲力意念。右勾手随体转而动。要如拳谚所云："主宰于腰，一动无有不动。"

动作2：身体向左转，左掌随身体转动立掌划弧至体左前侧，逐渐翻转掌心向外，掌指向上与眼平；右勾手变掌向下抄至左肋前，掌心向上，掌指向左；右脚提起向左移靠，前脚掌踏地；眼视左手方向（图133）。

动作要领：(1) 右脚移靠时，双脚间距离与肩同宽。(2) 保持身体正直，双臂撑圆，防止耸肩、抬肘。(3) 云手以腰转动带动双臂运转，要做到上手齐眉，下手齐腹。

易犯错误：(1) 动作起伏大，双臂未撑圆。(2) 以肩动为先，动作劲力不充实。

动作方向：此动作身体向南方向。

技击含义：此动作时，身体转动的方向应为左前45度。腰髋的转动带动左掌向左摆动，摆动的方向与身体同向。腕与肩平，掌心向外，掌指向上。意贯左臂外侧，为掤劲。同时右勾手变掌，向下划弧落于左肋前，掌心向上，掌指向左。意贯左臂下侧为下掤劲。立身中正，松腰沉髋，沉肩坠肘，双臂撑圆。右脚向左脚移靠，前脚掌踏地，要支撑体重，有力度。双脚的距离与肩同宽，双脚尖同向前。身体重心的分配为左七、右三。左臂的的横摆为横掤劲。要理解拳谚所云"掤劲义何解，旋转如飞轮，投物于其上，脱然掷寻丈，急流成旋涡，卷浪若

图133

图133 背面

螺纹内，落叶坠其上，攸尔便沉沦”的意境。

第 35 式　左右云手（右云手 1）

动作 1： 接上势，身体向右转，右脚全脚掌踏实，重心移至右腿；左脚向左横步迈出，前脚掌踏地；随体转，右掌向上经面前向右前侧划弧，逐渐翻转掌心向外，掌指向上，腕与肩平；左掌向下划弧至右肋前，掌心逐渐转动向上，掌指向右；眼视右手方向（图 134、135）。

动作要领： (1) 左脚横步迈出与双掌动作完成应以腰为轴，协调完成。(2) 双臂运转时要注意劲力变化，左掌是先按再掤，劲力饱满；右掌为掤劲。(3) 身体转动幅度要保持在左前或右前 45 度为宜。

易犯错误： (1) 动作不协调，脱节。(2) 身体转动幅度大，重心不稳，向后倾倒。

动作方向： 此动作身体向西南方。

技击含义： 此动作时，左脚的横向迈出，要以左脚的前脚掌踏地，在传统杨式太极拳套路中这种步法也叫“横开步”或“侧行步。”髋关节的松沉，是横开步动作的关键。开步的距离要依每人所定。身体重心的稳固，奠定了腰髋的右转和左脚横向迈出的协调配合。右臂的外旋，意贯右臂外侧，是横掤劲。左掌先是向下的按掌，然后经腹前向右划弧于右肋前，是掤劲。双掌的上下反向的搅动，要随腰的转动，左脚的迈出同时协调进行。立身中正，虚领顶劲，双臂撑圆，动作要圆活自如，眼随上手的动作移动。要如拳谚所云：“运动知觉来相应，神是君位骨肉臣。分明火候七十二，天然乃武并乃文。”

图 134　　图 135　　图 135 背面

第 35 式　左右云手（左云手 2）

动作 1： 接上势，身体向左转，左脚全脚掌踏实，重心移于左腿；随体转，左掌向上经面前向左前侧划弧，逐渐翻转掌心向外，掌指向上，腕与肩平；右掌向下划弧至左肋前，掌心逐渐转动向上，掌指向左；同时右脚提起向左移靠，前脚掌踏地；眼视左手方向（图 136、137）。

动作要领：（1）身体重心的移动要平缓，动作姿势不可起伏。（2）腰的转动带动双臂的协调运转。（3）身体转动幅度和左掌要保持在左前 45 度为宜。

易犯错误：（1）重心移动时动作姿势起伏。（2）左肩先动，动作不协调，上下动作脱节。（3）身体转动幅度过大重心偏左身体向左后倾倒。

动作方向： 此动作身体向东南方。

技击含义： 此动作时，随身体的左转，身体重心左移，左脚全脚掌踏实。髋关节沿水平位置平缓位移，身体重心也随之缓慢过渡到左腿。右脚提起向左脚移靠，前脚掌先踏地支撑，双脚间距离与肩同宽。同时，左臂的外旋，意贯左臂外侧，是横掤劲。右掌先是向下的按掌，然后经腹前向左划弧于左肋前是掤劲。双掌的上下反向的绞动，要随腰的动转，左脚全脚掌的踏实同时协调进行。立身中正。虚领顶劲，双臂撑圆，松肩垂肘，动作要圆活自如，体会拳谚所云："太极者圆也，无论内外、上下、左右，不离此圆也。方为开展，圆为紧凑，方圆规矩之至，其孰能出此以外哉。"

图 136

图 137

第35式　左右云手（右云手2）

动作1：接上势，身体向右转，右脚全脚掌踏实，重心移至右腿；左脚向左横步迈出，前脚掌踏地；随体转，右掌向上经面前向右前侧划弧，逐渐翻转掌心向外，掌指向上，腕与肩平；左掌向下划弧至右肋前，掌心逐渐转动向上，掌指向右；眼视右手方向（图138、139）。

动作要领：（1）左脚横步迈出与双掌动作完成应以腰为轴，协调完成。（2）双臂运转时要注意劲力变化，左掌是先按再挒，劲力饱满；右掌为挒劲。（3）身体转动幅度要保持在左前或右前45度为宜。

易犯错误：（1）动作不协调，脱节。（2）身体转动幅度大，重心不稳，向后倾倒。

动作方向：此动作身体向西南方。

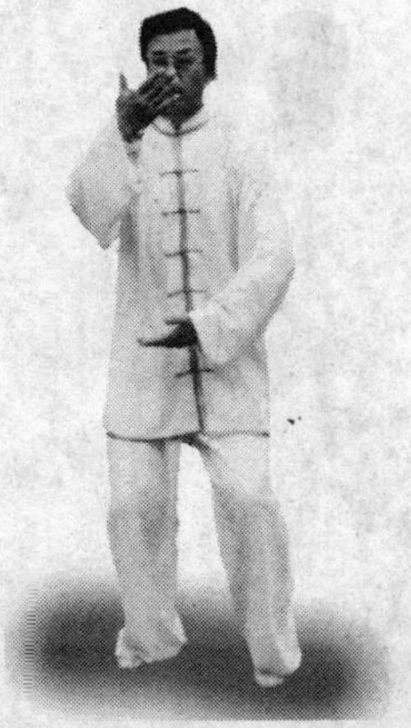
图138

图139

图139背面

第 35 式　左右云手（左云手 3）

动作 1：接上势，身体向左转，左脚全脚掌踏实，重心移于左腿；随体转，左掌向上经面前向左前侧划弧，逐渐翻转掌心向外，掌指向上，腕与肩平；右掌向下划弧至左肋前，掌心逐渐转动向上，掌指向左；同时右脚提起向左移靠，前脚掌踏地；眼视左手方向（图 140、141）。

动作要领：（1）身体重心的移动要平缓，动作姿势不可起伏。（2）腰的转动带动双臂的协调运转。（3）身体转动幅度和左掌要保持在左前 45 度为宜。

易犯错误：（1）错重心移动时动作姿势起伏。（2）左肩先动，动作不协调，上下动作脱节。（3）身体转动幅度过大，重心偏左，身体向左后倾倒。

动作方向：此动作身体向东南方。

图 140

图 141

第 35 式　左右云手（右云手 3）

动作 1：接上势，身体向右转，右脚全脚掌踏实，重心移至右腿；左脚向左横步迈出，前脚掌踏地；随体转，右掌向上经面前向右前侧划弧，逐渐翻转掌心向外，掌指向上，腕与肩平；左掌向下划弧至右肋前，掌心逐渐转动向上，掌指向右；眼视右手方向（图 142、143）。

动作要领：（1）左脚横步迈出与双掌动作完成应以腰为轴，协调完成。（2）双臂运转时要注意劲力变化，左掌是先按再掤，劲力饱满；右掌为掤劲。（3）身体转动幅度要保持在左前或右前 45 度为宜。

易犯错误：（1）动作不协调，脱节。（2）身体转动幅度大，重心不稳，向后倾倒。

动作方向：此动作身体向西南方。

图 142

图 143

图 143 背面

第35式 左右云手（左云手4）

动作1：接上势，身体向左转，左脚全脚掌踏实，重心移于左腿；随体转，左掌向上经面前向左前侧划弧，逐渐翻转掌心向外，掌指向上，腕与肩平；右掌向下划弧至左肋前，掌心逐渐转动向上，掌指向左，同时右脚提起向左移靠，前脚掌踏地；眼视左手方向（图144、145）。

动作要领：（1）身体重心的移动要平缓，动作姿势不可起伏。（2）腰的转动带动双臂的协调运转。（3）身体转动幅度和左掌要保持在左前45度为宜。

易犯错误：（1）重心移动时动作姿势起伏。（2）左肩先动，动作不协调，上下动作脱节。（3）身体转动幅度过大重心偏左身体向左后倾倒。

动作方向：此动作身体向东南方。

图144

图145

第 35 式　左右云手（右云手 4）

动作 1： 接上势，身体向右转，右脚全脚掌踏实，重心移至右腿；左脚向左横步迈出，前脚掌踏地；随体转，右掌向上经面前向右前侧划弧，逐渐翻转掌心向外，掌指向上，腕与肩平；左掌向下划弧至右肋前，掌心逐渐转动向上，掌指向右；眼视右手方向（图 146、147）。

动作要领：（1）左脚横步迈出与双掌动作完成应以腰为轴，协调完成。（2）双臂运转时要注意劲力变化，左掌是先按再掤，劲力饱满；右掌为掤劲。（3）身体转动幅度要保持在左前或右前 45 度为宜。

易犯错误：（1）动作不协调，脱节。（2）身体转动幅度大，重心不稳，向后倾倒。

动作方向： 此动作身体向西南方。

图 146

图 147

图 147 背面

第35式 左右云手（左云手5）

动作1：接上势，身体向左转，左脚全脚掌踏实，重心移于左腿，随体转，左掌向上经面前向左前侧划弧，逐渐翻转掌心向外，掌指向上，腕与肩平；右掌向下划弧至左肋前，掌心逐渐转动向上，掌指向左，同时右脚提起向左移靠，前脚掌踏地；眼视左手方向（图148、149）。

动作要领：（1）身体重心的移动要平缓，动作姿势不可起伏。（2）腰的转动带动双臂的协调运转。（3）身体转动幅度和左掌要保持在左前45度为宜。

易犯错误：（1）重心移动时动作姿势起伏。（2）左肩先动，动作不协调，上下动作脱节。（3）身体转动幅度过大重心偏左身体向左后倾倒。

动作方向：此动作身体向东南方。

图148

图149

第35式　左右云手（右云手5）

动作1：接上势，身体向右转，右脚全脚掌踏实，重心移至右腿；左脚向左横步迈出，前脚掌踏地；随体转，右掌向上经面前向右前侧划弧，逐渐翻转掌心向外，掌指向上，腕与肩平；左掌向下划弧至右肋前，掌心逐渐转动向上，掌指向右；眼视右手方向（图150、151）。

动作要领：（1）左脚横步迈出与双掌动作完成应以腰为轴，协调完成。（2）双臂运转时要注意劲力变化，左掌是先按再掤，劲力饱满，右掌为掤劲。（3）身体转动幅度要保持在左前或右前45度为宜。

易犯错误：（1）动作不协调，脱节。（2）身体转动幅度大，重心不稳，向后倾倒。

动作方向：此动作身体向西南方。

图150

图151

图151背面

第35式　左右云手（左云手6）

动作1：接上势，身体向左转，左脚全脚掌踏实，重心移于左腿，随体转，左掌向上经面前向左前侧划弧，逐渐翻转掌心向外，掌指向上，腕与肩平；右掌向下划弧至左肋前，掌心逐渐转动向上，掌指向左，同时右脚提起向左移靠，前脚掌踏地；眼视左手方向（图152、153）。

动作要领：(1) 身体重心的移动要平缓，动作姿势不可起伏。(2) 腰的转动带动双臂的协调运转。(3) 身体转动幅度和左掌要保持在左前45度为宜。

易犯错误：(1) 重心移动时动作姿势起伏。(2) 左肩先动，动作不协调，上下动作脱节。(3) 身体转动幅度过大重心偏左身体向左后倾倒。

动作方向：此动作身体向东南方。

图152

图153

第35式　左右云手（右云手6）

动作1：接上势，身体向右转，右脚全脚掌踏实，重心移至右腿；左脚向左横步迈出，前脚掌踏地；随体转，右掌向上经面前向右前侧划弧，逐渐翻转掌心向外，掌指向上，腕与肩平；左掌向下划弧至右肋前，掌心逐渐转动向上，掌指向右；眼视右手方向（图154、155）。

动作要领：（1）左脚横步迈出与双掌动作完成应以腰为轴，协调完成。（2）双臂运转时要注意劲力变化，左掌是先按再掤，劲力饱满；右掌为掤劲。（3）身体转动幅度要保持在左前或右前45度为宜。

易犯错误：（1）动作不协调，脱节。（2）身体转动幅度大，重心不稳，向后倾倒。

动作方向：此动作身体向西南方。

图154

图155

图155背面

第35式　左右云手（左云手7）

动作1：接上势，身体向左转，左脚全脚掌踏实，重心移于左腿；随体转，左掌向上经面前向左前侧划弧，逐渐翻转掌心向外，掌指向上，腕与肩平；右掌向下划弧至左肋前，掌心逐渐转动向上，掌指向左，同时右脚提起向左移靠，前脚掌踏地；眼视左手方向（图156、157）。

动作要领：（1）身体重心的移动要平缓，动作姿势不可起伏。（2）腰的转动带动双臂的协调运转。（3）身体转动幅度和左掌要保持在左前45度为宜。

易犯错误：（1）重心移动时动作姿势起伏。（2）左肩先动，动作不协调，上下动作脱节。（3）身体转动幅度过大重心偏左身体向左后倾倒。

动作方向：此动作身体向东南方。

第36式　单　鞭

动作1：接上势，身体微向右转，右脚尖内扣45度，重心移于右腿，左脚提起向左前迈出，脚跟先着地；随体转，左掌向下划弧经腹前再向右上划弧于右肩前，掌心向内，掌指向右；右掌稍向上向内划弧经颌下握勾手向右前伸出，勾尖向下，勾背略高于肩；眼视勾手方向（图158）。

动作要领：（1）向右转体幅度要适中，不可超过右前45度。（2）勾手向右前伸出与左脚迈出、左掌下落动作要协调一致。（3）立身中正、松肩坠肘，松腰沉髋。

易犯错误：（1）左脚迈出时身体重心起伏，凸臀，双臂僵直。（2）动作不协调、脱节，向右转体幅度大、重心向后倾倒。

图156

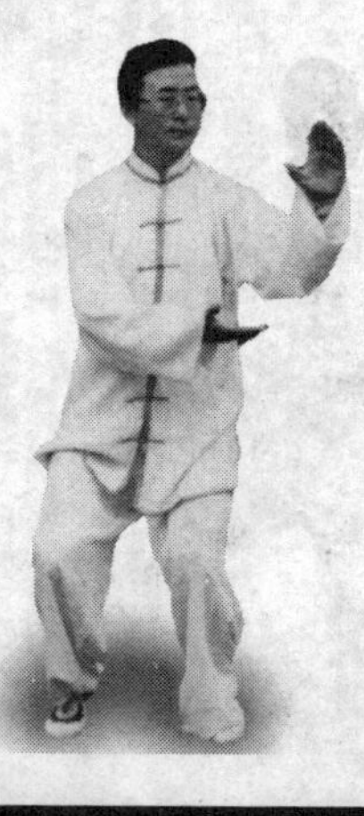

图157

图158

动作方向：此动作身体向西南方向。

技击含义：身体向右转，幅度要适中。不可超过右斜前45度，否则重心极易偏后，产生身体向后倾倒。右脚内扣，重心移于右腿，髋关节的动转，使得左脚迈出的动作才能轻松自如。左膝关节要微屈，不可僵直挺硬。同时要注意左脚的落点应稍偏左，避免双脚在同一直线的现象出现。右掌向上，向颌下屈臂回收时，要注意到松肩、含胸，力达肘关节，意在“肘劲”。右腋不可紧夹身体，肘关节的运动方向是右斜前45度，随右前臂的展伸，右掌握勾手，以勾背为力点向前顶出。左掌弧形下落时，意在“掤按”劲，然后屈臂经腹前继续向右上划弧于右肩前，逐渐翻转掌心向内，掌指向右，此时力贯左臂为平“掤劲”，双臂动作要肩肘松沉，饱满撑圆。立身中正，收腹敛臀，松腰沉髋，肩髋相合。正如拳谚所云：“立身须中正安舒，支撑八面。”

动作2：身体向左转，重心移于左腿，左脚全脚掌踏实，左腿屈膝慢慢向前弓出，成左弓步；同时左掌向上经面前，立圆弧形立掌向前推出，掌心侧向前，掌指向上，腕与肩平；右勾手同时向右侧后方展伸，勾尖向下，勾背略高于肩；眼向前平视（图159）。

动作要领：（1）向左转体、弓步与双手的动作要同时完成。（2）立身中正，松腰沉髋，含胸拔背。（3）松肩坠肘，双臂保持弧形。

易犯错误：（1）向左转体时身体重心起伏，动作不协调、脱节。（2）耸肩仰肘，双臂僵直。

动作方向：此动作身体向东方向。

图159

第 37 式 高探马

动作 1： 接上势，身体重心前移，右脚向前跟半步，前脚掌踏地；同时，左掌随身体重心前移微向前展伸，掌心向前，掌指向上，腕与肩平；右勾手保持上势动作不变；眼视左掌方向（图 160）。

动作要领：（1）重心前移要保持身体稳定。（2）立身中正，松肩、垂肘，双臂呈弧形。（3）跟步时右脚要有支撑的力度。

易犯错误：（1）左支撑腿直立，动作重心起伏。（2）身体前俯、突臀，左右歪髋。

动作方向： 此动作身体向东方。

技击含义： 此动作很重要的一点就是，身体重心的前移，并不意味着身体重心上下位置的移动，也不是单纯的上体向前的位移，而是在左弓步的基础上，身体重心向前送，左膝关节微向前弓，髋关节沿水平位置平移，同时带动右脚向前跟步，右脚右膝要保持原动作方向 45 度不变。所以左腿不仅要保持身体重心的稳定性，而且要承受由于身体重心前移所加大的重量。虚领顶劲，保持了身体的中正。松腰沉髋，避免了身体姿态的上下起伏。右脚前脚掌踏地，缓解了左腿的承重感，加强了动作的稳固性。要理解拳谚所云："劲断意不断，意断神可接。劲、意、神俱断，则俯仰矣！手足无著落耳！"

动作 2： 身体向右转，重心移于右腿，右脚全掌踏实。随体转，右勾手变掌平举于身体右肩前外侧，掌心向外，掌指向上；左臂外旋，掌心翻转向上，掌指向前，双腕与肩平；眼视右掌方向（图 161）。

动作要领：（1）身体右转与双掌的动作同时协调进行。（2）立身中正，松肩、垂肘，双臂呈弧形。

图 160

图 161

易犯错误：（1）右支撑腿直立，动作起伏。（2）身体后仰，左右歪髋。

动作方向： 此动作身体向南方向。

技击含义： 此势动作时，右脚全脚掌踏实，身体重心的右移要平稳、和缓。动作外形不可上下起伏。右勾手变掌平展与左臂外旋，翻转掌心向上时，身形要达到顶头悬，松肩垂肘，使左臂含有向下的"沉劲"和右掌向后的"撑劲"。所以双臂的动作外形要强调呈弓形，双臂的夹角应以 135 度为宜，达到"含胸拔背"的要求。只有这样双臂才具有弹性和撑力，才能起到支撑八面的效果。拳谚所云："腰顶穷研生不已，身形顺我自伸舒。舍此真理终何极？十年数载亦糊涂！"

动作 3： 身体向左转，重心于右腿，左脚提起稍向前移，前脚掌踏地，成左虚步；右臂屈肘经耳侧横掌向前推出，掌心侧向前，掌指斜向左前，略高于肩；左掌经右臂下屈臂收至上腹，掌心向上，掌指向右前方，右腕与肩平；眼向前平视（图 162）。

动作要领：（1）向左转体，右膝微上伸身体重心上拔。（2）立身中正，松腰松垮，沉肩肘，双臂呈弧形。

易犯错误：（1）上体前倾、凸臀，左右歪髋。（2）双腿直立，双臂过于挺直。

动作方向： 此动作身体向东方向。

技击含义： 此势动作时，身体向左转，要以腰髋的拧转带动右掌的横掌前伸，左掌的回带，使得双掌于胸前交错。右掌的屈臂卷收，经耳侧向前的横掌，此时要意贯右掌外缘及右臂外侧是"截劲"也称为"刚劲"。左掌的回带，左臂不仅含有松沉之意，而且还含有向内的"带劲"。随腰髋的转动，身体的重心要具有向上的提拔之意，使得双膝关节随之向上展伸。腰身的伸拔体现了立身中正，虚领顶劲的含义。松肩垂肘，含胸拔背，使得双臂的劲力有机的贯穿，成为

图 162

图 162 正面

一体。双臂劲力的轻与重，虚与实，要合理的分配要符合拳谚所云：“双重为病，干于填实，与沉不同也；双浮为病，地如飘渺，与轻不例也。”

第 38 式 右分脚

动作 1： 接上势，身体向右转，重心于右腿；双膝微屈蹲，双掌向两侧分开，右掌心向外，掌指向上，腕与肩平；左掌心向上，掌指向右，与腹平；眼随体转向前平视（图 163）。

动作要领：（1）身体向右转动时，转体方向在右前 45 度方向，眼视右手方向。（2）立身中正，双臂随腰而动，松肩，垂肘、双臂撑圆。

易犯错误：（1）转体幅度左右过大，重心不稳，向后倾倒。（2）俯身突臀，左右歪髋，双臂僵直。

动作方向： 此动作身体向东南方。

技击含义： 此动作身体向右转体时，重心要边下沉，边转动。重心于右腿，左前脚掌踏动要具有支撑感，“右七左三”身体重心分配要合理。身体沿纵轴屈膝下沉，尾闾中正，右掌向右外划弧，意贯右掌，是向右的“引带劲”左掌向下向内划弧，意贯左臂是下“掤劲”，双臂相合。含胸拔背，松腰沉髋，双臂撑圆，上下相随，肩髋相合。如拳谚所云：“其周身规矩：顶劲上领，裆劲下去，两肩松下，两肘沉下，两手相合，胸向前合，目勿傍视，以手在前者为的；顶不可倒塌，胸中沉心静气。”

图 163

图 163 正面

动作2：接上势，身体向左转，重心于右腿，左脚提起向左前（45度）迈步，脚跟先着地；左手向左再向前上划弧至体前，左臂外旋，翻转掌心向上，掌指向前，腕与肩平；右手向右再向下划弧至右髋侧，掌心向下，掌指向左前方；眼视左手方向（图164）。

动作要领：（1）身体向左转动时，转体方向在左前45度方向，眼视左手方向。（2）立身中正，双臂随腰而动，松肩，垂肘，双臂撑圆。

易犯错误：（1）转体幅度左右过大，重心不稳，身体向后倾倒。（2）左脚迈出时左膝挺直，双臂僵直。

动作方向：此动作身体向东北方。

技击含义：此动作与上一动作的衔接要协调和顺。重心稳固于右腿，左脚才能轻松迈出，左掌的弧形前举与左脚的落地要同时完成。意贯左臂内侧，是掤劲。而右掌的弧形下落，与左脚左掌的动作要相辅相成协调而动。意贯右掌是采按劲。身形要虚领顶劲，松腰沉髋，松肩沉肘含胸拔背，如拳谚所云："腰劲下去，两足常用勾劲，须前后合住劲。外面之形，秀若处女，不可带张狂气；一片悠闲之神，尽是大雅风规。"

动作3：身体向右转，重心移于左腿，左脚全脚掌踏实，左腿屈膝慢慢向前弓出，成左弓步；左手随身体转，向右、向内屈臂划弧收于胸前，掌心侧向上，掌指斜向右；右手经胸前从左前臂上向右斜前方划弧抹出，掌心侧向下，掌指斜向上，腕与肩平；眼视右手方向（图165）。

动作要领：（1）左弓步为左前45度方向，右掌推出为右前45度方向，左弓步与抹掌动作应同时完成。（2）尾闾中正，松肩、双掌呈弧形，双肘微屈。

易犯错误：（1）弓步、抹掌动作不协调。（2）耸肩、吊肘、上体前俯。

动作方向：此动作身体向东南方。

技击含义：此势动作，弓步的方向是左前45度，身体的转动方向为右前45

图164

图165

度。双臂在胸前的交错相合，以弓步与腰髋的转动方向不相向，加强了右掌抹掌的力度。左掌向胸前的动作要意贯左臂内侧，是引带化解之意。右掌意贯右掌外缘及右臂，含有掤带的劲力。身形上要顶头悬，松肩垂肘，使双臂含有“沉劲”和“引化劲”。所以双臂的动作外形要强调呈弓形，达到“含胸拔背”的要求。只有这样双臂才具有弹性和撑力。要如拳谚所云：“两肩缍（音朵）下，两肘沉下，秀若处女见人，肆若猛虎下山。手即权衡称物，而知其轻重。”

动作 4：身体向左转，重心于左腿，左腿支撑站稳，右腿屈膝提起，脚尖自然下垂，成左独立步；右手向左划弧与左手腕相交，右手在外，成斜十字形，双掌心向内，双掌指斜向左右斜上方，腕与胸平；眼随体转向前平视（图 166）。

动作要领：（1）虚领顶劲，左腿重心要稳固，避免身体摇晃。（2）松肩垂肘，双臂呈弧形。

易犯错误：（1）身体前俯，重心前倾。（2）耸肩、吊肘，重心不稳。

动作方向：此动作身体向东北方向。

技击含义：此势动作时，首先要虚领顶劲，立腰提髋，身体沿纵轴向上提拔。同时右腿屈膝提起，右掌随体转向左相合。松肩垂肘，双臂撑圆。意贯双臂外侧，是双掤劲，同时含有向上的架托之力。气沉丹田，呼吸自然。要体会拳谚所云：“每著之中，五官百骸顺其自然之势。而阴阳五形之气运乎其中，所谓动则生阳，静则生阴一动一静互为其根。”

动作 5：身体向右转，重心于左腿，左腿支撑，成左独立步，随体转，双手向两侧撑开，翻转掌心侧向外，腕与肩平，掌指向上；右脚用脚面向右斜方分出；眼视右手方向（图 167）。

动作要领：（1）上体正直，双臂平撑，双肘微屈。（2）右脚分出时，右脚面微内扣，脚与腰平。（3）右分脚动作定势时，右手、右腿应上下相对。

易犯错误：（1）重心不稳，双臂挺直。（2）右手右腿成十字形。

图 166

图 167

动作方向：此动作身体向东南方。

技击含义：此动作双掌的向两侧平撑时，双臂要先微向上，然后再双臂内旋，翻转双掌心侧向外平撑，腕与肩平，要顶头悬，松肩沉肘，双臂撑圆，含胸拔背。意贯双臂外侧，是掤劲。右脚的动作时，右脚面要微内扣，自左向右弧形分出，脚与腰平。右掌右腿上下相对，要达到拳谚所云："顶如准，故云'顶头悬'也。两手即平，左右之盘也。腰即平直根株也。上下一条线，全凭两手转。"

第39式　左分脚

动作1：接上势，重心于左腿；左腿支撑，右小腿屈膝回收，脚尖自然下垂；双掌平举于体两侧，腕与肩平，掌指向上，掌心侧向外；眼视右掌方向（图168）。

动作要领：（1）身体正直，双臂自然撑圆平举。（2）松肩垂肘，立腰竖项。

易犯错误：（1）重心不稳，产生身体倾倒现象。（2）双臂僵直，耸肩驼背。

动作方向：此动作身体向东南向。

技击含义：此势动作要注重：虚领顶劲，立腰提髋，身体有沿纵轴向上提拔的意识。双肩松沉，双肘自然下垂，气沉丹田。右膝屈收，脚尖自然下垂。意贯双臂外侧。要体会拳谚所云："每著之中，五官百骸顺其自然之势。"

动作2：重心于左腿；左腿支撑屈蹲，右脚向右前（偏右）迈步，脚跟先着地；左掌向下划弧至左髋侧，掌心向下，掌指向右前方，右臂外旋，翻转掌心向上，落于体前，掌指向前，腕与肩平；眼视右手方向（图169）。

动作要领：（1）右脚迈出时左膝先微屈，重心稳固后再迈步，动作才能协调。（2）立身中正，双臂撑圆，右脚迈出方向应在右前45度。

易犯错误：（1）重心不稳，产生"抢步"现象。（2）俯身突臀，左右歪髋，

图168

图169

图169正面

双臂僵直。

动作方向：此动作身体向东南方。

技击含义：此动作时，身体的微右转与左支撑腿的屈蹲、右脚跟的着地同时协调进行。尤其要注意的是左支撑腿的屈蹲要和缓、要有控制力，右脚的迈出才能柔和、轻松。不可直接迈出，以免产生“抢步、砸地”的现象。

动作3：身体向左转，重心移于右腿，右脚全脚掌踏实，右腿屈膝慢慢向前弓出，成右弓步；右手随身体转动向左、向内划弧屈臂收于胸前，掌心侧向上，掌指斜向左；左手经胸前从右前臂上向左斜前方划弧推出，掌心侧向下，掌指斜向上，腕与肩平；眼视左手方向（图170）。

动作要领：（1）右弓步为右前45度方向，左掌推出为左前45度方向，左弓步与推掌动作应协调一致。（2）松肩、双掌呈弧形，双肘微屈。

易犯错误：（1）弓步、推掌动作不协调。（2）耸肩、吊肘、上体前俯。

动作方向：此动作身体向北方向。

动作4：身体向右转，重心于右腿，右腿支撑立稳，左腿屈膝提起，脚尖自然下垂，成右独立步；左手向右划弧与右手腕相交，右掌在外，成斜十字形，双掌心向内，双掌指向左右斜上方，腕与肩平；眼随体转向前平视（图171）。

动作要领：（1）虚领顶劲，右腿重心要稳固，避免上体摇晃。（2）松肩垂肘，双掌呈弧形。

易犯错误：（1）身体前俯，重心前倾。（2）耸肩、吊肘，重心不稳。

动作方向：此动作身体向东北方向。

动作5：身体向左转，重心于右腿；右腿支撑，成右独立步，随体转，双掌向两侧平撑开，翻转掌心侧向外，腕与肩平，掌指向上；左脚用脚面向左斜方分出；眼视左手方向（图172）。

动作要领：（1）上体正直，双臂平撑，双肘微屈。（2）左脚分出时，左脚面

图170

图171

图172

微内扣，脚与腰平。(3) 左分脚动作定势时，左手、左腿应上下相对。

易犯错误：(1) 重心不稳，双臂挺直。(2) 左手、左腿成十字形。

动作方向：此动作身体向东北方向。

第 40 式 回身左蹬脚

动作 1：接上势，右腿支撑，重心于右腿，左腿屈膝回收，脚尖自然下垂；双掌平举于体两侧，掌心侧向外，腕与肩平，掌指向上；眼视左掌方向（图 173)。

动作要领：(1) 保持立身中正，双臂撑圆。(2) 立腰竖顶，左膝上提与腰平。

易犯错误：(1) 重心不稳，身体俯仰、倾斜。(2) 耸肩，双臂挺直。

动作方向：此动作身体向北方向。

技击含义：动作 2：向左后方转体（以右脚跟为轴，转体约 135 度左右)；重心于右腿；右腿支撑，左腿屈膝提收，脚尖自然下垂；双掌平举于体两侧，掌心侧向外，腕与肩平，掌指向上；眼视左掌方向（图 174)。

动作要领：(1) 左后转体时，重心于右支撑腿；以右脚跟为轴，双掌保持平撑，以保持身体立身中正。(2) 左腿提膝平举与腰平，左膝、左臂相对。

易犯错误：(1) 双臂后展，造成重心不稳，身体向后倾斜。(2) 左膝、左臂不相对，上下不相随。

动作方向：此动作身体向西北方。

技击含义：此动作时，身体的左后转动是重点。因为转体幅度大，近于 135 度。所以首先要保持身体的尾间中正，顶头悬。转动时要以右脚跟为轴，含有沿身体纵轴向上提拔的意识。双臂要松肩垂肘，平举撑圆，左腿的提膝平举要有力

图 173

图 174

度，与腰髋的转动同时而动。关键是转动时左腿与左臂要达到上下相对、相随，协调而动。右脚要控制身体转动的方向。拳谚所云："身虽动，心贵静；气须敛，心为令。一动无有不动。"

动作3：重心于右腿；右腿屈膝支撑，左脚以前脚掌在左侧方落地，成左虚步；双掌自体两侧向下划弧于腹前，手腕交叉，掌心侧向上，左掌在外，双掌指向左、右；眼随身体转动向前平视（图175）。

动作要领：（1）左后转体时，左膝提膝平举。重心于右支撑腿；随转体动作，双掌保持左右平撑，以保持身体立身中正。(2) 虚步合掌，右支撑腿重心微沉，以保持虚步稳固。

易犯错误：(1) 左膝过早下落，造成重心不稳，身体俯仰、倾斜。(2) 虚步时，右支撑腿重心未下沉，形成左脚落地"抢步"现象。

动作方向：此动作身体向北方。

技击含义：此动作时，身体的左后转动是重点。因为转体幅度大，近于135度。所以首先要保持身体的尾闾中正，顶头悬。转动时要以右脚跟为轴，含有沿身体纵轴向上提拔的意识。双臂要松肩垂肘，平举撑圆，左腿的提膝平举要有力度，与腰髋的转动同时而动。关键是转动时左腿与左臂要达到上下相对、相随，协调而动。右脚要控制身体转动的方向。左脚落地成虚步时，右支撑腿一定要重心下沉、屈膝下坐，重心稳固，左脚的落地才能轻灵、自如。左脚的落点要适度，双脚的距离为半步即可。同时与双臂弧形向下的动作配合协调进行。要做到上下相随，动作相合。此时身形要达到：立身中正，松腰沉髋，含胸拔背，双臂撑圆。拳谚所云："太极阴阳少人修，吞吐开合问刚柔。正隅收放任君走，动静变化何须愁？"

图175

图175背面

动作 4：身体微向右转，右腿支撑，重心于右腿，右腿直起，左腿屈膝提起，脚尖自然下垂；双掌自腹前合掌上举，左掌在外，双掌心向内，腕与肩平，掌指侧向左、右；眼视双掌方向（图 176）。

动作要领：（1）保持立身中正，双臂撑圆。（2）立腰竖顶，左膝上提与腰平。

易犯错误：（1）重心不稳，身体俯仰、倾斜。（2）耸肩，双臂挺直。

动作方向：此动作身体向北方向。

动作 5：身体微向左转，重心于右腿；右腿支撑，成右独立步，左脚向左前方慢慢蹬出，脚尖回勾，力在脚跟；同时双掌掌心向内，上提至面前，然后，双臂内旋，向左右划弧平撑，腕与肩平，掌心侧向外，掌指向上；眼视左手方向（图 177）。

动作要领：（1）转体幅度适中，左膝上提与双掌上提动作应同时完成。（2）蹬脚时，双掌同时向左右弧形平撑，上体保持自然正直。（3）平撑双臂时，肘部微屈，腕与肩平，左臂、左腿上下相对。（4）此动作与上动作应协调连贯，蹬出脚跟与腰平。

易犯错误：（1）动作不协调，平撑双掌时，双臂直推、动作僵硬。（2）双臂与左脚呈十字型。

动作方向：此动作身体向西北方。

技击含义：此动作要注重虚领顶劲，立腰提髋，身体要有沿纵轴向上提拔的意识。气沉丹田，双肩松沉，双肘自然下垂，双臂撑圆。意贯双臂外侧是撑劲，左脚尖回勾，力达脚跟。拳谚所云："柔中寓刚，人所难防。运用在心，不矜不张。中有所主，无人猖狂。随机应变，终不惊慌！"

图 176

图 177

第41式 左搂膝拗步

动作1：接上势，右腿支撑，重心于右腿，左腿屈膝回收，脚尖自然下垂；双掌平举于体两侧，掌心侧向外，腕与肩平，掌指向上；眼视左掌方向（图178）。

动作要领：（1）保持立身中正，双臂撑圆。（2）立腰竖顶，左膝上提与腰平。

易犯错误：（1）重心不稳，身体俯仰、倾斜。（2）耸肩，双臂挺直。

动作方向：此动作身体向北方向。

动作2：身体向右转，重心于右腿，右腿屈蹲，左脚向左侧前迈出脚跟着地；随体转，左臂屈臂内旋经面前落划弧落于右肩前，掌心向内，掌指向右；右掌同时微向右划弧平举于右肩前侧，掌指向上，掌心向外，腕与肩平；眼视右掌方向（图179）。

动作要领：（1）主宰于腰，以腰髋的转动带动双臂、迈步的动作同时进行。（2）立身中正，松腰胯、垂肘、松肩动作轻灵、沉稳。（3）右掌应保持在体右后侧45度方向，双臂撑圆。

易犯错误：（1）双臂运转与迈步动作不协调、脱节。（2）突臀、俯身，左右歪髋，双臂挺直。

动作方向：此动作身体向方。

图178

图179

动作3：身体向左转，重心前移，左脚全脚掌踏实。左腿屈膝慢慢向前弓出，成左弓步；同时随体转，左掌落于右腹前，掌心翻转向下，向前经左膝前搂过至左膝外侧，虎口向前，掌指侧向前；右臂屈肘卷收，右掌经耳旁立掌向前推出，掌心向前，掌指向上，腕与肩平；眼向前平视（图180）。

动作要领：（1）弓步时，身体重心坐实，保持身体平衡。（2）“主宰于腰”，以腰为肘，双臂运转必须协调一致，两肩平齐；弓步、搂掌、推掌应同时完成，做到“上下相随”。（3）定势时，右掌应基本对准身体中线，沉肩，松腰。

易犯错误：（1）右掌过高、前伸，右肩过于前送。（2）双脚在同一直线上，身体重心不稳。

动作方向：此动作身体向方。

第42式　右搂膝拗步

动作1：接上势，身体向左转，左脚尖外展45度，重心于左腿，右腿提起向前迈步，脚跟先着地；随身体转动，右掌心翻转向内，向上经面前落于左肩侧前，掌心向内，掌指向左；同时左掌心翻转向上，向下、向左后上划弧于左肩外，掌心向外，掌指向上，腕与肩平；眼视左手方向（图181）。

动作要领：（1）双掌运转与迈出步动作协调一致。（2）双臂呈弧形，左掌向体左后侧划弧应在体左后侧45度为宜。（3）迈步时身体重心必须坐实，以保持身体平衡。

易犯错误：（1）双臂运转与迈步不协调。（2）凸臀，身斜，转体角度过大，出现动作重心偏斜现象。

动作方向：此动作身体向方。

图180

图181

动作 2：身体向右转，重心前移，右脚全脚掌踏实。右腿屈膝慢慢向前弓出，成右弓步；同时随体转，右掌落于左腹前，掌心翻转向下，向前经右膝前搂过至右膝外侧，虎口向前，掌指侧向前；左臂屈肘卷收，左掌经耳旁立掌向前推出，掌指向上，腕与肩平；眼向前平视（图 182）。

动作要领：（1）弓步时，身体重心要坐实，保持身体平衡。（2）定势时，左掌应基本对准身体中线。（3）以腰转动为轴，双臂运转与右脚迈出须协调一致，两肩平齐，要做到上下相随。

易犯错误：（1）左掌过高、前伸，左肩过于前送。（2）双脚在同一直线上，身体重心不稳。

动作方向：此动作身体向方。

第 43 式　进步栽捶

动作 1：接上势，身体向右转，右脚尖外展 45 度，重心于右腿，左腿提起向前迈步，脚跟先着地；随身体转动，左臂内旋，左掌心翻转向内，经面前划弧落于右肩侧前，掌心向内，掌指斜向右；右掌握拳提收至腰际右侧，拳心向上；眼随体转动向前平视（图 183）。

动作要领：（1）立身中正，松肩坠肘，松腰沉髋，双臂撑圆。（2）双掌运转与迈出步动作协调一致。（3）迈步时身体重心必须坐实，以保持身体平衡。

易犯错误：（1）右臂紧夹身体，双臂动作不饱满。（2）俯身、突臀，左右歪髋，双脚在同一直线重心不稳。

动作方向：此动作身体向西北方向。

技击含义：此动的动作过程与右搂膝拗步动作 1 过程一样，唯一不同的地方就是右掌握拳提收于腰际右侧，提收时，意贯右臂及右肘为撑劲，右肘的方向为

图 182

图 183

图 183 背面

右后 45 度。右腋不可紧夹身体。

动作 2： 身体向左转，重心前移，左脚全脚掌踏实，左腿屈膝慢慢向前弓出，成左弓步；左掌落于右腹前，掌心翻转向下，向前经左膝前搂至左膝外侧，掌心向下，掌指向前；右臂内旋，右拳自腰际向前下方弧形栽打，转动拳面斜朝前下，拳心向左；眼视前下方（图 184）。

动作要领：（1）上体保持正直，双肘微屈。（2）右肩放松、右拳向前栽打时，右前臂微内旋，含有向前下之意。

易犯错误：（1）身体前倾，弓背低头。（2）耸肩，双肘挺直。右肩向前送出。

动作方向： 此动作身体向西方。

技击含义： 此势动作时，身体左转，重心前移，髋关节的水平移动，带动上体立身位移。右腿的脚腿之力，逐渐地移向左腿形成左弓步。左掌落于右腹前时，掌心向内，掌指向右，意贯左臂下侧，是下截劲。然后翻转掌心向下，意贯左臂外侧，向前经左膝前弧形搂过于左膝外侧时是横劲，虎口向前，掌指侧向前，加强了左掌的掤、按劲力。同时右臂随身体的转动边内旋边向前下弧形栽打，此时，要松肩沉肘，顺腕栽打，拳面朝前下方。尤其强调的是，左右脚的横向距离要与肩同宽。定势时，双脚应做到“一条中心线”，是指身体的中线；“左右两侧分”，是讲双脚要在身体中线的两侧，如把前脚直接收回，双脚间距离应与肩同宽为宜。身形的中正安舒，松肩拔背，双臂保持弧形、撑圆，是意贯双臂、力达双掌的必然条件。要体会拳谚所云：“其跟在脚，发于腿，主宰于腰，形于手指，由脚而腿、而腰，总须完整一气。”

图 184

第44式 翻身撇身捶

动作1：接上势，左脚尖内扣135度，身体向右转，重心于左腿；随体转，右臂内旋，右拳收至腹前，拳眼向内；同时左掌向上划弧至额前上方，掌心向外，掌指向右；眼随体转向前平视（图185）。

动作要领：（1）腰髋的转动带动双掌与扣脚的动作协调进行。（2）尾闾中正，双臂撑圆，松肩坠肘，松腰沉胯，双臂撑圆。

易犯错误：（1）上体俯仰，左右歪髋。（2）耸肩、抬肘，双臂僵直。

动作方向：此动作身体向北方。

技击含义：此势动作时，传统杨式太极拳的动作特点之一是，身体重心要坐于左腿，左脚内扣要达到135度的幅度。重心稳固，身体才能右转，此势动作极其重要的一点是，右膝关节与右脚的方向一致，是身体转动的基础。同时也是动作姿势保持平稳，重心不起伏，沉肩肘、松腰髋，立身中正的保证。动作意识要注重身体重心下沉，沉稳中寓有轻灵之感。意贯右臂，要有沉劲，左掌意贯虎口，要有撑带的感觉。左右掌的动作相辅相成。动作才能饱满圆活。要达到拳谚所云："身为心之用，劲力为身之用。心、身有一定之主宰者，理也。"

动作2：身体先微向左转，然后再继续向右转，重心于左腿，右脚提起向前迈出，脚跟先着地；左掌向左下划弧于左髋侧，掌心向下，掌指向前；右拳随腰转向前翻打，拳心向上，拳与胸平；眼随体转向前平视（图186）。

动作要领：（1）双手动作与右脚迈出的动作要上下相随，协调一致。（2）双臂撑圆，动作饱满、圆活。（3）立身中正，含胸拔背，腰髋松沉。

易犯错误：（1）重心起伏，动作不协调、脱节。（2）俯身突臀，左右歪髋，双臂僵直，

图185

图185正面

图186

动作方向：此势动作身体向东方。

动作 3：身体微微向右转，重心前移，右脚全脚掌踏实，右腿屈膝慢慢向前弓出，成右弓步；左掌上提由腹前经右臂上横掌推出，腕与肩平，掌心向下，掌指向右；右掌收于右腰间，拳心向上；眼向前平视（图 187）。

动作要领：（1）身体转动幅度很小，横掌、收拳与弓步动作要协调一致。（2）顶头悬，身中正，双臂保持弧形动，动作要饱满撑圆。

易犯错误：（1）转体幅度过大，身体产生向右倾倒。（2）身体前俯突臀，右臂紧夹身体。

动作方向：此动作身体向东方。

动作 4：身体微向左转，重心于右腿，成右弓步；同时，右拳从右腰侧向前打出，拳心向上，拳面向前，腕与胸平；左臂屈肘回收，从右臂上收于右肘上方，掌心向下，掌指向右；眼向前平视（图 188）。

动作要领：（1）主宰于腰，以腰髋的转动带动双臂的运转。（2）立身中正，松腰胯、垂肘、松肩动作轻灵、沉稳。（3）双臂保持弧形。

易犯错误：（1）动作左右不相随，不协调。（2）动作姿势起伏，左右歪髋，双臂挺直。

动作方向：此动作身体向西方。

图 187

图 188

第45式 进步搬拦捶

动作1：接上势，身体向左转，重心于左腿，右脚提起向前迈出，脚跟先着地；随身体转动左臂外旋，左掌转动掌心向上、向左后而上划弧至左肩外，掌心向外，掌指向上，腕与肩平；右臂内旋，右拳向左下划弧至腹前，拳心向下，拳眼向内；眼视左掌方向（图189）。

动作要领：（1）双臂动作应与迈步协调完成。（2）重心左移，动作姿势不可起伏，要平稳过度。

易犯错误：（1）动作不协调，身体前俯突臀。（2）耸肩，双臂挺直。

动作方向：此动作身体向东南方向。

动作2：身体向右转，重心前移，右脚全脚掌踏实，右腿屈膝慢慢向前弓出，成右弓步；随腰转；右拳向前翻打，拳心向上，拳面向前，拳与胸平；左掌同时经面前向前横掌下压于右拳前，掌心向下，掌指向右，腕与肩平；眼向前平视（图190）。

动作要领：（1）要双掌的动作与弓步要同时协调完成。（2）身体正直，双肩松沉，双臂撑圆。（3）左掌、右拳之间以一拳距离为宜。

易犯错误：（1）右拳翻打、左掌盖压与弓步动作不协调。（2）身体前俯，耸肩，扬肘。

动作方向：此动作身体向西方向。

图189

图190

动作3：身体向右转，右脚尖外展45度，重心于右腿，左脚提起向前迈出，脚跟先着地；右拳收于右腰间，拳心向上；左掌立掌向前、向左划弧拦出，掌心侧向前，掌指向上，腕与肩平；眼向前平视（图191）。

动作要领：（1）双臂不可挺直，立身中正，松腰沉胯。（2）迈步、拦掌、收拳动作协调完成。

易犯错误：（1）右臂紧夹身体，动作不协调。（2）突臀，左右歪髋。

动作方向：此动作身体向东南方向。

动作4：身体向左转，重心前移，左脚全脚掌踏实，左腿屈膝慢慢向前弓出，成左弓步；右臂内旋，右拳自腰间向前打出，拳眼向上，与胸平；左掌弧形收至右前臂内侧，掌心侧向右，掌指斜向上；眼向前平视（图192）。

动作要领：（1）立身中正，两臂微屈，沉肩垂肘，双臂撑圆。（2）弓步形成、左掌收回、右拳打出动作协调，速度均匀。（3）右拳、左掌之间以一拳为宜。

易犯错误：（1）上体前俯、突臀，耸肩、右臂僵直。（2）动作不协调，上下不相随。

动作方向：此动作身体向东方向。

图191

图192

第46式 右蹬脚

动作1：接上势，身体向左转45度，左脚外展45度，重心于左腿；随体转，右脚跟提起；同时左臂屈臂上举，左掌转动掌心侧向上，腕与胸平，掌指向右，落于腹前；右拳变掌向左划弧与左手腕交叉，右掌在外，掌心侧向上，双掌指斜向左、右；眼随体转向前平视（图193）。

动作要领：（1）身体左转带动双掌动作同时进行。（2）转体幅度一不超过左侧前45度为宜适中。（3）立身中正，松肩坠肘，双臂撑圆。

易犯错误：（1）转体幅度过大，身体向左倾倒。（2）耸肩扬肘，双臂动作僵硬。

动作方向：此动作身体向东北方。

技击含义：此动作身体向左转时，首先要注意的一点是保持身体的中正，虚领顶劲，身体沿纵轴旋转。以腰髋的转动，带动左臂向上提举，意贯左臂外侧及上侧含有提带之劲。右掌划弧相合，意贯左臂是横掤之意，双掌的动作同时协调进行。松肩垂肘，双臂撑圆。要达到拳谚所云："一动无有不动，一静无有不静。"

动作2：重心于左腿，左腿独立支撑，右腿屈膝提起，脚尖自然下垂，成左独立步；同时，双臂合抱上举，腕与肩平，双掌心向内，掌指斜向左、右；眼向前平视（图194）。

动作要领：（1）虚领顶劲，左腿重心要稳固，避免身体摇晃。（2）松肩垂肘，双臂呈弧形。

易犯错误：（1）身体前俯，重心前倾。（2）耸肩、吊肘，重心不稳。

动作方向：此动作身体向东北方向。

图193

图194

技击含义：此势动作时，首先要虚领顶劲，立腰提髋，身体沿纵轴向上提拔。同时右腿屈膝提起，右膝方向为右侧前方。双臂上举松肩垂肘，双臂撑圆。意贯双臂外侧，是双掤劲，同时含有向上的架托之力。气沉丹田，呼吸自然。要体会拳谚所云："每著之中，五官百骸顺其自然之势。而阴阳五形之气运乎其中，所谓动则生阳，静则生阴，一动一静，互为其根。"

动作3：身体向右转，重心于左腿；左腿支撑，成左独立步；右脚向右侧前方慢慢蹬出，脚尖回勾，力在脚跟；同时双掌掌心向内，双臂内旋，向左右划弧平撑，腕与肩平，掌心侧向外，掌指向上；眼视右手方向（图195）。

动作要领：（1）蹬脚时，双掌同时向左右弧形平撑，上体保持自然正直。（2）平撑双臂时，肘部微屈，腕与肩平，右臂、右腿上下相对。（3）此动作与上动作应协调连贯，蹬出脚跟与腰平。

易犯错误：（1）动作不协调，平撑双掌时，双臂直推、动作僵硬。

动作方向：动作身体向东南方。

技击含义：此动作要注重虚领顶劲，立腰提髋，身体不仅要有沿纵轴向上提拔的意识。同时还要做到气沉丹田，双肩松沉，双肘自然下垂的沉稳的感觉。双臂撑圆，意贯双臂外侧是撑劲。但双臂不可在同一直线，易产生挺胸背肩的现象，同时也极易造成重心后仰的毛病。所以双臂，肩背要成一弓形，具有撑力和弹性。右脚蹬出，右脚尖回勾，力达脚跟。右臂与右腿上下相对，正如拳谚所云："柔中寓刚，人所难防。运用在心，不矜不张。中有所主，无人猖狂。随机应变，终不惊慌！"

图195

第 47 式 左打虎势

动作 1：重心于左腿，左腿独立支撑，右腿屈膝提起，脚尖自然下垂，成左独立步；同时双臂平举于体两侧，腕与肩平，掌心侧向外，掌指向上；眼视右手方向（图 196）。

动作要领：（1）虚领顶劲，左腿重心要稳固，避免身体摇晃。（2）松肩垂肘，双臂呈弧形。

易犯错误：（1）身体前俯，重心前倾。（2）耸肩、吊肘，重心不稳。

动作方向：此动作身体向东北方向。

技击含义：此势动作时，首先要虚领顶劲，立腰提髋，身体沿纵轴向上提拔。同时右腿屈膝提起，右膝方向为右侧前方。双臂上举，松肩垂肘，意贯双臂外侧，是双掤劲，同时含有向上的架托之力。气沉丹田，呼吸自然。要体会拳谚所云："每著之中，五官百骸顺其自然之势。"

动作 2：身体向左转，重心于左腿，左腿屈蹲，右脚落于左脚内侧，脚跟先着地，随即右脚尖内扣，重心移至右腿；左掌经面前向右划弧握拳至右肩前，拳心向下，拳与肩平；同时右掌握拳保持上势不动；眼随体转视右掌方向（图 197）。

动作要领：（1）右脚跟落地与肩同宽，右脚尖内扣与左掌划弧动作要以转腰带动手、脚动作协调完成。（2）立身中正，屈肘、松肩，双臂呈弧形。

易犯错误：（1）右膝过早下落，造成重心不稳，身体俯仰、倾斜。（2）右脚内扣与左掌动作脱节，右脚尖内扣度数小，影响下一动作完成。

动作方向：此动作身体向东北方向。

技击含义：此动作时，右脚的落点很重要。右脚跟先着地时，双脚之间的距

图 196

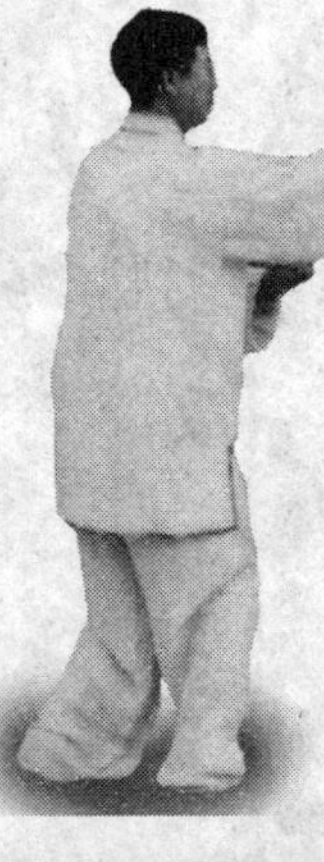

图 197

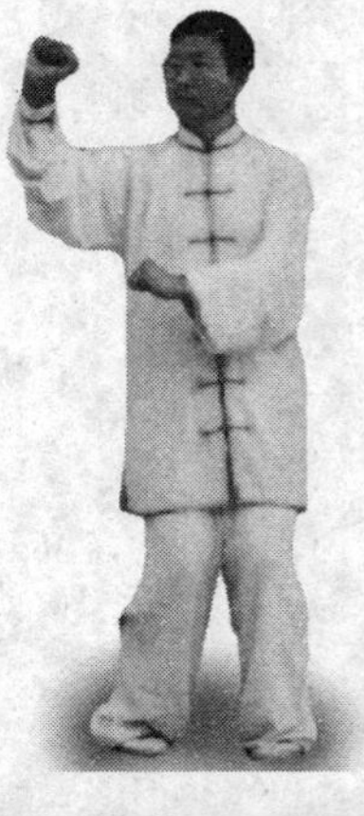

图 197 正面

离应以一脚宽为宜，随之右脚尖的内扣动作才能自如灵活。双脚之间的距离小，一则影响右脚内扣动作的完成，二则身体重心不宜把握，极易产生倾倒现象。双脚之间的距离太大，身体重心偏斜，动作的继续完成受到极大影响。身体重心的左右移动时，要平稳，不可起伏。右掌握拳与左掌握拳的动作要同时完成。身体转动的幅度不可太大。身体中正，松腰沉髋、双肩松沉，双臂撑圆。要如拳谚所云："太极者圆也，无论内外、上下、左右，不离此圆也。"

动作 3： 身体向左转，重心于右腿，左腿提起向左前方迈出，脚跟先着地；左拳随身体转动向下、向左划弧平举于身体左侧，拳心向下，拳眼向前；右拳平举于身体右侧，拳心向下，拳眼向前，双拳与肩平；眼随体转向前平视（图198）。

动作要领：（1）左脚迈出时，左膝关节不可挺直。（2）身体中正，沉肩垂肘，双臂自然撑圆。

易犯错误：（1）双拳过于后背，挺胸，向后凸臀。（2）身体前俯，双臂僵直。

动作方向： 此动作身体向西北方。

技击含义： 此动作时，腰髋的左转，带动双拳动作同时进行。尤其是左拳向左下的划弧，要由左膝前经过，再平举。要意贯左臂外侧，是挂带劲。右拳随身体转动而动。双拳左右相互呼应，拳心向下，拳眼侧向前。尾闾中正，松腰沉髋，肩肘松沉，含胸拔背，双臂撑圆。拳谚所云："太极之武事，外操柔软，内含坚刚。而求柔软之于外，久而久之，自得哪之坚刚。"

动作 4： 重心前移，左脚全脚掌踏实，左腿屈膝慢慢向前弓出，成左弓步；同时，左拳向上划弧至额前上方，拳心向外，拳眼向下；右臂屈肘，右拳向下划弧于腹前，拳心向下，拳眼向内；眼向前平视（图 199）。

动作要领：（1）弓步、双拳运动动作应协调一致。（2）身体中正，沉肩坠

图 198

图 199

图 199 正面

肘，双臂要撑圆，劲力要饱满。

易犯错误：(1) 上体前俯，双臂挺直，动作不饱满。(2) 动作不协调，上下不相随。

动作方向：此动作身体向西北方。

技击含义：此动作时，身体重心的左移，左弓步的形成与双拳的圈打要同时协调完成，不可先弓步再圈打或先圈打再弓步。立身要中正，双肩要松沉，双肘要下坠，含胸舒背，双臂要撑圆。以右脚的弓蹬之力，达于腿、于腰、于双拳，意贯双拳拳面。正如拳谚所云："举动轻灵神内敛，莫教断续一气研。左右宜有虚实处，意上寓下后天还。"

第 48 式　右打虎势

动作 1：接上势，身体向右转，左脚尖内扣 135 度，重心于左腿；随身体转动，双拳保持上势动作外形不变，眼随体转向前平视（图 200)。

动作要领：(1) 左脚尖内扣幅度应以 135 度左右为宜。(2) 身体中正，含胸拔背，双臂自然撑圆。

易犯错误：(1) 扣脚转体，产生挺胸，向后凸臀现象。(2) 身体前俯，左右歪髋，双臂僵直。

动作方向：此动作身体向东北方向。

技击含义：此动作时，左脚的内扣，身体的右转要同时进行。特别要强调的是在传统杨式太极拳套路练习时，动作与动作之间的衔接，无论是向内的扣脚还是向外的展脚，都称之为"碾脚"。其含义就是脚掌与地面的夹角相当小，在不影响动作轻灵、自如、通顺的前提下，进行转动。所以，主力腿随体转的内、外转动，身体的重心都是以主力腿为主，也就是讲重心基本在主力腿。扣脚时，立

图 200

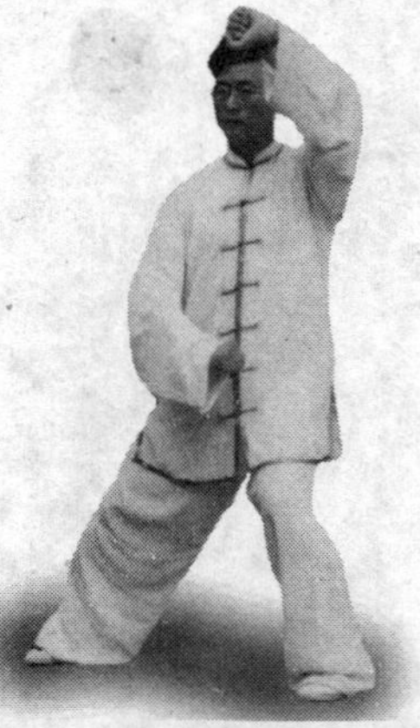

图 200 正面

身中正，腰髋的转动带动双拳的运转。要注意虚领顶劲，头部与左脚跟的纵轴的上下关系；腰髋的松沉，使得髋关节的转动灵活，左脚的内扣就自如了。双拳的随体转动，含有向右的引带之意。要如拳谚所云：“前后左右，上下四傍，转接灵敏，缓急相将。”

动作2：身体继续向右转，重心于左腿；右腿提起向右前迈出，脚跟先着地；随身体转动右拳向下、向右划弧平举于身体右侧，拳心向下；左拳平举于身体左侧，拳心向下，双拳眼朝前；眼向前平视（图201）。

动作要领：（1）右脚迈出时，右膝微屈，双臂自然撑圆。（2）保持身体中正，防止耸肩抬肘，双拳与肩同高。

易犯错误：（1）双拳过于后背，产生挺胸，向后凸臀现象。（2）身体前俯，左右歪髋、耸肩，双臂僵直。

动作方向：此动作身体向东南方向。

动作3：重心前移，右脚全脚掌踏实，左腿屈膝慢慢向前弓出，成右弓步；同时右拳向上划弧至额前上方，拳心向外，拳眼向下；左臂屈肘，左拳向下划弧于腹前，拳心向下，拳眼向内；眼向前平视（图202）。

动作要领：（1）双臂动作要撑圆，劲力要饱满，要沉肩坠肘。（2）弓步、双拳运动动作应协调一致。

易犯错误：（1）双臂挺直，动作不饱满。（2）整体动作不协调，上体前俯。

动作方向：此动作身体向东南方向。

图201

图202

图202正面

第49式　右蹬脚

动作1：接上势，身体向左转，重心移于左腿，成左坐步；随体转，左臂外旋，左拳转动拳心向内，拳眼向上，于腹前；同时右拳自头前上方向左下划弧与左手腕交叉，拳心侧向上，右拳在外；眼随体转动向前平视（图203）。

动作要领：（1）重心左移时，髋关节在水平位置移动，身体不可起伏。（2）立身中正，松肩坠肘，沉腰髋，双臂撑圆。

易犯错误：（1）重心起伏，俯身突臀，耸肩。（2）动作不协调脱节，双臂紧夹身体。

动作方向：此动作身体向东方。

技击含义：此势动作时，身体向左转的幅度不是很大，身体重心的移动要平稳，髋关节在水平位置平移带动身体的位移。右脚要具有向后的蹬劲，左腿具有撑劲。双拳的动作与身体重心的平移同时协调进行。意贯左臂外侧含有引带劲。右拳动作时意贯右臂下侧，含有向下、向后的挂劲。立身中正，松腰沉髋、肩肘松沉，双臂撑圆。要体现拳谚所云："往复须有折叠，进退须有转换。"

动作2：身体微向左转，重心于左腿，左腿独立支撑，右腿屈膝提起，脚尖自然下垂，成左独立步；同时双拳变掌，合抱上举，腕与肩平，双掌心向内，掌指斜向左右两侧；眼向前平视（图204）。

动作要领：（1）双掌上举，右腿提起，与左独立动作同时完成。（2）虚领顶劲，立腰松肩，以保持重心稳固。

易犯错误：（1）动作不协调身体向一侧倾倒。（2）耸肩扬肘，双臂紧夹身体。

动作方向：此动作身体向东北方。

图203

图203正面

图204

技击含义： 左支撑腿动作时，首先要虚领顶劲，身体上拔，保持立身中正。右腿屈膝提起，膝关节的方向是向身体右侧，上下动作要相随，肩髋相对。双臂合抱上举，意贯双臂上侧与外侧，具有向上的架掤和向外的平掤之意。双肩松沉，含胸舒背，双臂撑圆。要体会拳谚所云："心要正，目要清，身手齐到始为真。手到身不到，击敌不得妙；手到身亦到，破敌如摧草。"

动作 3： 身体向右转，重心于左腿；左腿支撑，右脚向右前方慢慢蹬出，脚尖回勾，力在脚跟；同时双臂内旋，向左、右划弧平撑，腕与肩平，掌心侧向外，掌指向上；眼视右手方向（图 205）。

动作要领：（1）蹬脚时，双掌同时向左右弧形平撑，上体保持自然正直。（2）平撑双臂时，肘部微屈，腕与肩平，右臂、右腿上下相对。（3）此动作与上动作应协调连贯，蹬出脚跟与腰平。

易犯错误：（1）分手、蹬脚动作不协调，身体重心不稳定。（2）平撑双掌时，双臂直推、动作僵硬。（3）右脚与双臂呈十字型。

动作方向： 此动作身体向东南方。

技击含义： 此动作要注重虚领顶劲，立腰提髋，身体不仅要有沿纵轴向上提拔的意识，同时还要做到气沉丹田，双肩松沉，双肘自然下垂，有沉稳的感觉。双臂撑圆，意贯双臂外侧是撑劲。但双臂不可在同一直线，否则极易产生挺胸背肩的现象，同时也极易造成重心后仰的毛病。所以双臂，肩背要成一弓形，具有撑力和弹性。右脚蹬出，右脚尖回勾，力达脚跟。右臂与右腿上下相对，正如拳谚所云："柔中寓刚，人所难防。运用在心，不矜不张。中有所主，无人猖狂。随机应变，终不惊慌！"

图 205

第 50 式 双探掌

动作 1：接上势，重心于左腿，左腿独立支撑，右腿屈膝提收，脚尖自然下垂，成左独立步；同时双臂向左、右划平撑，腕与肩平，掌心侧向外，掌指向上；眼视右手方向（图 206）。

动作要领：（1）保持立身中正，双臂撑圆。（2）立腰竖顶，左膝上提与腰平。

易犯错误：（1）重心不稳，身体俯仰、倾斜。（2）耸肩，双臂挺直。

动作方向：此动作身体向东南方。

技击含义：此动作左腿独立支撑时，身体向上拔起要做到虚领顶劲，尾闾中正，达到身体正直不偏不倚的目的。松肩垂肘，含胸舒背，保证了双臂平举外撑的动作外形。双臂平举时，意贯双臂外侧是“掤劲”。此势动作虽简单，但要体会拳谚所云：“一动无有不动，一静无有不静。立身须中正不偏，方能支撑八面”。

动作 2：身体向右转，重心于左腿；左腿支撑屈蹲，右脚向右斜前方迈步，脚跟先着地；随体转，双掌向左、右分开划弧于腰两侧，掌心向上，掌指向前下方；眼随体转向前平视（图 207）。

动作要领：（1）左腿先屈蹲，重心稳固后右脚再迈出。（2）立身中正，松腰沉髋，松肩坠肘，双臂撑圆。

易犯错误：（1）重心不稳，产生“抢步”现象。（2）俯身突臀，左右歪髋，双臂紧夹身体。

动作方向：此动作身体向东南方。

技击含义：身体向右转，左支撑腿首先要屈膝下坐，重心下沉，稳固重心

图 206 图 207 图 207 正面

后，右脚再向前迈出，随腰髋的转动，带动双掌同时向身体两侧平展划弧，双臂外旋，转动掌心向上收于腰际，意贯双臂为抄裹劲。此时，要立身中正，松肩垂肘，腰髋松沉。双肘的方向为左、右后侧45度，双腋不可紧夹身体，双臂撑圆，动作要饱满。双掌的动作与右脚的迈出协调一致。如拳谚所云："手足相随腰腿整，引进落空妙入神。"

动作3：重心前移，右脚全脚掌踏实，右腿屈膝慢慢向前弓出，成右弓步；同时双掌自腰侧向体前穿伸，掌心向上，掌指向前，掌指与鼻平；眼向前平视（图208）。

动作要领：（1）双掌前探，双肘微屈，掌指并拢，虎口撑圆。（2）身体正直，松腰沉髋，松肩垂肘。

易犯错误：（1）耸肩、挺肘，双臂僵直。（2）上体前俯、突臀。

动作方向：此动作身体向东南方向。

技击含义：此势动作身体重心右移，松腰沉髋，左腿脚之力缓慢送到右脚，髋关节的水平位置移动，带动身体位移。同时双掌自腰侧向前穿伸，意贯双掌指，是钻劲。钻劲就是入劲，此动就是用掌指进击对方，如钻之入木，旋转而入。动作时要立身中正，双肩松沉，舒背拔腰，气沉丹田，双臂自然呈弧形。体会拳谚所云："宜轻则轻，斟酌无偏；宜重则重，如虎下山。用力日久，豁然贯通；日新不已，自臻神圣。"

图208

第51式 双峰贯耳

动作1：接上势，重心移于左腿，成左坐步，同时，双掌向下落至髋侧，掌心向上，眼向前平视（图209）。

动作要领：（1）重心左移成左坐步与双掌向下动作同时进行。（2）上体保持中正，双臂成弧形，沉肩垂肘。（3）双肘虚腋，不可紧夹身体。

易犯错误：（1）动作不协调、脱节，上下不相随。（2）身体前俯，突臀耸肩。（3）双臂紧夹身体，双臂僵直。

动作方向：此动作身体向东南方。

技击含义：此动作身体重心左移的同时，髋关节的水平移动带动上体的位移，立身中正，松肩，双掌同时弧形下落于髋关节两侧，双掌下落时，意贯双臂下侧，含有向下的沉劲，向后的引带之力。双腋不可紧夹身体，双肘的方向为左、右侧后45度为宜，双臂保持圆形。虚领顶劲，腰髋松沉，左膝关节与左脚尖的方向要一致，右腿不可蹬直，是左七右三的身体重心的合理分配。要体会拳谚所云："推圈容易进圈难，不离腰顶后与前。所难中土不离位，退易进难仔细研。"

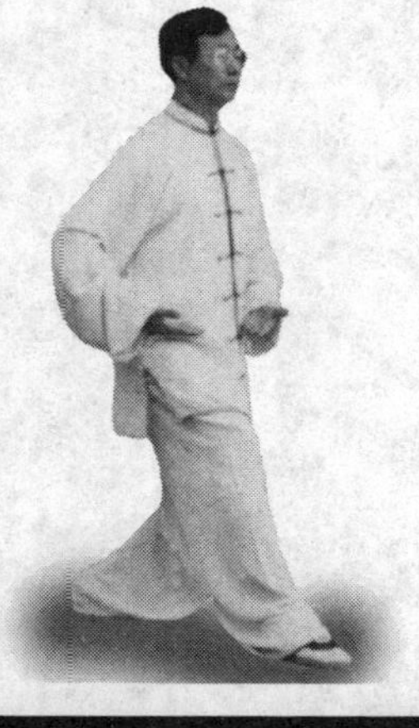

图209

图209正面

动作 2：重心前移，右腿屈膝慢慢向前弓出，成右弓步；双掌握拳，分别从身体两侧自后向上、向前弧形圈打，拳与头平，拳心向外，双拳眼斜向下；眼向前平视（图 210）。

动作要领：（1）重心前移，动作姿势不可起伏。（2）立身中正，松腰胯、垂肘、松肩，双臂撑圆。

易犯错误：（1）动作姿势起伏，重心不稳定。（2）身体前俯，左右歪髋，双臂挺直。

动作方向：此动作身体向东南方。

技击含义：此势动作时，重心要稳固，立身中正，随身体重心的移动带动双拳的运转，双拳向前的圈打意贯双臂内侧及拳眼，是顺步贯拳。也叫蟹形拳。动作时要注重身体重心下沉，身体姿势要保持平稳，不可起伏；沉肩、松腰髋，沉稳中寓有轻灵之感。双拳贯打，含胸舒背，肩肘松沉，气沉丹田，双臂动作才能饱满圆活。双拳的距离与本人头宽等，动作意识要达到拳谚所云："而要非勉强以致之袭焉！而为之也，当时而动，如龙如虎，出乎而急如电闪；当时而静，寂然湛，然居其所而稳如山岳。"

图 210

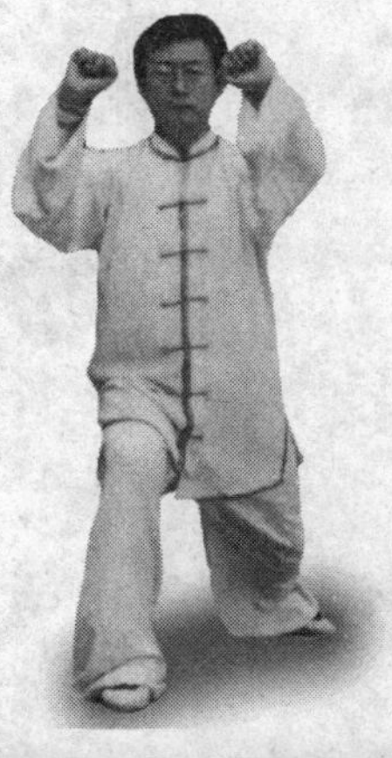

图 210 正面

第52式 左蹬脚

动作1：接上势，身体向右转，重心于右腿，右脚尖外展45度；随体转，双拳自头前向两侧弧形落于腹前，拳心向上，拳与腹平；眼随体转向前平视（图211）。

动作要领：（1）双拳随体转动，弧形向下圈打，双臂撑圆。（2）立身中正，双腋虚撑，沉肩坠肘。

易犯错误：（1）身体前俯，耸肩。（2）双腋紧夹身体，双臂僵直。

动作方向：此动作身体向南方。

技击含义：目前练习时，都忽略了此动作。当年我祖父学拳时，澄甫宗师在讲到技击含义时强调"上有贯耳，下有双捶"。双捶所指就是此动作。此动作是用双拳击打对方的软肋。

身体向右转，右脚以脚跟为轴向外展脚，是碾脚的含义。身体的转动带动双拳向身体两侧弧形下落圈打，意贯拳轮。此时要松肩，虚腋，双臂撑圆。双腋不可紧夹身体，动作外形要饱满。身体不可前俯，否则重心前倾，极易被他人牵动。要如拳谚所云："手脚齐进横竖找，掌中乱环落不空。欲知环中法何在？发落点对即成功。"

动作2：身体微向右转，重心于右腿；右腿独立支撑，左腿屈膝提起，脚尖自然下垂；同时，双拳变掌相合，左掌在外，双掌上提至体前，掌心向内，腕与肩平；眼向前平视（图212）。

动作要领：（1）转体幅度适中，左膝上提与双掌上提动作应同时完成。（2）立身中正，松肩垂肘，双臂撑圆。（3）左膝方向为左侧前方。

易犯错误：（1）转体幅度大，身体向右倾倒。（2）耸肩、扬肘，双臂僵直。

图211

图211正面

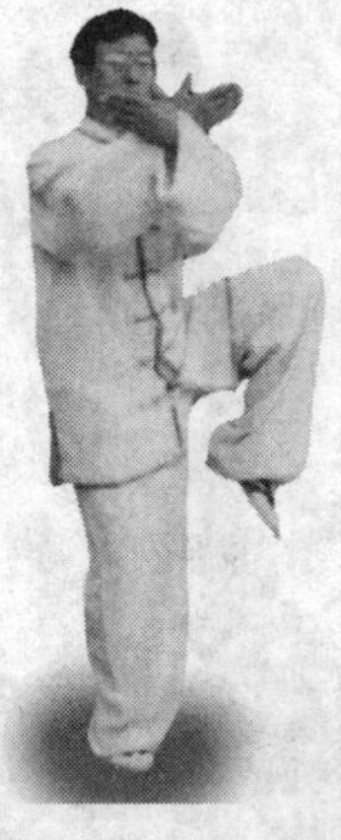

图212

动作方向： 此动作身体向南方向。

技击含义： 此动作时，双掌于腹前相合，左掌在外，右掌于内，随右腿的独立支撑，双掌合抱上举于体前。此时，要注重虚领顶劲，立腰提髋，身体要有沿纵轴向上提拔的意识。双肩松沉，双肘自然下垂，气沉丹田，左膝提收，脚尖自然下垂。意贯双臂，具有提、掤的含义。要体会拳谚所云："每著之中，五官百骸顺其自然之势。"

动作 3： 身体向左转，重心于右腿；右腿支撑，成独立步；左脚向左侧前方慢慢蹬出，脚尖回勾，力在脚跟；同时双拳变掌向左右划弧平撑，腕与肩平，掌心侧向外，掌指向上；眼视左手方向（图 213）。

动作要领：（1）蹬脚时，双掌同时向左右弧形平撑，上体保持自然正直。(2) 平撑双臂时，肘部微屈，腕与肩平，左臂、左腿上下相对。(3) 此动作与上动作应协调连贯，蹬出脚跟与腰平。

易犯错误：（1）平撑双掌时，双臂直推、动作僵硬。(2) 左腿与双臂呈十字型。

动作方向： 此动作身体向东方。

第 53 式　转身右蹬脚

动作 1： 接上势，重心于右腿，左腿屈膝提收，脚尖自然下垂；同时，双掌向左右平撑，腕与肩平，掌心侧向外，掌指向上；眼视左手方向（图 214）。

动作要领：（1）重心在右腿；双掌保持左右平撑，以保持身体平衡。(2) 立身中正，松肩垂肘，双臂撑圆。

易犯错误：（1）身体俯仰、倾斜。(2) 左臂与左腿上下不相对。

动作方向： 此动作身体向东方。

图 213

图 214

动作 2：身体向右后转，重心于右腿，左腿屈膝平举，脚尖自然下垂，以右脚跟为轴，向右后转体约 225 度；右膝微屈，以左脚脚跟在体左侧落地；随体转，双掌向左右平撑，腕与肩平，掌心侧向外，掌指向上；眼视左手方向（图 215）。

动作要领：（1）右后转体，左膝提膝平举，重心在右支撑腿；双掌随转体动作，保持左右平撑，以保持身体平衡。（2）立身中正，松肩坠肘，双臂保持弧形。

易犯错误：（1）左膝过早下落，造成重心不稳，身体俯仰、倾斜。（2）耸肩扬肘，双臂僵直。

动作方向：此动作身体西北方。

技击含义：此动作身体向右后的转动时，要以右脚跟为轴，身体沿纵轴而动。转动时，要虚领顶劲，沉肩垂肘，双臂平撑，以保持身体的平衡。左膝左臂上下相随，双臂以右带、左引之势，辅助配合腰髋的动转。左脚的落点以蹬脚的方向（正东）为起点，向右后转体约 225 度，即为右后（西北）45 度方向为主。当明确了身体转动的方向，掌握了转体的动作要领，转体动作才能轻灵自如。左脚的落点正确与否，是影响动作延续的要素。所以转体动作要做到拳谚所云："每一势拳，往往数千言不能罄其妙，一经现身说法，其觉容易；所难者工夫，尤难者长久工夫！谚有曰'拳打万遍，神理自现。'信然！"

图 215

图 215 正面

动作 3： 身体继续向右转，左脚尖内扣 45 度，重心于左腿，左脚踏实，右脚跟提起，成右虚步；同时双臂弧形下落，双掌于腹前相合，右掌在外，双掌心侧向上；眼随体转向前平视（图 216）

动作要领：（1）立身中正，松腰沉髋，双臂撑圆。（2）左腿屈膝支撑，含胸拔背。

易犯错误：（1）身体前俯、突臀，双腋紧夹身体。（2）耸肩、扬肘，双膝挺直，重心起伏，双臂僵直。

动作方向： 此势动作身体向北方。

技击含义： 此动身体向右转，左脚内扣的同时，身体重心移于左腿，左膝微屈，身体重心下沉，右脚跟提起，右前脚掌拧转，身体重心的合理分配为左七、右三。随身体的转动，双臂弧形下落，双掌于腹前相合，身形要达到：尾闾中正，松腰沉髋，含胸拔背，双臂撑圆。如拳谚所云："意之所向，全神贯注。变化犹龙，人莫能测。"

动作 4： 重心于左腿；左腿独立支撑，成左独立步；右腿屈膝提起，脚尖自然下垂，双掌合抱上举，腕与肩平，右掌在外，双掌心向内，掌指斜向左右侧上方；眼向前平视（图 217）。

动作要领：（1）尾闾中正，双臂撑圆。（2）立腰竖顶，右膝上提与腰平。

易犯错误：（1）重心不稳，身体俯仰倾斜。（2）耸肩扬肘，双臂僵直。

动作方向： 此动作身体向北方向。

图 216

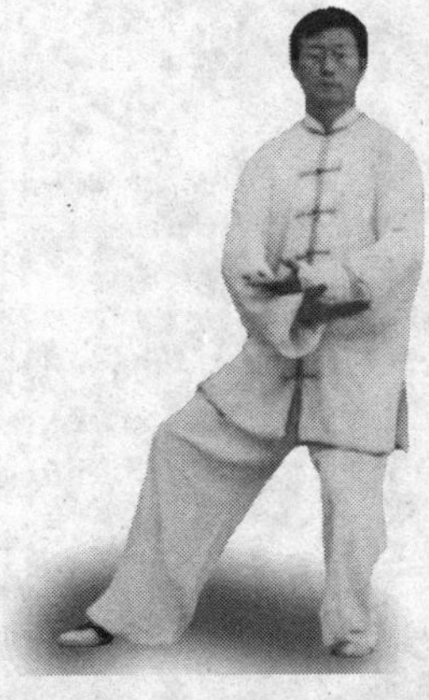
图 216 正面

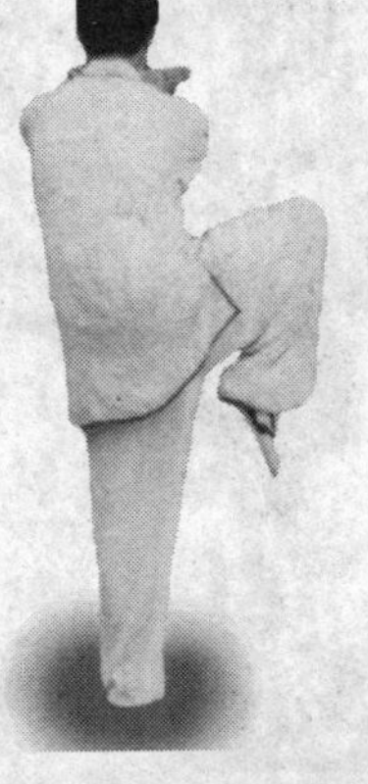
图 217

动作5：身体向右转，重心于左腿；左腿独立支撑，成左独立步，右脚向右侧前方慢慢蹬出，脚尖回勾，力在脚跟；同时双臂内旋，双掌向左、右划弧平撑，腕与肩平，掌心向外，掌指向上；眼视右手方向（图218）。

动作要领：（1）蹬脚时，双掌同时向左右弧形平撑，上体保持自然正直。（2）平撑双臂时，肘部微屈，腕与肩平，右臂、右腿上下相对。（3）此动作与上动作应协调连贯，蹬出脚跟与腰平。

易犯错误：(1)双掌平撑时，双臂直推，双臂僵直。(2)双臂与右脚呈十字型。

动作方向：此动作身体向东方向。

技击含义：此动作要注重虚领顶劲，立腰提髋，身体不仅要有沿纵轴向上提拔的意识。同时还要做到气沉丹田，双肩松沉，双肘自然下垂的沉稳的感觉。双臂撑圆，意贯双臂外侧是撑劲。但双臂极易产生挺胸背肩的现象，同时也极易造成重心后仰的毛病。所以双臂，肩背要成一弓形，具有撑力和弹性。右脚蹬出，右脚尖回勾，力达脚跟。右臂与右腿上下相对，正如拳谚所云："柔中寓刚，人所难防。运用在心，不矜不张。中有所主，无人猖狂。随机应变，终不惊慌！"

第54式　进步搬拦捶

动作1：接上势，重心于左腿，左腿独立支撑，右腿屈膝提收，脚尖自然下垂，成左独立步，双掌向左右平撑，腕与肩平，掌心向外，掌指向上；眼视右手方向（图219）。

动作要领：（1）立身中正，双臂撑圆。（2）立腰竖顶，右膝上提与腰平。

易犯错误：（1）重心不稳，身体俯仰，倾斜。（2）耸肩，双臂挺直。

动作方向：此动作身体向东北方。

技击含义：此动作左腿的独立支撑时，身体向上拔起要做到虚领顶劲，尾闾

图218

图219

中正，达到身体正直不偏不倚的目的。松肩垂肘，含胸舒背，保证了双臂平举外撑的动作外形。双臂平举时，意贯双臂外侧是“掤劲”。此势动作虽简单，但要体会拳谚所云:“一动无有不动，一静无有不静。立身须中正不偏，方能支撑八面。”

动作2：身体微向左转，重心于左腿，左腿屈蹲，右脚向右前迈出，脚跟先着地；随身体转动；左掌向上、向左上划弧至左肩外，掌心向外，掌指向上，腕与肩平；同时右掌变拳向下划弧至腹前，拳心向下，拳眼向内；眼视左掌方向（图220）。

动作要领：（1）身体转动的方向为左侧45度。（2）腰髋的转动带动右脚迈出双掌的动作同时协调进行。（3）立身中正，松腰髋，沉肩肘，双臂撑圆。

易犯错误：（1）身体转动幅度太大，产生身体向左后倾倒。（2）左腿未屈蹲，右脚迈出，产生“抢步“现象。（3）动作不协调，脱节。

动作方向：此动作身体向西北方。

技击含义：此势动作时，身体转动的方向及其幅度是极其重要的。腰髋的转动带动身体的转动，方向为左侧45度。随身体的转动，左支撑腿屈蹲的同时，右脚趁势向前迈出，由于身体是向左转体，右脚的迈步方向应偏右，要保持双脚之间的横向距离是本人的一横脚宽，即与肩宽，动作的重心才能稳定。左掌的动作随体转而动，身体重心沿纵轴方向下沉，腰髋松沉，虚领顶劲，立身中正，松肩垂肘，双臂撑圆，要达到拳谚所云：“故平素打拳全在一起、一转，所谓‘得势争来脉，出奇在转关’。本势手将起之时，必先使手如何承住上势，不令割断神气血脉。既承接之后，必思手如何得机、得势？”

动作3：身体向右转，重心前移，右脚全脚掌踏实，右腿屈膝慢慢向前弓出，成右弓步；随体转，右拳向前翻打，拳心向上，拳面向前，拳与胸平；左掌同时经面前向前横掌下压于右拳前，掌心向下，掌指向右，腕与肩平；眼向前平视（图221）。

图220

图220正面

图221

动作要领：（1）身体的转动带动双掌的动作与弓步要同时协调完成。（2）上体正直，双肩松沉，双臂撑圆。（3）左掌、右拳之间以一拳距离为宜。

易犯错误：（1）翻打、盖掌，与弓步的动作不协调。（2）身体前俯，耸肩、扬肘。

动作方向：此动作身体向东方向。

动作 4：身体向右转，右脚尖外展 45 度，重心于右腿，左脚提起向前迈出，脚跟先着地，随体转，右拳收于右腰间，拳心向上，左掌立掌向前、向左划弧拦出，掌心侧向前，掌指向上，腕与肩平；眼向前平视（图 222）。

动作要领：（1）立身中正，松腰沉髋，双臂不可挺直。（2）迈步、拦掌、收拳动作要协调完成。

易犯错误：（1）右臂紧夹身体，动作不协调。（2）突臀、左右歪髋，上体前俯。

动作方向：此动作身体向东南方向。

动作 5：身体向左转，重心前移，左脚全脚掌踏实，左腿屈膝慢慢向前弓出，成左弓步，随体转，右拳自腰间向前打出，拳眼向上与胸平；左掌弧形收至右前臂内侧，掌心侧向右下，掌指斜向上；眼视右拳方向（图 223）。

动作要领：（1）立身中正，两臂微屈，沉肩垂肘，双臂撑圆。（2）弓步的形成、左掌收回、右拳打出的动作要协调，速度要均匀。（3）右拳、左掌之间以一拳为宜。

易犯错误：（1）上体前俯、突臀、耸肩，右臂僵直。（2）动作不协调，上下不相随。

动作方向：此动作身体向东方向。

图 222

图 223

第 55 式 如封似闭

动作 1： 接上势，重心于左腿，左掌心转动向上，掌指向右，由右肘下向前穿出；眼向前平视（图 224、225）。

动作要领：（1）动作时身体重心要平稳，动作要轻灵，双肘要微屈。（2）立身中正，松肩垂肘。

易犯错误：（1）身体重心起伏，耸肩。（2）上体前俯，双臂僵直。

动作方向： 此动作身体向东方。

动作 2： 重心移于右腿，右腿屈膝，成右坐步；右拳变掌，双掌心相对，虎口向上，屈臂挑掌收于胸前，两掌心侧相对，掌指斜向上；眼向前平视（图 226）。

动作要领：（1）重心后移，左膝微屈，重心的移动与屈臂挑掌的动作同时协调完成。（2）两臂放松、双腋微虚，挑掌屈收动作呈弧形。

易犯错误：（1）双肘平展，仰身挺腹。（2）重心右移与挑掌动作脱节、不协调。

动作方向： 此动作身体向东方向。

图 224

图 225

图 226

动作3：重心前移，左腿屈膝慢慢向前弓出，成左弓步；双掌微向下、再向前上按出，掌心侧向前，掌指向上，腕与肩平；眼向前平视（图227）。

动作要领：（1）双掌前按应走弧线，双臂撑圆，双肘微屈。（2）上体正直，松腰沉胯，双掌前按要顺腕立掌，腕关节要柔顺。

易犯错误：（1）上体前俯、突臀，双臂僵直。（2）双掌前按动作幅度过大，耸肩平肘。

动作方向：此动作身体向东方。

第56式　十字手

动作1：接上势，身体向右转，左脚尖内扣90度，重心于左腿；随体转，双掌向上、向右划弧于面前，掌指向上，双掌心向外，腕与肩平；眼向前平视（图228）。

动作要领：（1）身体向右转时，身体重心不可起伏。（2）松腰沉髋，立身中正，两臂呈弧形，肩、肘放松。

易犯错误：（1）身体重心起伏，上体前俯突臀。（2）耸肩、扬肘，双臂僵直。

动作方向：此动作身体向南方向。

动作2：身体向右转，右脚尖外展45度，重心移于右腿；成右侧弓步，随体转，双掌微向上、向左右平分下落撑开，掌与髋平，掌心向外，掌指向两侧；眼视右掌方向（图229）。

动作要领：（1）松腰沉髋，身体重心下沉，双掌平撑分开，双臂保持弧形。（2）尾闾中正，沉肩垂肘。

易犯错误：（1）身体前俯、突臀，双臂僵直。（2）双掌平分撑开与右脚转动

图227

图228

图229

动作脱节、不协调。

动作方向：此动作身体向西南方。

动作 3：身体向左转，重心移至左腿，右脚尖内扣 45 度；随身体转动，双臂内旋，双掌向下划弧于腹前双腕交叉合抱，右掌在外，左掌在内，双掌心向内，掌指向左、右斜下方；眼视前下方（图 230）。

动作要领：（1）双掌合抱时要沉肩、松肘、虚腋。（2）身体重心左移、双掌合抱动作应同时协调完成。（3）松腰沉髋，尾闾中正，安舒。

易犯错误：（1）双掌合抱时耸肩、平肘，双臂紧夹身体。（2）身体重心起伏，上下动作不协调。（3）身体前俯，突臀。

动作方向：此动作身体向南方向。

动作 4：重心于左腿，右脚内收成开立步，双脚平行与肩同宽。然后双腿缓慢直立；双掌交叉合抱上举于面前，腕与肩平，左掌在内，右掌在外，双掌心向内，掌指向左、右，成斜十字形；眼向前平视（图 231、232）。

动作要领：（1）收脚成开立步、双掌合抱上举，动作要协调。（2）立身中正、安舒，沉肩垂肘，双臂撑圆。（3）双膝关节不可僵直。

易犯错误：（1）动作脱节不协调。（2）身体前俯，耸肩、扬肘。

动作方向：此动作身体向南方向。

图 230

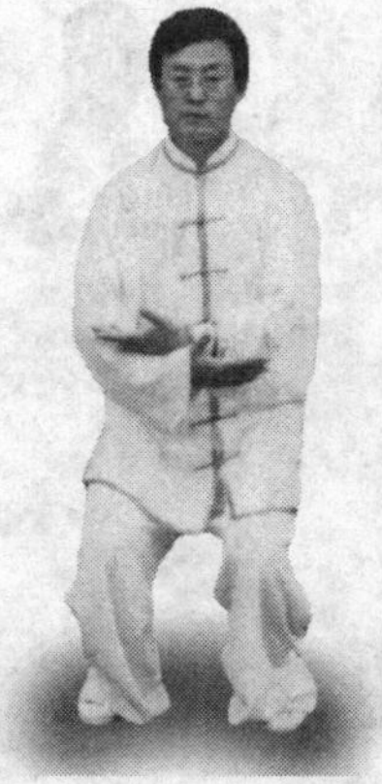

图 231

图 232

第 57 式　抱虎归山

动作 1：接上势，身体向右转，重心于左腿，左脚内扣 135 度，随体转，双掌合掤向右平移，眼向前平视（图 233）。

动作要领：（1）左脚内扣要与身体转动协调进行。（2）尾闾中正，上下动作要相随，身体重心微下沉。

易犯错误：（1）双臂僵直，上体前俯、突臀。（2）动作不协调，双腿僵直。

动作方向：此势动作身体向西南方。

动作 2：身体继续向右转，重心于左腿，随体转，右脚提起向右前方迈出，脚跟先着地；同时右掌微向上划弧经面前落于左肩侧前，掌心向内，掌指向左；同时左掌翻转掌心向上，向下、向左后上划弧于左肩外，掌心向外，掌指向上；眼视左手方向（图 234）。

动作要领：（1）双掌运转与迈出步动作协调一致。（2）双臂呈弧形，左掌向体左后侧划弧应在体左后侧 45 度为宜。（3）迈步时身体重心必须坐实，以保持身体平衡。（4）右脚迈出时，右膝关节微屈。

易犯错误：（1）双臂运转与迈步不协调。（2）凸臀，身斜，转体角度过大，出现动作重心偏斜现象。

动作方向：此动作身体向西南方向。

动作 3：身体向右转，重心前移，右脚全脚掌踏实，右腿屈膝慢慢向前弓出，成右弓步。随体转，右掌落于左腹前，掌心翻转向下，向前经右膝前搂过至右膝外侧，虎口向前，掌指侧向前；同时左臂屈肘，左掌经左耳旁立掌向前推出，掌心向前，掌指向上，腕与肩高；眼向前平视（图 235）。

动作要领：（1）弓步时身体重心要坐实，以保持身体平衡。（2）定势时，左

图 233　　图 234　　图 235

掌应基本对准身体中线。(3) 以腰转动为轴，双臂运转与右脚迈出必须协调一致，两肩平齐，要做到上下相随。

易犯错误：(1) 双臂僵直，上体前俯、突臀。(2) 左掌过高、前伸，左肩过于前送。(3) 双脚在同一直线，动作不协调。

动作方向：此势动作身体向西北方。

第 58 式　右揽雀尾（掤势）

动作 1：身体向右转，重心微前移，成右弓步。随体转，左掌向前展伸，左臂外旋，翻转掌心向上，掌指向前，腕与肩高；同时，右臂外旋，右掌翻转掌心向上，向右侧后划弧展开于右肩外，掌心向外，掌指向上，腕与肩平。眼随体转向前平视（图 236）。

动作要领：(1) 身体向右转要松腰沉髋，以保持身体平衡。右臂展开的方向应是右后 45 度为宜。(2) 以腰转动为轴，带动双臂运转必须协调一致，要做到上下相随。(3) 松肩垂肘，立身中正双臂撑圆。

易犯错误：(1) 双臂僵直，上体前俯、突臀。(2) 动作不协调，上下不相随。

动作方向：此势动作身体向北方。

动作 2：身体向左转，成右弓步。随体转，右臂屈肘，右掌经右耳侧向前立掌推出，掌心侧向前，掌指向上，与鼻平；同时，左臂屈肘回收于胸前，掌心侧向上，掌指对右肘，右臂外旋；眼视右掌方向（图 237）。

动作要领：(1) 身体向左转以腰转动为轴，带动双臂运转必须协调一致，要做到上下相随。(2) 松肩垂肘，立身中正，含胸拔背，双臂撑圆。

易犯错误：(1) 双臂僵直，上体前俯、突臀，双臂紧夹身体。(2) 动作不协

图 236

图 237

调，上下不相随。(3) 耸肩、扬肘，双膝挺直，重心起伏。

动作方向：此势动作身体向北方。

第58式 右揽雀尾（捋势）

动作1：身体向左转，重心移于左腿，成左坐步。双掌随身体转动向左后捋至腹前，双掌心侧相对，右掌心向左，掌指向前；左掌心侧向上，掌指向右；眼随体转向前平视（图238）。

动作要领：(1) 向后捋时，左肘应向左侧后45度方向撤肘。(2) 松肩、垂肘，立身中正，双臂撑圆，松腰沉髋。(3) 右肘与身体保持20厘米左右距离为宜。

易犯错误：(1) 双臂僵直，左右歪髋，身体后仰，双臂紧夹身体。(2) 动作不协调，上下不相随。(3) 耸肩、扬肘，双膝挺直，动作姿势起伏。

动作方向：此势动作身体向西南方。

第58式 右揽雀尾（挤势）

动作1：身体向右转，重心于左腿，成坐步；同时右臂外旋屈肘提于腹前，右掌心向内，掌指向左；左臂内旋上提附于右腕内侧，左掌心向前，掌指斜向上，掌指向右；眼随体转向前平视（图239）。

动作要领：(1) 腰的转动带动双手相合。(2) 立身中正，沉肩、坠肘，松腰沉髋。

易犯错误：(1) 身体前俯突臀、左右歪髋，双腋紧夹身体。(2) 耸肩、右膝挺直，动作姿势起伏。

图238

图239

动作方向：此势动作身体向西北方。

动作 2：重心前移，右腿屈膝慢慢向前弓出，成右弓步；同时双掌向前挤出，腕与肩平，右掌心向内，掌指向左；左掌心向外，掌指斜向上；眼向前平视（图 240）。

动作要领：（1）立身中正，沉肩、双肘应有下垂之意。（2）双臂撑圆，动作要饱满。

易犯错误：（1）体前俯，双臂僵直。（2）耸肩、左膝挺直，姿势起伏。

动作方向：此势动作身体向西北方。

第 58 式　右揽雀尾（按势）

动作 1：接上势，重心微向前移，成右弓步；同时双掌向前平展，左掌从右掌上向前分开，腕与肩平，双掌心相对，虎口向上，双掌指向前；眼向前平视（图 241）。

动作要领：（1）立身，沉肩、双肘下垂。（2）双掌前分要舒腕展指，双臂保持弧形。

易犯错误：（1）身体前俯、双臂僵直。（2）双臂过于上举，耸肩扬肘。

动作方向：此势动作身体向西北方。

动作 2：重心后移于左腿，成左坐步；同时，双臂屈肘挑掌收于胸前，两掌心侧相对，掌指斜向上；眼向前平视（图 242）。

动作要领：（1）重心后移与屈臂挑掌应同时协调完成。（2）两臂放松，双腋微虚，屈肘挑掌动作成弧形。

易犯错误：（1）双肘平展，俯身突臀。（2）重心后移与收掌动作脱节、不协调。

图 240

图 241

图 242

动作方向：此势动作身体向西北方。

动作 3：重心前移，右腿屈膝慢慢向前弓出，成右弓步；双掌微向下，再向前上按出，掌心向前，掌指向上与肩平；眼向前平视（图 243）。

动作要领：（1）双掌前按动作要走弧形，双臂撑圆，双肘微屈。（2）双掌前按，要顺腕立掌，腕部要柔顺。

易犯错误：（1）双臂僵直，上体前俯、突臀。（2）耸肩、前按动作时双掌过高。

动作方向：此势动作身体向西北方。

第 59 式　斜单鞭

动作 1：接上势，身体向左转，右脚尖内扣 135 度，重心移至左腿；双掌随腰转动微向上，经面前向左划弧至身体左前侧，掌心向外，掌指向上；眼视左掌方向（图 244）。

动作要领：（1）右脚尖内扣幅度应尽量大。（2）转体时动作姿势平稳，双臂撑圆，含有劲力上引之意，动作呈弧形。（3）双掌至左前以达到 45 度为宜，角度过大，重心易偏斜。

易犯错误：身体姿势起伏，双臂挺直。

动作方向：此动作身体向西南方向。

动作 2：身体向右转，重心移于右腿，左脚提起向左侧前迈出，脚跟先着地；随体转，左掌向下划弧至右腹前，掌心向上，掌指向右；右掌转动掌心向上，向内划弧经颌下握勾手向右前，勾尖向下，勾背略高于肩；眼视勾手方向（图 245）。

动作要领：（1）向右转体幅度要适中，不可超过右前 45 度。（2）勾手向右

图 243

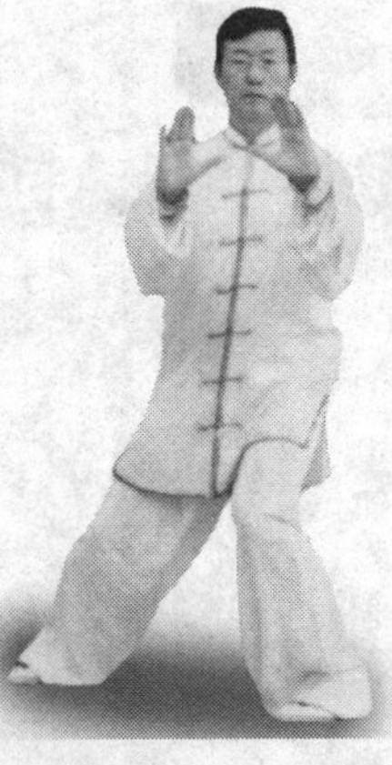
图 244

图 245

前伸出与左脚迈出、左掌下落动作要协调一致。(3) 立身中正、松肩坠肘，松腰沉髋。

易犯错误：(1) 左脚迈出时身体重心起伏，凸臀，双臂僵直。(2) 动作不协调、脱节，向右转体幅度大、重心向后倾倒。

动作方向：此动作身体向东南方。

动作 3：身体向左转，重心前移，左脚全脚掌踏实，左腿屈膝慢慢向前弓出，成左弓步；同时左掌向上经面前立掌向前推出，掌心向前，掌指向上；右勾手向右后方拉开，勾背略高于肩；眼向前平视（图 246）。

动作要领：(1) 向左转体，弓步与双手的动作要同时完成。(2) 立身中正，松腰沉髋，含胸拔背。(3) 松肩坠肘，双臂保持弧形。

易犯错误：(1) 向左转体时身体重心起伏，动作不协调，脱节。(2) 耸肩扬肘，双臂僵直。

动作方向：此势动作身体向东南方。

第 60 式　右野马分鬃

动作 1：接上势，身体向右转，左脚尖内扣 45 度，重心于左腿，右脚提起向侧前迈出，脚跟先着地；随体转，左掌向右划弧屈臂收于胸前，掌心向下，掌指向右；右勾手变掌向下、向左划弧于腹前，掌心转动向上，掌指向左；眼随体转向前平视（图 247）。

动作要领：(1) 向右转体带动双掌同时而动，右掌与左肘上下相对，双掌合抱呈抱球状。(2) 立身中正，松腰沉髋，沉肩垂肘，双臂撑圆。(3) 右脚迈出方向应为右侧前 30 ~ 45 度，即西北方向。

易犯错误：(1) 右脚迈步方向角度太大身体向右倾倒，歪髋、突臀。(2) 双

图 246

图 247

掌合抱与迈步动作速度不协调，脱节。

动作方向：此势动作身体向西南方。

技击含义：此动作向右转体时，立身要中正，腰髋松沉。左脚的内扣要做到传统杨式太极拳关于“碾脚”动作的要求，身体纵轴的转动与左脚动作同时而动。尤其是传统杨式太极拳动作中，对于“合手”即现在称谓“抱球”要求是极严格的，无论上面的手是掌心向下还是侧向内，都要做到左（右）手与右（左）肩相对，掌指与肩平。松肩垂肘、顺腕舒指，肘关节低于腕关节。掌与肩的距离一般要达到4拳距离。下面的手与对侧腹部相对，肘关节要撑圆。掌与腹部的距离一般要在1~2拳距离。身形要做到松腰沉髋，含胸拔背，双臂撑圆。这样才能意贯双臂，动作饱满。动作外形基本上是上下手相对，但又不可教条理解。转体。合手、迈步三位一体，同时协调而动，要做到拳谚所云：“举动轻灵神内敛，莫叫断续一气研。”

动作2：身体向右转，重心前移，右脚全脚掌踏实，右腿屈膝慢慢向前弓出，成右弓步；同时双掌前后拉伸展开，右掌指高与眼平，掌心侧向上，掌指斜向左；左掌向下落于左髋旁，掌心向下，虎口向前，掌指斜向前；眼视右手方向（图248）。

动作要领：（1）立身中正，松腰沉髋，沉肩垂肘。（2）身体转动带动双掌分开与弓步动作协调一致。（3）肩髋相合，上下相随。

易犯错误：（1）转体角度过大上体过于前倾，重心偏移身体倾倒。（2）挺胸，凸臀，双臂与弓步呈十字型。

动作方向：此势动作身体向西北方。

技击含义：此势动作时，左脚的弓蹬之力将随身体的右转，逐渐过渡到右腿，随身体的转动，右臂由腹前向右侧前上方展伸，在动作过程中要意贯右臂，含有向外“挒劲”的同时，右肩、背又具有“靠”的意念，左掌要含“掤”之

图248

意。立身中正，松腰沉髋，肩背通顺，肩髋相对、相随，双臂撑圆。要达到拳谚所云："圆之出入，方之进退，随方就圆之往来也。方为开展，圆为紧凑，方圆规矩之至，其孰能出此以外哉！"

第61式 左野马分鬃

动作1：接上势，身体向右转，右脚尖外展45度，重心于右腿，左脚提起向左侧前迈步，脚跟先着地；随体转动，右臂内旋，右掌心翻转向下，屈臂收于胸前，掌指向左，腕与胸平，掌心向下；同时左掌向下划弧于右腹前，左臂外旋，掌心转动向上，掌指向右；眼随体转向前平视（图249）。

动作要领：（1）立身中正，松腰沉髋，含胸拔背。（2）随腰髋转动，双掌合抱时两臂呈弧形抱球状，沉肩垂肘。

易犯错误：（1）身体重心起伏，左右歪髋、突臀。（2）双掌合抱与迈步动作不协调。

动作方向：此势动作身体向西北方。

技击含义：此势动作，特别要注意的是：身体向右转，随腰髋的转动，双掌不仅要同时而动，并且要保持上势双掌与身体的距离，也就是讲，意贯左臂，劲力意识上是上一动作劲力的延续，为掤带劲，右掌为引化劲，双掌的动作相辅相成，劲力上要相互呼应。尾闾中正，松肩沉肘，含胸舒背，双臂撑圆。是劲力体现的保证。当左脚提起向前迈出时，双臂再同时旋转相合。

动作2：身体向左转，重心前移，左脚全脚掌踏实，左腿屈膝慢慢向前弓出，成左弓步；同时双掌前后拉伸展开，左掌指高与眼平，掌心侧向上，掌指斜向右；右掌向下落于右髋旁，掌心向下，虎口向前，掌指斜向前；眼视左手方向（图250）。

图249

图250

动作要领：(1) 立身中正，松腰沉髋，沉肩垂肘。(2) 身体转动带动双掌分开与弓步动作协调一致。(3) 肩髋相合，上下相随。

易犯错误：(1) 转体角度过大上体过于前倾，重心偏移身体倾倒。(2) 挺胸，凸臀双臂与弓步呈十字型。

动作方向：此势动作身体向西南方。

第 62 式　右野马分鬃

动作 1：接上势，身体向右转，左脚尖内扣 45 度，重心于左腿，右脚提起向右侧前迈步，脚跟先着地；随体转动，左臂内旋，左掌心翻转向下，屈臂收于胸前，掌指向右，腕与胸平，掌心向下；同时右掌向下划弧于左腹前，右臂外旋，掌心转动向上，掌指向左；眼随体转向前平视（图 251）。

动作要领：(1) 立身中正，松腰沉髋，含胸拔背。(2) 随腰髋转动，双掌合抱时两臂呈弧形抱球状，沉肩垂肘。

易犯错误：(1) 身体重心起伏，左右歪髋、突臀。(2) 双掌合抱与迈步动作不协调。

动作方向：此势动作身体向西南方。

动作 2：身体向右转，重心前移，右脚全脚掌踏实，右腿屈膝慢慢向前弓出，成右弓步；同时双掌前后拉伸展开，右掌指高与眼平，掌心侧向上，掌指斜向左；左掌向下落于左髋旁，掌心向下，虎口向前，掌指斜向前；眼视右手方向（图 252）。

动作要领：(1) 立身中正，松腰沉髋，沉肩垂肘。(2) 身体转动带动双掌分开与弓步动作协调一致。(3) 肩髋相合，上下相随。

易犯错误：(1) 转体幅度过大，上体过于前倾，重心偏移身体倾倒。(2) 挺

图 251

图 252

胸，凸臀双臂与弓步呈十字型。

动作方向：此势动作身体向西北方。

第63式 左掤势

动作1：接上势，身体向左转，右脚尖内扣45度，重心于右腿，左脚提起向前迈出，脚跟先着地随体转，右臂内旋，右掌屈臂收于胸前，掌指向左，掌心向下，腕与胸平；左掌向右划弧于右腹前，左臂外旋，翻转掌心侧向上，掌指向右；眼随体转向前平视（图253）。

动作要领：（1）身体左转与右脚尖内扣动作要协调一致，以腰的转动为主宰，转体方向以45度为宜。（2）左掌与右肘上下相对，呈抱球状。（3）立身中正，松腰沉髋，松肩垂肘，双臂撑圆。

易犯错误：（1）身体前俯后仰、左右歪髋。（2）耸肩，双臂僵直，双腋紧夹身体。

动作方向：此势动作身体向西南方。

动作2：身体继续向左转，重心移于左腿；左脚全脚掌踏实，左腿屈膝慢慢向前弓出，成左弓步；随体转，左臂向前掤出，掌心向内，掌指向右，与胸平；右臂内旋翻转，右掌向下落于右髋旁，掌心向下，虎口向前，掌指斜向前；眼向前平视（图254）。

动作要领：（1）双掌分开与弓步动作与身体转动同时完成。（2）立身中正，松腰沉髋，沉肩坠肘，双臂撑圆。

易犯错误：（1）耸肩仰肘，弓步与双掌分开动作不协调。（2）右臂僵直，右掌落于腹前，重心起伏。

动作方向：此势动作身体向南方。

图253

图254

第64式 上步右揽雀尾（掤势）

动作1：接上势，左脚内扣45度，身体微向左转；随身体转动；右手上提于体右侧，掌心向外；左手随转动掌心侧向上，双掌指向前，双臂平展于体侧；眼视左手方向（图255）。

动作要领：（1）左脚尖内扣与上体左转同时协调完成。（2）双臂呈弧形，沉肩垂肘。

易犯错误：转体幅度过大，重心偏于左侧。

动作方向：此动作身体南方向。

动作2：上体向右转，重心于左腿；右脚提起向右前迈步，脚跟先落地；同时左掌微向上划弧屈臂于右胸前，掌心向下，掌指向右；右掌向左划弧于左腹前，转动掌心侧向上，掌指向左；眼视左手方向（图256）。

动作要领：（1）立身中正，沉肩坠肘，双臂撑圆。（2）松腰沉髋，右腿屈膝，双脚横向距离30厘米为宜。

易犯错误：（1）身体歪斜、突臀，左右歪髋。（2）耸肩、扬肘，双膝挺直，重心起伏。

动作方向：此势动作身体向西南方。

动作3：上体继续向右转，重心移于右腿，右脚全脚掌踏实，右腿屈膝慢慢向前弓出，成右弓步；随体转，右臂向上经面前立掌向前掤出，掌心侧向前，掌指向上，与鼻平；左掌随体转落于右肘内侧，掌心侧向上，掌指对右肘；眼视右掌方向（图257）。

动作要领：（1）以腰转动带动上下动作协调完成。（2）沉肩、坠肘，含胸拔背。（3）右臂立掌向前掤出要成立圆弧形。

图255

图256

图257

易犯错误：（1）身体前俯、突臀，双腋紧夹身体。（2）耸肩、仰肘，双膝挺直，重心起伏。

动作方向：此势动作身体向西方。

第64式　上步右揽雀尾（捋势）

动作1：接上势，身体向左转，重心移于左腿，成左坐步；双掌随身体转动向后捋至腹前，双掌心侧相对，右掌心向左，掌指向右，左掌心侧向上，掌指向右；眼随体转向前平视（图258）。

动作要领：（1）重心后移与双掌后捋动作同时完成。（2）松肩、屈肘。

易犯错误：（1）左腋紧夹身体。（2）向左转体幅度过大，右膝挺直。

动作方向：此势动作身体向西方。

第64式　上步右揽雀尾（挤势）

动作1：接上势，身体向右转，重心于左腿，成坐步；同时右臂外旋屈肘提于腹前，右掌心向内，掌指向左；左臂内旋上提附于右腕内侧，左掌心向前，掌指斜向上，掌指向右；眼随体转向前平视（图259）。

动作要领：（1）腰的转动带动双手相合。（2）立身中正，沉肩、坠肘，松腰沉髋。

易犯错误：（1）身体前俯突臀、左右歪髋，双腋紧夹身体。（2）耸肩、右膝挺直，动作姿势起伏。

动作方向：此势动作身体向西方。

图258

图259

动作2：重心前移，右腿屈膝慢慢向前弓出，成右弓步；同时双掌向前挤出，腕与肩平，右掌心向内，掌指向左；左掌心向外，掌指斜向上；眼向前平视（图260）。

动作要领：（1）立身中正，沉肩、双肘应有下垂之意。（2）双臂撑圆，动作要饱满。

易犯错误：（1）身体前俯，双臂僵直。（2）耸肩、左膝挺直，动作姿势起伏。

动作方向：此势动作身体向西方。

第64式 上步右揽雀尾（按势）

动作1：接上势，重心微向前移，成右弓步；同时双掌向前平展，左掌从右掌上向前分开，腕与肩平，双掌心相对，虎口向上，双掌指向前；眼向前平视（图261）。

动作要领：（1）立身，沉肩、双肘下垂。（2）双掌前分要舒腕展指，双臂保持弧形。

易犯错误：（1）身体前俯、双臂僵直。（2）双臂过于上举，耸肩仰肘。

动作方向：此势动作身体向西方。

动作2：重心后移于左腿，成左坐步；同时，双臂屈肘挑掌收于胸前，两掌心侧相对，掌指斜向上；眼向前平视（图262）。

动作要领：（1）重心后移与屈臂挑掌应同时协调完成。（2）两臂放松，双腋微虚，屈肘挑掌动作成弧。

易犯错误：（1）双肘平展，俯身突臀。（2）重心后移与收掌动作脱节、不协调。

图260

图261

图262

动作方向：此势动作身体向西方。

动作 3：重心前移，右腿屈膝慢慢向前弓出，成右弓步；双掌微向下，再向前上按出，掌心向前，掌指向上与肩平；眼向前平视（图 263）。

动作要领：（1）双掌前按动作要走弧形，双臂撑圆，双肘微屈。（2）双掌前按，要顺腕立掌，腕部要柔顺。

易犯错误：（1）双臂僵直，上体前俯、突臀。（2）耸肩、前按动作时双掌过高。

动作方向：此势动作身体向西方。

第 65 式　单　鞭

动作 1：接上势，身体向左转，右脚尖内扣，重心移至左腿；双掌随腰转动微向上，经面前向左划弧至身体左前侧，掌心向外，掌指向上；眼视左掌方向（图 264）。

动作要领：（1）右脚尖内扣幅度应尽量大。（2）转体时动作姿势平稳，双臂撑圆，含有劲力上引之意，动作呈弧形。（3）双掌至左前以达到 45 度为宜，角度过大，重心易偏斜。

易犯错误：身体姿势起伏，双臂挺直。

动作方向：此动作身体向东南方向。

动作 2：身体向右转，重心移于右腿，左脚提起向左前迈出，脚跟先着地；随体转，左掌向下划弧至右腹前，掌心向上，掌指向右；右掌转动掌心向上，向内划弧经颌下握勾手向右前伸出，勾尖向下，勾背略高于肩；眼视勾手方向（图 265）。

动作要领：（1）向右转体幅度要适中，不可超过右前 45 度。（2）勾手向右

图 263

图 264

图 265

前伸出与左脚迈出、左掌下落动作要协调一致。(3) 立身中正，松肩坠肘，松腰沉髋。

易犯错误：(1) 左脚迈出时身体重心起伏，凸臀，双臂僵直。(2) 动作不协调、脱节，向右转体幅度大、重心向后倾倒。

动作方向：此动作身体向西南方向。

动作 3：身体向左转，重心前移，左脚全脚掌踏实，左腿屈膝慢慢向前弓出，成左弓步；同时左掌向上经面前，立圆（立掌）向前推出，掌心向前，掌指向上；右勾手向右后方拉开，勾尖向下，勾背略高于肩；眼向前平视（图 266)。

动作要领：(1) 向左转体、弓步与双手的动作要同时完成。(2) 立身中正，松腰沉髋，含胸拔背。(3) 松肩坠肘，双臂保持弧形。

易犯错误：(1) 向左转体时身体重心起伏，动作不协调、脱节。(2) 耸肩仰肘，双臂僵直。

动作方向：此动作身体向东方向。

第 66 式 左玉女穿梭

动作 1：接上势，身体向右转，左脚内扣 135 度，重心于左腿，右脚提起向前迈步，脚跟先着地，随体转，左掌向下划弧于左髋侧，掌心翻转向上，掌指向前；右勾手变掌向左平摆于体前，翻转掌心向上，掌指向前，与鼻平；眼随体转向前平视（图 267)。

动作要领：(1) 左脚内扣的幅度要达到以身体右转灵活自如为主。(2) 立身中正，沉肩坠肘，双臂撑圆。(3) 腰的转动带手脚动作上下相随协调而动。

易犯错误：(1) 双掌运转与迈步动作不协调，动作脱节。(2) 身体前俯，突臀、左右歪髋，双臂僵直。

图 266

图 267

动作方向：此动作身体东南方向。

技击含义：此势的动作方向是与单鞭式的动作方向成 135 度的变化，即身体从面向东方转到面向西南方向。如何才能使身体向右转的动作灵活，右脚提起向右迈出的动作自如，自然左脚的扣脚幅度是关键，扣脚幅度小，必然影响身体转动的灵活性，同样右脚迈出的动作就受到影响。腰髋的转动带动右脚提起向西南方迈出，此时要松腰髋，立身中正，左掌弧形下落的动作过程为“抄裹”劲，意贯左臂内侧。右勾手变掌向左平摆的动作过程为“截劲”。意贯右臂内侧，双臂撑圆，垂肩坠肘。腰髋的动转带动上下动作的同时协调进行，右臂、右腿上下相对，动作同时到位。要如拳谚所云：“含胸，拔背；裹裆，护臀；提顶，吊裆；松肩，沉肘。”

动作 2：身体继续向右转，右脚外展 45 度，右脚全脚掌踏实，重心移至右腿；左脚提起向前迈步，脚跟先着地；随身体转动，右臂内旋，右掌心翻转向下，屈臂横肘于胸前，掌指向左；左掌向右划弧于右腹前，掌心向上，掌指向右；眼向前平视（图 268）。

动作要领：(1) 立身中正，含胸拔背，双臂要撑圆。(2) 左脚的迈出与双掌相合要协调一致。

易犯错误：(1) 转体迈步动作与双掌相合动作不协调。(2) 动作不连贯，上下不相随，动作脱节。

动作方向：此动作身体西南方向。

技击含义：身体向右转体，带动右脚外展，同时左腿之重心移于右腿，右脚踏实重心稳固，此时左脚顺势提起向前迈出，动作才能清灵，迈步如猫行。随腰髋的转动，右臂内旋，意贯右臂外侧，为“引带劲”。左掌向右合抱，意贯左臂下侧，为“下掤”劲。此时要尾闾中正，顶头悬，含胸舒背，松肩肘，双臂撑圆。如拳谚所云：“提顶吊裆心中悬，松肩沉肘气丹田。裹裆护臀须下势，含胸

图 268

图 268 正面

拔背落自然。”

动作 3： 身体向左转，左脚全脚掌踏实，左腿屈膝慢慢向前弓出，成左弓步；随体转，左臂内旋，左臂向前上翻掌上举至额前上方，转动掌心向外，掌指向右；同时右掌向前推出，掌心向外，掌指向上掌指与肩平；眼向前平视（图 269）。

动作要领： (1) 左臂上举应屈肘横掌，含有架、撑的劲力，右掌前推与弓步动作应协调一致。(2) 上体正直、髋中正，松肩坠肘，双臂撑圆。

易犯错误： (1) 身体前俯突臀，耸肩吊肘，斜身扭髋。(2) 动作不协调，脱节。

动作方向： 此动作身体西南方向。

技击含义： 腰髋的转动，使得身体的重心左移，同时带动双掌的动作协调进行，左臂内旋，随体转向前上翻架、托起于头前上方。要意贯左臂上侧，含有撑、架的劲力。同时右掌向前推出。意贯右掌为推按劲。此时，立身要中正，肩肘要松沉，含胸舒背，双臂撑圆。要如拳谚所云：“每一动，惟手先著力，随即松开。尤须贯穿一气，不外起、承、转、合。始而意动，既而劲动，转接要一线串成。”

图 269

第67式 右玉女穿梭

动作1：接上势，身体向右后转，左脚尖内扣135度，重心于左腿，随体转：右掌向下、向右划弧于右髋外侧，掌心向下，掌指向前；左臂外旋，左掌转动掌心向上，平展于左肩前，掌指向前，腕与肩平；眼随体转动向前平视（图270）。

动作要领：（1）左脚尖内扣角度应不小于135度，身体转动才能自如。（2）双臂应达到"曲中求直"的要求。（3）立身中正，含胸拔背，肩肘松沉。

易犯错误：（1）左脚内扣幅度小，转体动作不灵活。（2）身体前俯突臀，左右歪髋，双臂僵直。

动作方向：此动作身体向北方。

技击含义：右玉女穿梭的动作，身体向右转动时，左脚内扣要体现出传统杨式太极拳"碾脚"的动作意识，身体的沿纵轴方向的转动，带动双掌同时动作，要体会出"主宰于腰"，"以腰为轴"的动作要求。尤其要体会的是，右掌向下、向右划弧时意贯右臂及右掌外侧，掤为带的意识。左臂外旋，平展于左肩前时，意贯左臂、左掌内侧为掤劲。双臂的动作意识要相辅相成。所以动作时要立身中正，含胸拔背、双臂撑圆、松腰沉髋。要如拳谚所云："掤捋挤按四方正，采挒肘靠斜角成。"

图270

图270正面

动作2：身体继续向右转，重心于左腿，右脚提起于距左脚约一脚远处，脚前掌踏地，然后以左脚跟为轴、脚尖内扣；身体继续向右转，右脚提起向前迈步，脚跟着地；右掌经腹前至左肘下，掌心向上，掌指向左；左臂平屈于胸前，掌心向下，掌指向右；眼随体转向前平视（图271、272）。

动作要领：（1）右脚的落点应是在与左脚跟一脚远的距离为宜。（2）立身中正，松肩沉肘，双臂撑圆。

易犯错误：（1）右脚落地与左脚距离小产生转体不灵活，动作不协调。（2）身体前俯、突臀，左右歪髋。

动作方向：此动作身体东南方向。

技击含义：此势身体转动幅度大，但身体重心移动并不十分明显，要注意动作时，身体重心的左右虚实变换要恰如其分，以保证转体时，身体保持平稳。以转体为主宰，带动上、下动作协调进行。为了使得左脚内扣动作的自如，右脚前脚掌的落点相当重要，要随体转，右脚提起与左脚相距一脚远处着地，也就是双脚的距离与肩同宽，给左脚的内扣留有比较恰当的空间，此时身体重心于左腿。双脚距离大于肩宽，极易产生重心向右偏斜，身体向右倾到。距离小于肩宽，左脚内扣就相当困难，影响动作的继续完成。所以扣脚转体时，重心要微移于右腿，当转体动作完成时，重心稳固左腿后，右脚再向前（东南方）迈出。在动作过程中要始终保持虚领顶劲、尾闾中正、含胸拔背的身法要求，动作才能圆活、连贯。正如拳谚所云："有不得机得势处，身便散乱，必至偏倚，其病必于腰腿求知。上下、前后、左右皆然。"

图271

图272

动作 3： 身体微向右转，重心移于右腿，右脚全脚掌踏实，右腿屈膝慢慢向前弓出，成右弓步，随体转，右臂内旋，右臂向前上经面前翻掌上举至额前上方，转动掌心向外，掌指向左；左掌向前推出，掌心向外，掌指向上与肩平；眼向前平视（图 273）。

动作要领：（1）右上举应屈肘横掌，含有架、撑的劲力，左掌前推与弓步动作协调配合。（2）上体正直、髋中正，松肩坠肘，双臂撑圆。

易犯错误：（1）身体前俯突臀，耸肩吊肘，歪身扭髋。（2）动作不协调，脱节。

动作方向： 此动作身体东南方向。

第 68 式　左玉女穿梭

动作 1： 接上势，身体向左转，左脚以前脚掌为轴、脚跟向内微拧转，重心移于左腿，右脚提起向前迈步，脚跟先着地；随身体转动，左掌向左、向下划弧于左髋处，左臂外旋，翻转掌心向上，掌指向前；同时右臂外旋，转动掌心向上，平展于右肩前，掌指向前，腕与肩平；眼视右掌方向（图 274）。

动作要领：（1）左脚跟向内拧转角度以 30 度为宜。（2）右脚迈出与双掌动作均以腰转为主，动作应协调连贯。（3）尾闾中正，松肩、含胸、垂肘、拔背，双臂撑圆。

易犯错误：（1）身体前俯、突臀，左右歪宽。（2）动作不连贯、脱节，双臂僵直。

动作方向： 此动作身体东北方向。

技击含义： 此势动作时，左脚跟要先向内拧转，然后随身体左转，重心移于左腿，右脚再提起向前迈出。右脚迈出的方向为东北方，左脚与右脚迈步方向的

图 273

图 274

夹角为45度。所以左脚跟的拧转要适度。

动作2：身体向右转，右脚外展45度，右脚全脚掌踏实，重心移于右腿；左脚提起向前迈步，脚跟先着地；随身体转动，右臂内旋，右掌心翻转向下，屈臂横肘于胸前，掌指向左；左掌向右划弧于右腹前，掌心向上，掌指向右；眼随体转向前平视（图275）。

动作要领：（1）立身中正，含胸拔背，双臂撑圆。（2）左脚迈出要与双掌的动作协调配合。

易犯错误：（1）转体迈步动作与双掌动作不协调。（2）动作不连贯，上下不相随，动作脱节。

动作方向：此动作身体东北方向。

动作3：身体向左转，左脚全脚掌踏实，左腿屈膝慢慢向前弓出，成左弓步；随体转，左臂内旋，左掌向前上翻掌上举至额前上方，转动掌心向外，掌指向右；同时右掌向前推出，掌心向外，掌指向上与肩平；眼向前平视（图276）。

动作要领：（1）左臂上举应屈肘横掌，含有架、撑的劲力，右掌前推与弓步动作应协调一致。（2）上体正直、髋中正，松肩坠肘，双臂撑圆。

易犯错误：（1）身体前俯突臀，耸肩吊肘，歪身扭髋。（2）动作不协调，脱节。

动作方向：此动作身体东北方向。

图275

图276

图276正面

第 69 式　右玉女穿梭

动作 1：接上势，身体向右后转，左脚尖内扣 135，重心于右腿；随体转，右掌向下、向右划弧于右髋外侧，掌心向下，掌指向前；左臂外旋，左掌转动掌心向上，平展于左肩前，掌指向前，腕与肩平；眼随体转向前平视（图 277）。

动作要领：（1）左脚尖内扣角度应不小于 135 度，身体转动才能自如。（2）双臂应达到“曲中求直”的要求。（3）立身中正，含胸拔背，肩肘松沉。

易犯错误：（1）左脚内扣幅度小，转体动作不灵活。（2）身体前俯、突臀，左右歪髋，双臂僵直。

动作方向：此动作身体南方向。

动作 2：身体向右转，重心于左腿，右脚提起于距左脚约一脚远处，脚前掌踏地．然后以左脚跟为轴、脚尖内扣；身体继续向右转，右脚提起向前迈步，脚跟着地；右掌经腹前至左肘下，掌心向上，掌指向后；左臂平屈于胸前，掌心向上，掌指向前；眼视左掌方向（图 278、279）。

动作要领：（1）右脚的落点应是在与左脚跟一脚远的距离为宜。（2）立身中正，松肩沉肘，双臂撑圆。

易犯错误：（1）右脚落地与左脚距离小产生转体不灵活，动作不协调。（2）身体前俯、突臀，左右歪髋。

动作方向：此动作身体习南方向。

图 277

图 278

图 279

动作 3： 身体微向右转，重心移于右腿，右脚全脚掌踏实，右腿屈膝慢慢向前弓出，成右弓步；随体转，右臂内旋，右掌向前上经面前翻掌上举至额前上方，转动掌心向外，掌指向左；左掌向前推出，掌心向前，掌指向上与肩平；眼向前平视（图 280）。

动作要领：（1）右掌上举右臂应屈肘横掌，含有架、撑的劲力，左掌前推与弓步动作协调配合。（2）上体正直、髋中正，松肩垂肘，双臂撑圆。

易犯错误：（1）身体前俯突臀，耸肩吊肘，歪身扭髋。（2）动作不协调，脱节。

动作方向： 此动作身体西北方向。

注：左右玉女穿梭的动作在本书中是以分解教学的方式进行描述的，在完全掌握动作要领的基础上，各势之间的衔接应该是圆活连贯，一气呵成。重要的是掌握好每一势的动作方向，同时也要明确动作之间衔接的规律。即左玉女穿梭动作 2 与右玉女穿梭动作 2 的动作衔接过程，相同于左玉女穿梭动作 1 与右玉女穿梭动作 1 之间的动作衔接，只是动作方向不同而已。

在社会流传的动作名称有“四角穿梭”、“左右穿梭”、“左右玉女穿梭”等，但动作过程与动作方向是一致的，大同小异。

图 280

第70式　左挪势

动作1：接上势，身体向左转，右脚尖内扣45度，重心于右腿，随体转，左脚提起向前迈步，脚跟先落地；右掌屈臂下落于胸前，掌指向左，虎口向上；同时左掌向左向下划弧圈合于右腹前，翻转掌心侧向上，掌指向右；眼随体转向前平视（图281）。

动作要领：（1）身体左转与右脚尖内扣动作要协调一致。（2）左掌与右肘上下相对，呈抱球状，双臂撑圆。（3）立身中正，松腰沉髋，含胸拔背，沉肩坠肘。

易犯错误：（1）身体前俯后仰、突臀，左右歪髋。（2）耸肩扬肘，双臂僵直。

动作方向：此势动作身体向南方。

技击含义：身体向左转，在传统杨式太极拳的练习中是指以髋关节转向左前方135度，使头部、躯干部位面向左前方，这样才能达到"肩与胯合"的要求，而不仅仅是腰部以上部位的扭动。随转身的动作，以右脚跟为轴，前脚掌微抬离地面，向内扣转45度，再全脚掌踏实。此种脚法在传统杨式太极拳中称为"碾步"，它不仅是身体转动时起到轴的作用，而且具有极强的杀伤力，即以脚的转动锁住对方的脚跟，再配合弓步的动作直接伤害对方的迎面骨。练习时强调了膝关节与右脚跟在同一纵轴线上的转动，身体的转动也是围绕着身体纵轴而动。同时，松腰松髋将身体七成重心坐于右腿，左脚提起向前迈出，脚跟先着地，含有三成重心。如身体转动超过135度，或偏离了身体纵轴方向，则容易产生身体向左倾倒的现象。

右臂外旋，转动掌心向左，虎口向上，向下落于胸前。松肩垂肘，顺腕舒

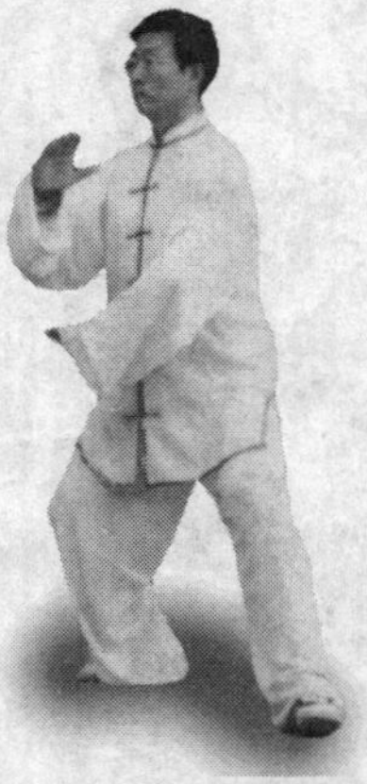

图281

指，掌指与肩保持弧形，意贯右小臂上侧，有向上顶起和向外撑扩的感觉。左掌向左下划弧于左腹前时，左臂外旋，翻转掌心向上，向右合抱于右臂下，意贯左臂下侧，有向下向外的撑力。同时双掌指都要有顺向，向前顶力的意念，动作劲力才能饱满。此动在传统杨式太极拳中称为“合手”，即现在称谓“抱球”。传统杨式太极拳对“合手”的要求是极严格的，无论上面的手是掌心向下还是侧向内，都要做到左（右）手与右（左）肩相对，掌指与肩平。松肩垂肘、顺腕舒指，肘关节低于腕关节。掌与肩的距离一般要达到4拳距离。下面的手与对侧腹部相对，肘关节要撑圆。掌与腹部的距离一般要在1～2拳距离。身形要做到松腰沉髋，含胸拔背，双臂撑圆。这样才能力贯双臂，动作饱满。动作外形基本上是上手下肘，手肘相对，但又不可教条理解为上下掌心相对。“合手”动作在传统杨式太极拳动作中起着极其重要的衔接作用，因而也称为“太极手”，俗称“衔接手”。在练此势动作时须知：“一动无有不动，一静无有不静，视动尤静，视静尤动，内固精神，外示安逸。”

动作2：身体继续向左转，重心移于左腿；左脚全脚掌踏实，左腿屈膝慢慢向前弓出，成左弓步；随体转，左臂向前掤出，掌心向内，掌指向右，与胸平。右臂内旋翻转，右掌向下落于右髋旁，掌心向下，虎口向前，掌指斜向前；眼向前平视（图282）。

动作要领：（1）双掌分开与弓步动作与身体转动同时完成。（2）立身中正，松腰沉髋，沉肩坠肘，双臂撑圆。

易犯错误：（1）耸肩仰肘，弓步与双掌分开动作不协调。（2）右臂僵直，右掌落于腹前，重心起伏。

动作方向：此势动作身体向南方。

技击含义：主宰于腰，以腰的左转，带动髋关节将身体转正。此时重心前移，松腰沉髋，左腿屈膝慢慢向前弓出，随重心前移左脚逐渐全脚掌踏实地面。

图282

切不可先将左脚放平，再弓步或膝关节已经到位，而脚却迟迟未放下。定势时，前腿的膝关节要与脚尖在同一垂线，膝过脚尖，身体重心偏前，容易被对方牵动。膝不到位，身体重心偏后，动作不饱满，失去攻击力，容易被对方控制住力量。当前腿动作到位时，特别要强调后腿的动作。后腿不可完全绷直，膝关节要自然舒松，后腿保持自然蹬直状态，要富有弹性。膝关节要微向外撑，近于与后脚尖在同一方向。两胯根要向内合、裹裆，敛臀。

双臂动作，双臂微内合，左臂微外旋，转动掌心向内，向前掤出，与胸平。松肩垂肘，肘关节略低于腕关节，意贯前臂外侧，右臂内旋，翻转掌心向下，采按于右髋外侧，虎口向前，掌指侧向右斜前方，虚腋、右肘关节微向右后撑，意贯虎口和右臂外侧，使之具有采按的威力。要含胸拔背，使左臂平圆与右臂立圆相互呼应，成弓形。左掤的动作要体会到拳谚所云："蓄劲如开弓，发劲如放箭。曲中求直，蓄而后发。力由脊发，步随身换。"

第71式　右揽雀尾（掤势）

动作1：接上势，身体微向左转，左脚内扣45度，重心移至左腿，右脚跟提起；随身体转动右手上提于体右侧，掌心向外，左手转动掌心侧向上，双掌指向前，腕与肩平，双臂平展于体侧；眼视左手方向（图283）。

动作要领：（1）左脚尖内扣与上体左转同时协调完成。（2）立身中正，双臂呈弧形，沉肩垂肘。

易犯错误：（1）转体幅度过大重心偏于左侧，身体向左倾倒。（2）身体重心起伏，耸肩，双臂僵直。

动作方向：此动作身体南方向。

图283

动作2：上体向右转，重心于左腿；右脚提起向右前迈步，脚跟先着地；同时左掌微向上划弧屈臂于右胸前，掌心向下，掌指向右；右掌向左划弧于左腹前，转动掌心侧向上，掌指向左；眼视左手方向（图284）。

动作要领：（1）立身中正，松腰松胯，沉肩坠肘，双臂撑圆。（2）双脚间横向距离30厘米为宜。

易犯错误：（1）身体歪斜、突臀，左右歪髋。（2）耸肩扬肘，双膝挺直，重心起伏。

动作方向：此势动作身体向西南方。

动作3：身体继续右转，重心移于右腿，右脚全脚掌踏实，右腿屈膝慢慢向前弓出，成右弓步，随体转，右掌向上经面前立掌向前掤出，掌心侧向前，掌指向上，与鼻平；左掌随体转动落于右肘内侧，掌心侧向上，掌指对右肘；眼视右掌方向（图285）。

动作要领：（1）腰髋的转动带动上下动作协调完成。（2）尾闾中正，沉肩、坠肘，含胸拔背。（3）右臂立掌前掤动作要呈立圆弧形。

易犯错误：（1）身体前俯、突臀，双腋紧夹身体。（2）耸肩、扬肘，双腿挺直，重心起伏。

动作方向：此动作身体西方向。

图284

图285

第71式　右揽雀尾（捋势）

动作1：接上势，身体向左转，重心移于左腿，成左坐步；双掌随身体转动向左后捋至腹前，双掌心侧相对，右掌心向左，掌指向前，左掌心侧向上，掌指向前；眼随体转向前平视（图286）。

动作要领：（1）向后捋时，左肘应向左侧后45度方向撤肘。（2）立身中正，沉肩、坠肘，松腰沉髋。（3）右肘与身体保持20厘米左右距离为宜。

易犯错误：（1）身体后仰、左右歪髋，双腋紧夹身体。（2）耸肩、仰肘，双膝挺直，动作姿势起伏。

动作方向：此势动作身体向西南方。

第71式　右揽雀尾（挤势）

动作1：接上势，身体向右转，重心于左腿，成左坐步；同时右臂外旋屈肘提于胸前，右掌心向内，掌指向左；左臂内旋，左掌上提附于右腕内侧，左掌心向外，掌指斜向上；眼向前平视（图287）。

动作要领：（1）要为主宰腰髋的转动带动双掌相合。（2）立身中正。松腰沉髋，沉肩垂肘。

易犯错误：（1）身体前俯突臀耸肩、突臀，左右歪髋。（2）右膝挺直，动作姿势起伏。

动作方向：此势动作身体向西方。

图286

图287

动作 2： 重心前移，右腿屈膝慢慢向前弓出，成右弓步；同时双掌向前挤出，腕与肩平，右掌心向内，掌指向左，左掌心向外，掌指斜向上；眼向前平视（图 288）。

动作要领：（1）立身中正，沉肩、双肘应有下垂之意。（2）双臂撑圆，动作要饱满。

易犯错误：（1）身体前俯，双臂僵直。（2）耸肩，扬肘，动作重心起伏。

动作方向： 此势动作身体向西方。

第 71 式　右揽雀尾（按势）

动作 1： 接上势，重心微向前移，成右弓步；同时双掌向前平展，左掌从右掌上向前分开，双掌心相对，虎口向上，双掌指向前，腕与胸平；眼向前平视（图 289）。

动作要领：（1）尾闾中正，松肩、垂肘。（2）双掌前分要舒掌展指，双臂保持弧形。

易犯错误：（1）（身）上体前俯、突臀、双臂挺直。（2）双臂上举，耸肩抬肘。

动作方向： 此势动作身体向西方。

动作 2： 重心后移于左腿，成左坐步；同时，双臂屈肘挑掌收于胸前，两掌心侧相对，掌指斜向上；眼向前平视（图 290）。

动作要领：（1）重心后移与挑掌屈收动作同时完成。（2）立身中正，松肩垂肘，双腋微虚，屈肘挑掌走弧形。

易犯错误：（1）身体前俯突臀，双肘平展。（2）重心后移与收掌动作脱节，不协调。

图 288

图 289

图 290

动作方向：此势动作身体向西方。

动作3：重心前移，右脚腿屈膝慢慢向前弓出，成右弓步；双掌微向下，再向前上按出，掌心向前，掌指向上与肩平；眼向前平视（图291）。

动作要领：（1）双掌前按走弧形，双臂撑圆，双肘微屈。（2）双掌前按，顺腕立掌，腕部柔顺。

易犯错误：（1）身体前俯，双臂僵直。（2）耸肩，双掌前按幅度过大。

动作方向：此动作身体西方向。

第72式　单　鞭

动作1：接上势，身体向左转，右脚尖内扣135度，重心移于左腿；双掌随体转动微向上，经面前向左划弧至身体左前侧，掌心向外，掌指向上，腕与肩平；眼视左掌方向（图292）。

动作要领：（1）右脚尖内扣幅度应尽量大。（2）转体时动作姿势平稳，双臂撑圆，含有劲力上引之意，动作呈弧形。（3）双掌至左前以达到45度为宜，角度过大，重心易偏斜。

易犯错误：（1）身体姿势起伏，双臂挺直。（2）转体幅度大身体向左倾倒。

动作方向：此动作身体向东南方向。

技击含义：身体向左转，重心的移动要平稳，动作外形不可有起伏。此时，随体转，右脚内扣的幅度要大，尽量达到135度，要做到右膝关节与右脚尖的方向一致，髋关节的转动是相当关键的，所以要松腰、沉髋。同时双掌微向上、向左划弧，至身体左前45度，与身体转动的方向一致。双掌弧形移动时，左掌劲力为"引带劲"，而右掌劲力为"掤劲"。双掌虽然同时运动，但是劲力却不同。向上的弧形，双掌指不可超过上眉。沉肩、垂肘，双臂动作要饱满，肩背要松。

图291

图292

要体会拳谚所云“切记一动无有不动，一静无有不静。内固精神，外示安逸”之意。

动作 2：身体向右转，重心移于右腿，左脚提起向左前迈出，脚跟先着地；随体转，左掌向下划弧至右腹前，掌心侧向上，掌指向右；右掌转动掌心向上，向内划弧经颌下握勾手向右前侧伸出，勾尖向下，勾背略高于肩；眼视勾手方向（图 293）。

动作要领：（1）向右转体幅度要适中，不可超过右前 45 度。（2）勾手向右前伸出与左脚迈出、左掌下落动作要协调一致。（3）立身中正、松肩坠肘，松腰沉髋。

易犯错误：（1）左脚迈出时身体重心起伏，凸臀，双臂僵直。（2）动作不协调、脱节，向右转体幅度大、重心向后倾倒。

动作方向：此动作身体向西南方向。

动作 3：身体向左转，重心前移，左脚全脚掌踏实，左腿屈膝慢慢向前弓出，成左弓步；同时左掌向上经面前，立圆（立掌）向前推出，掌心向前，掌指向上；右勾手向右后方拉开，勾尖向下，勾背略高于肩；眼向前平视（图 294）。

动作要领：（1）向左转体、弓步与双手的动作要同时完成。（2）立身中正，松腰沉髋，含胸拔背。（3）松肩坠肘，双臂保持弧形。

易犯错误：耸肩仰肘，双臂僵直。

动作方向：此动作身体向东方向。

图 293

图 294

第73式 左右云手（左云手1）

动作1： 接上势，身体向右转，左脚尖内扣90度，重心于左腿；随体转，左掌（立掌）向右平摆至体前；腕与肩平，掌心向外，掌指向上；右勾手保持上势不动；眼随体转向前平视（图295）。

动作要领：（1）身体转动重心要平稳，保持身体平衡。（2）"主宰于腰"，以腰为轴，带动手、脚动作协调进行。（3）身体中正，沉肩垂肘，松腰髋，左掌应基本对准身体中线。

易犯错误：（1）动作重心起伏，双臂僵直。（2）上体前俯，凸臀。

动作方向： 此动作身体向南方。

技击含义： 此动作是衔接式。做此动作时，首先要注意的是身体的右转，重心要保持稳定，重心保持稳定的关键就是松腰沉髋。腰髋的转动使得身体沿纵轴旋转时，必须做到虚领顶劲，才能立身中正。立身中正，就避免了身体的前俯后仰。左脚随身体的转动内扣碾脚，不仅加强了身体转动时的灵活性，而且有利于主宰于腰以腰为轴，带动手脚动作的协调进行。同时左掌随身体的转动向右平摆于体前，松肩垂肘，顺腕舒指。左掌基本对准身体中线，意贯左臂内侧，含有引带，化解的劲力。右勾手随体转而动。如拳谚所云："主宰于腰，一动无有不动。"

动作2： 身体向左转，重心于左腿，右脚提起向左移靠，前脚掌踏地；左掌随身体转动立掌划弧至体左前侧，逐渐翻转掌心向外，掌指向上与眼平；右勾手变掌向下抄至左肋前，掌心向上，掌指向左；眼视左手方向（图296）。

动作要领：（1）右脚移靠时，双脚间距离与肩同宽。（2）保持身体正直，双臂撑圆，防止耸肩、抬肘。（3）云手以腰转动带动双臂运转，要做到上手齐眉，

图295

图296

图296 背面

下手齐腹。

易犯错误：（1）动作起伏大，双臂未撑圆。（2）以肩动为先，动作劲力不充实。

动作方向：此动作身体向南方向。

第73式 左右云手（右云手1）

动作1：接上势，身体向右转，右脚全脚掌踏实，重心移至右腿；左脚向左横步迈出，前脚掌踏地；随体转，右掌向上经面前向右前侧划弧，逐渐翻转掌心向外，掌指向上，腕与肩平；左掌向下划弧至右肋前，掌心逐渐转动向上，掌指向右；眼视右手方向（图297、298）。

动作要领：（1）左脚横步迈出与双掌动作完成应以腰为轴，协调完成。（2）双臂运转时要注意劲力变化，左掌是先按再掤，劲力饱满；右掌为掤劲。（3）身体转动幅度要保持在左前或右前45度为宜。

易犯错误：（1）动作不协调，脱节。（2）身体转动幅度大，重心不稳，向后倾倒。

动作方向：此动作身体向西南方。

图297

图298

图298 背面

第73式 左右云手（左云手2）

动作1： 接上势，身体向左转，左脚全脚掌踏实，重心移于左腿；随体转，左掌向上经面前向左前侧划弧，逐渐翻转掌心向外，掌指向上，腕与肩平；右掌向下划弧至左肋前，掌心逐渐转动向上，掌指向左，同时右脚提起向左移靠，前脚掌踏地；眼视左手方向（图299、300）。

动作要领：（1）身体重心的移动要平缓，动作姿势不可起伏。（2）腰的转动带动双臂的协调运转。（3）身体转动幅度和左掌要保持在左前45度为宜。

易犯错误：（1）重心移动时动作姿势起伏。（2）左肩先动，动作不协调，上下动作脱节。（3）身体转动幅度过大重心偏左身体向左后倾倒。

动作方向： 此动作身体向东南方。

图299

图300

第73式 左右云手（右云手2）

动作1：接上势，身体向右转，右脚全脚掌踏实，重心移至右腿；左脚向左横步迈出，前脚掌踏地；随体转，右掌向上经面前向右前侧划弧，逐渐翻转掌心向外，掌指向上，腕与肩平；左掌向下划弧至右肋前，掌心逐渐转动向上，掌指向右；眼视右手方向（图301、302）。

动作要领：（1）左脚横步迈出与双掌动作完成应以腰为轴，协调完成。（2）双臂运转时要注意劲力变化，左掌是先按再掤，劲力饱满；右掌为掤劲。（3）身体转动幅度要保持在左前或右前45度为宜。

易犯错误：（1）动作不协调，脱节。（2）身体转动幅度大，重心不稳，向后倾倒。

动作方向：此动作身体向西南方。

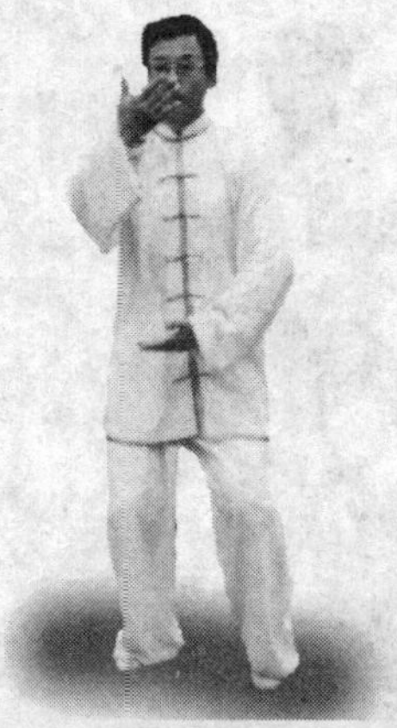

图301

图302

图302 背面

第73式　左右云手（左云手3）

动作1： 接上势，身体向左转，左脚全脚掌踏实，重心移于左腿；随体转，左掌向上经面前向左前侧划弧，逐渐翻转掌心向外，掌指向，腕与肩平；右掌向下划弧至左肋前，掌心逐渐转动向上，掌指向左；同时右脚提起向左移靠，前脚掌踏地；眼视左手方向（图303、图304）。

动作要领：（1）身体重心的移动要平缓，动作姿势不可起伏。（2）腰的转动带动双臂的协调运转。（3）身体转动幅度和左掌要保持在左前45度为宜。

易犯错误：（1）重心移动时动作姿势起伏。（2）左肩先动，动作不协调，上下动作脱节。（3）身体转动幅度过大重心偏左身体向左后倾倒。

动作方向： 此动作身体向东南方。

图303

图304

第73式 左右云手（右云手3）

动作1：接上势，身体向右转，右脚全脚掌踏实，重心移至右腿；左脚向左侧横步迈出，前脚掌踏地；随体转，右掌向上经面前向右前侧划弧，逐渐翻转掌心向外，掌指向上，腕与肩平；左掌向下划弧至右肋前，掌心逐渐转动向上，掌指向右；左掌保持上势不动；眼视右手方向（图305、306）。

动作要领：（1）左脚横步迈出与双掌动作完成应以腰为轴，协调完成。（2）双臂运转时要注意劲力变化，左掌是先按再挪，劲力饱满；右掌为挪劲。（3）身体转动幅度要保持在左前或右前45度为宜。

易犯错误：（1）动作不协调，脱节。（2）身体转动幅度大，重心不稳，向右后倾倒。

动作方向：此动作身体向西南方。

图305

图306

图306背面

第73式 左右云手（左云手4）

动作1：接上势，身体向左转，左脚全脚掌踏实，重心移于左腿；随体转，左掌向上经面前向左前侧划弧，逐渐翻转掌心向外，掌指向，腕与肩平；右掌向下划弧至左肋前，掌心逐渐转动向上，掌指向左；同时右脚提起向左移靠，前脚掌踏地；眼视左手方向（图307、308）。

动作要领：（1）身体重心的移动要平缓，动作姿势不可起伏。（2）腰的转动带动双臂的协调运转。（3）身体转动幅度和左掌要保持在左前45度为宜。

易犯错误：（1）重心移动时动作姿势起伏。（2）左肩先动，动作不协调，上下动作脱节。（3）身体转动幅度过大重心偏左身体向左后倾倒。

动作方向：此动作身体向东南方。

图307

图308

第73式 左右云手（右云手4）

动作1：接上势，身体向右转，右脚全脚掌踏实，重心移至右腿；左脚向左横步迈出，前脚掌踏地；随体转，右掌向上经面前向右前侧划弧，逐渐翻转掌心向外，掌指向上，腕与肩平；左掌向下划弧至右肋前，掌心逐渐转动向上，掌指向右；眼视右手方向（图309、310）。

动作要领：（1）左脚横步迈出与双掌动作应以腰为轴，协调完成。（2）双臂运转时要注意劲力变化，左掌是先按再掤，劲力饱满；右掌为掤劲。（3）身体转动幅度要保持在左前或右前45度为宜。

易犯错误：（1）动作不协调，脱节。（2）身体转动幅度大，重心不稳，向后倾倒。

动作方向：此动作身体向西南方。

图309

图310

图310背面

第73式　左右云手（左云手5）

动作1：接上势，身体向左转，左脚全脚掌踏实，重心移于左腿；随体转，左掌向上经面前向左前侧划弧，逐渐翻转掌心向外，掌指向，腕与肩平；右掌向下划弧至左肋前，掌心逐渐转动向上，掌指向左；同时右脚提起向左移靠，前脚掌踏地；眼视左手方向（图311、312）。

动作要领：（1）身体重心的移动要平缓，动作姿势不可起伏。（2）腰的转动带动双臂的协调运转。（3）身体转动幅度和左掌要保持在左前45度为宜。

易犯错误：（1）重心移动时动作姿势起伏。（2）左肩先动，动作不协调，上下动作脱节。（3）身体转动幅度过大重心偏左身体向左后倾倒。

动作方向：此动作身体向东南方。

图311

图312

第73式　左右云手（右云手5）

动作1： 接上势，身体向右转，右脚全脚掌踏实，重心移至右腿；左脚向左横步迈出，前脚掌踏地；随体转，右掌向上经面前向右前侧划弧，逐渐翻转掌心向外，掌指向上，腕与肩平；左掌向下划弧至右肋前，掌心逐渐转动向上，掌指向右；眼视右手方向（图313、314）。

动作要领：（1）左脚横步迈出与双掌动作完成应以腰为轴，协调完成。（2）双臂运转时要注意劲力变化，左掌是先按再掤，劲力饱满；右掌为掤劲。（3）身体转动幅度要保持在左前或右前45度为宜。

易犯错误：（1）动作不协调，脱节。（2）身体转动幅度大，重心不稳，向后倾倒。

动作方向： 此动作身体向西南方。

图313

图314

图314 背面

第73式　左右云手（左云手6）

动作1：接上势，身体向左转，左脚全脚掌踏实，重心移于左腿，随体转，左掌向上经面前向左前侧划弧，逐渐翻转掌心向外，掌指向，腕与肩平；右掌向下划弧至左肋前，掌心逐渐转动向上，掌指向左；同时右脚提起向左移靠，前脚掌踏地；眼视左手方向（图315、316）。

动作要领：（1）身体重心的移动要平缓，动作姿势不可起伏。（2）腰的转动带动双臂的协调运转。（3）身体转动幅度和左掌要保持在左前45度为宜。

易犯错误：（1）重心移动时动作姿势起伏。（2）左肩先动，动作不协调，上下动作脱节。（3）身体转动幅度过大重心偏左身体向左后倾倒。

动作方向：此动作身体向东南方。

图315

图316

第73式　左右云手（右云手6）

动作1：接上势，身体向右转，右脚全脚掌踏实，重心移至右腿；左脚向左横步迈出，前脚掌踏地；随体转，右掌向上经面前向右前侧划弧，逐渐翻转掌心向外，掌指向上，腕与肩平；左掌向下划弧至右肋前，掌心逐渐转动向上，掌指向右；眼视右手方向（图317、318）。

动作要领：（1）左脚横步迈出与双掌动作应以腰为轴，协调完成。（2）双臂运转时要注意劲力变化，左掌是先按再挒，劲力饱满；右掌为挒劲。（3）身体转动幅度要保持在左前或右前45度为宜。

易犯错误：（1）动作不协调，脱节。（2）身体转动幅度大，重心不稳，向后倾倒。

动作方向：此动作身体向西南方。

图317

图318

图318 背面

第73式 左右云手（左云手7）

动作1：接上势，身体向左转，左脚全脚掌踏实，重心移于左腿；随体转，左掌向上经面前向左前侧划弧，逐渐翻转掌心向外，掌指向，腕与肩平；右掌向下划弧至左肋前，掌心逐渐转动向上，掌指向左，同时右脚提起向左移靠，前脚掌踏地；眼视左手方向（图319、图320）。

动作要领：（1）身体重心的移动要平缓，动作姿势不可起伏。（2）腰的转动带动双臂的协调运转。（3）身体转动幅度和左掌要保持在左前45度为宜。

易犯错误：（1）重心移动时动作姿势起伏。（2）左肩先动，动作不协调，上下动作脱节。（3）身体转动幅度过大重心偏左身体向左后倾倒。

动作方向：此动作身体向东南方。

第74式 单 鞭

动作1：接上势，身体微向右转，右脚尖内扣45度，重心移于右腿，左脚提起向左前迈出，脚跟先着地；随体转，左掌向下划弧经腹前再向右上划弧于右肩前，掌心向内，掌指向右；右掌稍向上向内划弧经颌下握勾手向右前伸出，勾尖向下，勾背略高于肩；眼视勾手方向（图321）。

动作要领：（1）向右转体幅度要适中，不可超过右前45度。（2）勾手向右前伸出与左脚迈出、左掌下落动作要协调一致。（3）立身中正、松肩坠肘，松腰沉髋。

易犯错误：（1）左脚迈出时身体重心起伏，凸臀，双臂僵直。（2）动作不协调、脱节，向右转体幅度大、重心向后倾倒。

图319

图320

图321

动作方向：此动作身体向西南方向。

技击含义：身体向右转，幅度要适中。不可超过右斜前45度，否则重心极易偏右，产生身体向右侧倾倒。右脚内扣，重心移于右腿，髋关节的动转，使得左脚迈出的动作才能轻松自如。左膝关节要微屈，不可僵直挺硬。同时要注意左脚的落点应偏左，避免双脚在同一直线的现象出现。右掌向上，向颌下屈臂回收时，要注意到松肩、含胸，力达肘关节，意在“肘劲”。右腋不可紧夹身体，肘关节的运动方向是右斜前45度，随右前臂的展伸，右掌握勾手，以勾背为力点向前顶出。左掌弧形下落时，意在“掤按”劲，然后屈臂经腹前继续向右上划弧于右肩前，逐渐翻转掌心向内，掌指向右，此时力贯左臂为平“掤劲”，双臂动作要肩肘松沉，饱满撑圆。立身中正，收腹敛臀，松腰沉髋，肩髋相合。正如拳谚所云：“立身须中正安舒，支撑八面。”

动作2：身体向左转，重心移于左腿，左脚全脚掌踏实，左腿屈膝慢慢向前弓出，成左弓步；同时左掌向上经面前，立圆弧形立掌向前推出，掌心侧向前，掌指向上，腕与肩平；右勾手同时向右侧后方展伸，勾尖向下，勾背略高于肩；眼向前平视（图322）。

动作要领：（1）向左转体、弓步与双手的动作要同时完成。（2）立身中正，松腰沉髋，含胸拔背。（3）松肩坠肘，双臂保持弧形。

易犯错误：（1）向左转体时身体重心起伏，动作不协调、脱节。（2）耸肩仰肘，双臂僵直。

动作方向：此动作身体向东方向。

图322

第75式 下 势

动作1：接上势，身体向右转，右脚外展135度，重心于右腿，右腿屈膝下蹲；同时左脚内扣90度，左腿伸直，成左仆步；随体转，右勾手向右后方伸出；左掌向上向右于面前屈臂落于胸前，掌心向右，掌指斜向上；眼视右手方向（图323）。

动作要领：（1）上体右转与右脚尖外展、左脚尖内扣动作同时协调完成。（2）立身中正，松肩坠肘，右勾背高于肩，双臂撑圆。（3）身体右转的方向以右后45度为宜。

易犯错误：（1）转体、扑步动作脱节不协调。（2）身体前俯，凸臀。

动作方向：此动作身体西南方向。

技击含义：腰髋的转动使得身体右转不仅与右脚的外展要同时进行，同时带动双掌动作协调进行。转体与右脚外展的方向为右后45度，即身体与右脚同时转动135度，左脚内扣90度，左腿伸直，成左仆步。此时要松腰沉髋，肩髋相对，上下相随。右勾手随体转向右侧前方伸展，意贯勾背，为“走劲”。不丢不顶，感觉有重意时，即松肩而沉之化解。意贯左掌，为“化劲”。要体会拳谚所云：“偏重则随，双重则滞。有一羽不能加，一蝇不能落。”由听而懂，由懂而走，由走而化之感。

图323

动作 2：身体向左转，重心于右腿；随体转，左掌向下沿左腿内侧向前穿出，掌指向前，掌心向右；右勾手平举于身体右侧，勾尖向下；眼随体转向前平视（图 324）。

动作要领：（1）转身穿掌时，右腿应全蹲，双脚全脚掌着地。（2）立身中正，松肩沉肘，双臂撑圆。（3）右勾手背略高于肩。

易犯错误：（1）身体前俯、弓背，产生身体倾倒现象。（2）双臂僵直，右勾手下落，动作不饱满。

动作方向：此动作身体向东方。

技击含义：转体穿掌的动作时，要注意立身中正，腰髋的转动带动左掌沿左腿内侧向前穿出。此时意贯左掌指，为“穿劲”。有穿透力的意感。但绝不可使用拙劲，僵力。所以身体重心不可偏斜，否则极易产生身体倾倒的现象。肩髋松沉，虚领顶劲，双臂的夹角以 135 度为宜，双臂不可僵直，使得动作外形具有支撑八方的感觉。如拳谚所云：“顺项贯顶两膀松，束烈下气把裆撑。用意开劲两捶争，五指抓地上弯弓。”

第 76 式 左独立

动作 1：接上势，身体向左转，左脚尖外展 90 度，重心前移，右脚尖内扣 135 度，立身直起，成左弓步；左掌继续前穿，立掌挑起，掌心侧向前，掌指向上，腕与肩平，右臂内旋，右勾手于身后下落，转动勾尖向上；眼视左掌方向（图 325）。

动作要领：（1）双脚的左展、右扣动作应与身体转动协调一致。（2）立身中正，松肩，腰髋松沉。双臂保持弧形。

易犯错误：（1）双脚的展、扣顺序不对，弓步形成困难。（2）身体前俯、突

图 324

图 325

臀，左右歪髋，双臂僵直。

动作方向：此动作身体向东方。

技击含义：弓步起身的动作，首先要解决好身体转动的同时，左脚要先向外展30～45度之间，然后右脚随之内扣135度；此时，身体重心前移，以虚领顶劲之意，使身体沿纵轴方向，弓步起身。立身中正，意贯头顶。切不可起身时，髋关节向左侧突歪，再起身，极易产生身体重心偏斜，左右突臀的现象。随身体左转重心前移，左掌继续向前穿伸，此时意贯掌指，要具有穿透力的感觉。当弓步形成时，意贯左臂下侧，为“立掤劲”。同时右臂内旋，转动勾尖向上，力达右臂及勾背。腰髋松沉，肩背舒展，立身中正。如拳谚所云：“肌肤骨节，处处开张，不先不后，迎送相当。前后左右，上下四傍，转接灵敏，缓急相当。”

动作2：身体直起，重心于左腿，左腿支撑，右腿屈膝提起，脚尖自然下垂，成左独立式；同时左臂内旋，转动掌心向下，下落按于左髋旁，虎口侧向前；右勾手下落变掌，由后下方顺右腿外侧向前上方挑掌，掌指向上与鼻平，掌心侧向左；眼视右掌方向（图326）。

动作要领：（1）虚领顶劲，立腰、提膝，保持重心平稳。（2）肩肘松沉，双臂撑圆，右肘与右膝上下相对。

易犯错误：（1）弓背耸肩，仰身挺腹，身体向一侧倾倒。（2）膝、肘不相对，双臂僵直。

动作方向：此动作身体向东方。

技击含义：此势独立起身的动作，首先要注意的是，重心移于左腿，以右脚前脚掌蹬地，虚领顶劲，身体沿纵轴的方向，向上立腰直起，头顶与左腿在同一重垂线。右膝提起，脚尖下垂，脚面微向内扣。随身体的直起，左臂内旋下落，意贯左掌，为“掤按劲”。右掌向上挑起，意贯右掌虎口，为“擎劲”。擎劲就是托劲，即一手向下掤按，造成对方脚跟拔起，同时另一手趁势向上猛托，产生对

图326

方向后倾倒后退的结果。要达到肩膝相对，不仅右膝要上提，而且右肩要松沉，肩背要舒松，右掌向前展伸，右臂外侧要同时含有“掤劲”的意念。所以动作要达到尾闾中正，含胸拔背，松肩垂肘，双臂撑圆。如拳谚所云：“有上即有下，有前即有后，有左即有右，如意要向上，即寓下意；若将物掀起，而加以挫之之力，斯其根自断，乃坏之速而无疑。”

第77式 右独立

动作1： 接上势，身体向右转，左膝屈蹲，右脚于距左脚约一脚远处落地，右脚跟向内拧转，重心移于右腿，左脚跟提起，右臂内旋，翻转右掌心向下；眼随体转向前平视（图327）。

动作要领：（1）右脚落地，应先以右前脚掌踏地，脚跟微内扣再全脚掌踏实。（2）立身中正，重心平稳，肩肘松沉，双臂撑圆。

易犯错误：（1）身体前俯突臀，重心偏移，身体向前倾倒。（2）膝、肘不相对，双臂僵直。

动作方向： 此动作身体向东方。

技击含义： 身体向右转的同时，左腿屈蹲，身体沿纵轴方向下蹲，右脚以前脚掌踏地，双脚的横向距离应与肩宽，距离超于肩宽，则重心向右偏移，产生身体向右倾倒的现象。双脚距离过小，影响右脚跟的向内拧转，极易产生重心向后偏移，发生身体向后倾倒的毛病，所以右脚的落点是关键。它直接影响到动作的稳定性。随身体的右转，右脚的落地，同时右臂内旋，翻转掌心向下，此时要松肩垂肘，意贯掌心为“掤劲”。左腿屈蹲的程度，依每人的腿的支撑力有直接的关系，因人而异。身形要做到尾闾中正，松腰沉髋，双臂保持弧形。如拳谚所云：“含胸，拔背；裹裆，护臀；提顶，吊裆；松肩，沉肘。”

图327

动作 2： 身体向左转，身体直起，重心于右腿，右腿支撑，左腿屈膝提起，脚尖自然下垂，成右独立式；右掌心向下，下落按于右髋旁，虎口侧向前；左臂外旋，转动左掌心向左，顺左腿外侧向前上方挑掌，掌指向上与鼻平，掌心侧向右；眼视左掌方向（图 328）。

动作要领：（1）虚领顶劲，立腰、提膝，保持重心平稳。（2）肩肘松沉，双臂撑圆，左肘与左膝上下相对。

易犯错误：（1）弓背耸肩，仰身挺腹，身体向一侧倾倒。（2）膝肘不相对，双臂僵直。

动作方向： 此势动作身体向东方。

第 78 式　左右倒撵猴（右倒卷肱 1）

动作 1： 身体向右转，重心于右腿，右支撑腿屈蹲，左脚向左后撤步，先以前脚掌踏地；随体转，右臂外旋，翻转掌心向上，向右后上方划弧展伸，腕与肩平，掌指向上，掌心向外，同时左掌向前伸展，掌心向前，掌指向上，腕与肩平；眼随体转向前平视。（图 329）

动作要领：（1）重心稳固右腿，左脚提起，应向偏左后 45 度方向退步，以避免双脚在同一直线上。（2）左脚前脚掌踏地、右手后撤动作要同时完成。（3）保持上体中正，双肩松沉，双臂保持弧形。

易犯错误：（1）双脚在同一直线上，重心不稳。（2）上下动作不相随，动作脱节。（3）俯身、突臀，左右歪髋，双臂僵直。

动作方向： 此动作身体向南方。

技击含义： 此动作时随着右支撑腿的屈蹲，左脚提起向左后退步，落点是相当重要的，因为它是身体重心稳固的基本保证。落点偏右，则双脚在同一直线

图 328

图 329

上，极易产身体左右摇晃的现象。过于偏左，则双脚的横向距离太宽，动作重心不易掌握，产生重心偏左的现象。因此，双脚的横向距离以本人的一脚宽为好(即 20～30 厘米)，退脚的方向以近于身体左侧后 45 度为宜。这样前脚、后脚、身体重心的垂线，此三点就确定了身体重心的稳固性。左脚落地要有蹬踏的力度，双臂的展伸，动作要圆活，肩肘的松沉，双臂保持弧形，尾闾中正的要领是动作姿势正确与否的保证。要如拳谚所云："动作出于无心，鼓舞出于不觉。身欲动，而步以为周旋；手将动，而步亦早为之催迫。"

动作 2：身体向左转，左脚跟内扣 45 度，左脚全脚掌踏实；重心移于左腿，成左坐步；同时右臂屈肘卷收，右掌经右耳侧，立掌向前推出，掌心侧向前，掌指向上，与鼻平；左臂外旋，翻转掌心向上，经右臂下收至腹前，掌指向右斜前方；同时右脚以脚跟为轴随之转正；眼视右掌方向（图 330）。

动作要领：（1）以腰为轴带动手脚动作同时进行，左脚跟内扣与右掌前推、左掌回收的动作速度协调配合。（2）当双掌交错时，右脚要适时"转正"方向，以保证右掌前推的力度。

易犯错误：（1）上下不相随，动作不协调。（2）右脚"转正"时间不适时，腰髋不顺。

动作方向：此动作身体向东北方。

图 330

图 330 正面

第78式 左右倒撵猴（左倒卷肱1）

动作1：接上势，身体微向左转，重心于左腿，右脚踏地，成左坐步；左掌自腹前向下划弧至左髋旁，掌心向上，掌指向前；同时右掌微微向前展伸，掌心向前，掌指向上，腕与肩平；眼随体转向前平视（图331）。

动作要领：（1）立身中正，松腰沉髋，以腰为轴带动双掌动作。（2）转体幅度要适宜，左肘方向为左后侧45度。（3）双臂撑圆，肩肘松沉。

易犯错误：（1）转体幅度大，重心偏斜，身体向右后倾倒。（2）左臂紧夹身体，双臂僵直。

动作方向：此动作身体向东方。

动作2：身体继续向左转，右脚提起向后撤步，先以脚前掌踏地；同时，左掌从髋旁向左后上方划弧，腕与肩平，掌指向上，掌心向外，右掌随身体转动向前微展，掌心向前，掌指向上；眼随身体转动向前平视（图332）。

动作要领：（1）重心稳固左腿，右脚提起，应向偏左后45度方向退步，以避免双脚在同一直线上。（2）右脚前脚掌踏地、左手后撤动作要同时完成。（3）保持上体中正，双肩松沉，双臂保持弧形。

易犯错误：（1）双脚在同一直线上，重心不稳，身体向后倾倒。（2）上下动作不相随，动作脱节。（3）俯身、突臀，左右歪髋，双臂僵直。

动作方向：此动作身体向北方向。

图331

图331正面

图332

动作 3：身体向右转，右脚跟内扣 45 度，右脚全脚掌踏实，重心移于右腿，成坐步；同时左臂屈肘卷收，左掌经左耳侧，立掌向前推出，掌心侧向前，掌指向上，与鼻平；右臂外旋，翻转掌心向上，经左臂下收至腹前，掌指向左斜前方；同时左脚以脚跟为轴随之转正；眼视左掌方向（图 333）。

动作要领：（1）以腰为轴带动手脚动作同时进行，右脚跟内扣与左掌前推、右掌回收的动作速度协调配合。（2）当双掌交错时，左脚要适时“转正”方向，以保证左掌前推时的力量。

易犯错误：（1）上下不相随，动作不协调。（2）左脚“转正”时间不适时，动作脱节，腰髋不顺。

动作方向：此动作身体向北方。

第 78 式 左右倒撵猴（右倒卷肱 2）

动作 1：接上势，身体微向右转，重心于右腿，左脚踏实，成右坐步；右掌自腹前向下划弧至右髋侧，掌心向上，掌指向前；同时，左掌微微向前展伸，掌心向前，掌指向上，腕与肩平；眼随身体转动向前平视（图 334）。

动作要领：（1）立身中正，松腰沉髋，以腰为轴带动双掌动作。（2）转体幅度要适宜，右肘方向为后侧 45 度。（3）双臂撑圆，肩肘松沉。

易犯错误：（1）转体幅度大，重心偏斜，身体向右后倾倒。（2）右臂紧夹身体，双臂僵直。

动作方向：此动作身体向东南方向。

图 333

图 334

动作 2：身体继续向右转，左脚提起向后撤步，先以前脚掌踏地；同时，右掌从右髋旁向右后上方划弧展伸，腕与肩平，掌指向上，掌心向外；左掌随身体转动向前微展，掌心向前，掌指向上，腕与肩平；眼随体转动向前平视（图 335）。

动作要领：（1）重心稳固右腿，左脚提起，应向偏左后 45 度方向退步，以避免双脚在同一直线上。（2）左脚前脚掌踏地、右手后撤动作要同时完成。（3）保持上体中正，双肩松沉，双臂保持弧形。

易犯错误：（1）双脚在同一直线上，重心不稳。（2）上下动作不相随，动作脱节。（3）俯身、突臀，左右歪髋，双臂僵直。

动作方向：此动作身体向南方。

动作 3：身体向左转，左脚跟内扣 45 度，左脚全脚掌踏实，重心移于左腿，成左坐步；同时右臂屈肘卷收，右掌经耳侧，立掌向前推出，掌心侧向前，掌指向上，与鼻平；左臂外旋，翻转掌心向上，经右臂下收至腹前，掌指向右斜前方；同时右脚以脚跟为轴随之转正；眼视右掌方向（图 336）。

动作要领：（1）以腰为轴带动手脚动作同时进行，左脚跟内扣与右掌前推、左掌回收的动作速度协调配合。（2）当双掌交错时，右脚要适时“转正”方向，以保证右掌前推的力度。

易犯错误：（1）上下不相随，动作不协调。（2）右脚“转正”时间不适时，腰髋不顺。

动作方向：此动作身体向东北方。

图 335

图 336

图 336 正面

第78式　左右倒撵猴（左倒卷肱2）

动作1：接上势，身体微向左转，重心于左腿，右脚踏实，成左坐步；左掌自腹前向下划弧至左髋侧，掌心向上，掌指向前；同时右掌微微向前展伸，掌心向前，掌指向上，腕与肩平；眼随身转向前平视（图337）。

动作要领：（1）立身中正，松腰沉髋，以腰为轴带动双掌动作。（2）转体幅度要适宜，左肘方向为左后侧45度。（3）双臂撑圆，肩肘松沉。

易犯错误：（1）转体幅度大，重心偏斜，身体向右后倾倒。（2）左臂紧夹身体，双臂僵直。

动作方向：此动作身体向东方。

动作2：身体继续向左转，右脚提起向后撤步，先以前脚掌踏地；同时，左掌从髋侧向左后上方划弧展伸，腕与肩平，掌指向上，掌心向外；右掌随身体转动向前微展，掌心向前，掌指向上；眼随身体转动向前平视（图338）。

动作要领：（1）重心稳固左腿，右脚提起，应向偏左后45度方向退步，以避免双脚在同一直线上。（2）右脚前脚掌踏地、左手后撤动作要同时完成。（3）保持上体中正，双肩松沉，双臂保持弧形。

易犯错误：（1）双脚在同一直线上，重心不稳，身体向后倾倒。（2）上下动作不相随，动作脱节。（3）俯身、突臀，左右歪髋，双臂僵直。

动作方向：此动作身体向北方向。

图337

图337正面

图338

动作 3：身体向右转，右脚跟内扣 45 度，右脚全脚掌踏实；重心移于左腿，成左坐步；同时左臂屈肘卷收，左掌经耳侧，立掌向前推出，掌心侧向前，掌指向上，与鼻平；右臂外旋，翻转掌心向上，经左臂下收至腹前，掌指向左斜前方，同时左脚以脚跟为轴随之转正；眼视左掌方向（图 339）。

动作要领：（1）以腰为轴带动手脚动作同时进行，右脚跟内扣与左掌前推、右掌回收的动作速度协调配合。（2）当双掌交错时，左脚要适时“转正”方向，以保证左掌前推时的力量。

易犯错误：（1）上下不相随，动作不协调。（2）左脚“转正”时间不适时，动作脱节，腰髋不顺。

动作方向：此动作身体向北方。

第 78 式　左右倒撵猴（右倒卷肱 3）

动作 1：接上势，身体微向右转，重心于右腿；左脚踏实，成右坐步；右掌自腹前向下划弧至右髋侧，掌心向上，掌指向前；同时，左掌微微向前展伸，掌心向前，掌指向上，腕与肩平；左脚跟着地；眼随体转向前平视（图 340）。

动作要领：（1）立身中正，松腰沉髋，以腰为轴带动双掌动作。（2）转体幅度要适宜，右肘方向为后侧 45 度。（3）双臂撑圆，肩肘松沉。

易犯错误：（1）转体幅度大，重心偏斜，身体向右后倾倒。（2）右臂紧夹身体，双臂僵直。

动作方向：此动作身体向东南方向。

图 339

图 340

动作 2：身体继续向右转，左脚提起向后撤步，先以前脚掌踏地；同时，右掌从右髋侧向右后上方划弧展伸，腕与肩平，掌指向上，掌心向外；左掌随身体转动向前微展，掌心向前，掌指向上；眼随体转向前平视（图 341）。

动作要领：（1）重心稳固右腿，左脚提起，应向偏左后 45 度方向退步，以避免双脚在同一直线上。（2）左脚前脚掌踏地、右手后撤动作要同时完成。（3）保持上体中正，双肩松沉，双臂保持弧形。

易犯错误：（1）双脚在同一直线上，重心不稳。（2）上下动作不相随，动作脱节。（3）俯身、突臀，左右歪髋，双臂僵直。

动作方向：此动作身体向南方。

动作 3：身体向左转，左脚跟内扣 45 度，左脚全脚掌踏实；重心移于左腿，成左坐步；同时右臂屈肘卷收，右掌经耳侧，立掌向前推出，掌心侧向前，掌指向上，与鼻平；左臂外旋，翻转掌心向上，经右臂下收至腹前，掌指向右斜前方；同时右脚以脚跟为轴随之转正；眼视右掌方向（图 342）。

动作要领：（1）以腰为轴带动手脚动作同时进行，左脚跟内扣与右掌前推、左掌回收的动作速度协调配合。（2）当双掌交错时，右脚要适时“转正”方向，以保证右掌前推的力度。

易犯错误：（1）上下不相随，动作不协调。（2）右脚“转正”时间不适时，腰髋不顺。

动作方向：此动作身体向东北方。

图 341

图 342

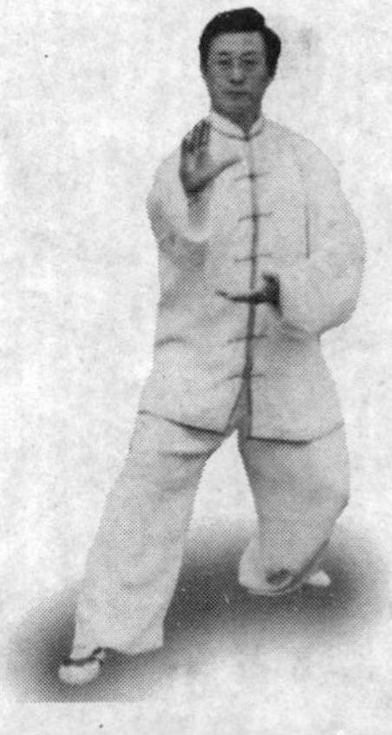

图 342 正面

第79式 斜飞势

动作1：接上势，重心于左腿，右脚回收到左脚内侧，脚前掌踏地；右臂微前展，右掌心向前，掌指向上，腕与肩平；同时左掌向下收至左髋旁，掌心向上，掌指向前；眼向前平视（图343）。

动作要领：（1）右脚提起回收，应在距左脚跟右侧一横脚（20～30厘米）处落地。（2）立身中正，松肩沉肘，双臂保持弧形。

易犯错误：（1）右脚落地点与左脚距离太近或右脚落地偏后，重心不稳身体倾倒。（2）突臀，歪髋，双臂僵直。

动作方向：此动作身体向东方。

技击含义：此动作相对讲比较简单，但是右脚提起回收落地却是关键。右脚的落地点要注意应落在左脚跟右侧一横脚远的地方，同时要保持与左脚跟尽量在同一横线上。因为右脚的落地点与左脚距离太近，必然影响下一动作的转体、扣脚动作的进行。如果右脚的落地点横向距离太宽，或落地点偏于身体后侧，就极宜产生身体重心向右和向后偏斜，从而产生身体向右或向后倾倒。所以右脚的落点要保持在合理的距离内即20～30厘米为宜。自然身体重心的稳固，立身的中正，双肩的松沉，都是动作练演时的要领保证。要达到拳谚所云："向前、退后，乃能得机得势，有不得机得势处，身便散乱，必至偏倚，其病必于腰腿求之。上下、前后、左右皆然。"

动作2：身体向右转，左脚尖内扣135度，重心移于右腿，随身体转动；双掌向左右两侧平分于体侧，腕与肩高；左掌心向上，掌指向前；右掌心向外，掌指向上；眼随体转向前平视（图344）。

动作要领：（1）身体姿势保持中正，重心移动才能平稳。（2）松肩垂肘，双

图343

图344

臂保持弧形。

易犯错误：（1）重心移动不平稳，动作姿势起伏。（2）双臂僵直，动作脱节。

动作方向：此动作身体向南方。

动作 3：身体继续向右转，重心于左腿，右脚提起向右前侧方迈步，脚跟先着地；左掌经面前横掌屈收于胸前，掌心向下，掌指向右；右掌向下划弧于腹前，掌心向上，掌指向左；眼随体转向前平视（图 345）。

动作要领：（1）身体右转带动双掌合抱、右脚迈出同时完成。（2）右脚迈步，左支撑腿重心微下坐。（3）在本动作中，右脚迈出方向以右前侧 45 度为宜。

易犯错误：（1）右脚迈出方向角度过大，重心不稳，手脚动作不协调。（2）耸肩、突臀，左右歪髋。（3）左腿重心尚未稳坐，右脚迈出，产生"抢步"现象。

动作方向：此动作身体向西南方向。

动作 4：身体微向右转，重心前移，右脚全脚掌踏实，右腿屈膝慢慢向前弓出，成右弓步；双掌同时向右上、左下分开，右掌心侧向上，掌指向前，腕与眼平；左掌于左髋旁，掌心向下，虎口向前，掌指斜向前；眼视右手方向（图 346）。

动作要领：（1）身体的转动带动双掌分开与弓步动作协调完成。（2）立身中正，松腰沉髋，沉肩坠肘，双臂撑圆。

易犯错误：（1）双掌分开与弓步动作脱节，不协调。（2）耸肩，双臂僵直。

动作方向：此动作身体向西南方向。

图 345

图 346

第80式 提 手

动作1：接上势，重心移至右腿，右腿屈膝前弓，左脚提起向前跟步，前脚掌踏地，随重心前移；右掌向前展伸，掌心向上，腕与肩平；左掌同时向下撑按，掌心向下，掌指斜向前；眼视右掌方向（图347）。

动作要领：（1）身体保持中正，重心移动要适度，跟步距离要适中。（2）身体不可起伏，松腰沉髋，双臂撑圆。

易犯错误：（1）身体前俯，跟步太近，重心前倾，身体前倒。（2）动作起伏，耸肩直臂。

动作方向：此动作身体向西南方向。

技击含义：此动作时，身体重心的前送，右腿屈膝前弓，动作姿势不可起伏。随身体重心的前移，左脚提起向前跟步，跟步要达到半步距离，前脚掌踏地，要有力度。如果超过半步距离，加之右掌向前展伸，身体的重心极易不稳，产生身体向右前侧倾倒。跟步不到半步距离时，身体重心偏后，左脚跟步踏地的力度欠缺，影响到右掌展伸的劲力。松腰沉髋，是要把身体的重心稳固下来，同时也是把左脚的踏地之力量，贯通到双臂，松肩垂肘，含胸拔背，使得双臂具有弹性。要体会拳谚所云："动则生阳静生阴，一动一静互为根。果然识得环中趣，碾转随意见天真。"

动作2：身体向左转，左脚全脚掌踏实，重心移至左腿；右脚跟提起，双掌翻转掌心向上，随身体转动微向下、向后划弧平展于体侧，腕与肩平，双掌心向上，掌指向左、右两侧，眼随体转视左手方向（图348）。

动作要领：（1）左脚跟内扣45度，与双掌平展动作要协调。（2）松肩垂肘，立身中正，双臂撑圆。（3）双臂平展幅度要小，要符合"含胸拔背"的拳理要

图347

图348

求。

易犯错误：（1）向左转体时身体重心起伏，转体幅度大，重心偏于右腿。（2）耸肩仰肘，双臂僵直。（3）双臂平展幅度大，造成背肩挺胸现象。

动作方向：此势动作身体向东南方。

动作3：身体向右转，重心于左腿，右脚提起向前迈出，脚跟落地，成右虚步；双掌屈臂向上划弧经耳侧向前合手推出，右掌指向上，与鼻平；掌心略向左前侧，左掌心向下，掌指斜对右肘；眼视右掌方向（图349）。

动作要领：（1）双臂合掌推出时，做到右掌在前、左掌在后。（2）松腰胯，沉肩坠肘，敛臀，双臂撑圆。

易犯错误：（1）定势姿势起伏，耸肩。（2）身体前俯突臀，左右歪髋。

动作方向：此动作身体向南方向。

第81式 上 势

动作1：接上势，身体向左转，重心在左腿，随体转，左掌转动掌心向上、向下划弧至左腹前，掌指向前；右掌随体转动向前微展，掌心向前，掌指向上；腕与肩平，眼随体转向前平视（图350）。

动作要领：（1）保持立身中正，双臂撑圆，左腋要留有空隙。（2）松腰沉髋，沉肩垂肘。

易犯错误：（1）身体前俯、突臀，动作重心起伏。（2）左右歪髋，双臂僵直。

动作方向：此动作身体向东南向。

图349

图350

动作2：身体向右转，重心于左腿，右脚提起向前迈出，脚跟先落地；此时随体转，右掌向下划弧平掤于胸前，掌心转动向内，掌指向左；左掌向后而上划弧按在右小臂上，掌心向外，掌指斜向上；眼向前平视（图351）。

动作要领：（1）转体，迈步、双掌相合的动作要协调。（2）立身中正，松腰沉髋、松肩垂肘，双臂撑圆。

易犯错误：（1）身体前俯、突臀，左右歪髋。（2）动作重心起伏，双腿僵直。

动作方向：此动作身体向南方。

动作3：重心移于右腿，右脚全脚掌踏实，右腿慢慢向前弓出，成右弓步；双掌向前下方挤出，右掌心向内，掌指向左，左掌心向外，掌指斜向上；眼视前下方（图352）。

动作要领：（1）双掌前挤时，双臂微屈，上下相随。（2）立身中正，松腰髋。

易犯错误：身体前倾，耸肩，抬肘。

动作方向：此动作身体向南方。

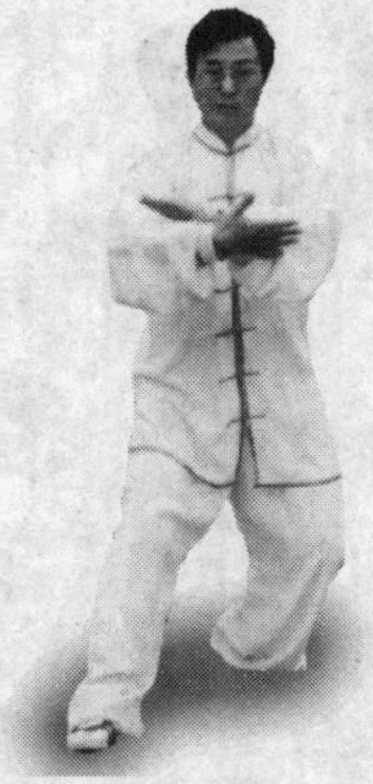

图351

图352

第82式 白鹤亮翅

动作1：接上势，身体向左转，右脚尖内扣45度，重心于右腿；随身体转动，右小臂内旋，微向前展；右掌心向左，虎口向上，掌指向前；左掌附在右小臂上，掌心向下，掌指向右；眼随体转向前平视（图353）。

动作要领：（1）右小臂内旋、前展，含有下沉之意。（2）立身中正，松肩垂肘，双臂撑圆。

易犯错误：（1）重心偏于右腿，上体右倾，左右歪髋。（2）转体与右臂微前展动作不协调。

动作方向：此势动作身体向东方。

动作2：重心于右腿，左脚提起向前迈出，前脚掌踏地，成虚步；双掌分别向右上、左下分开，右掌上提于右额前，掌心向外，掌指向上；左掌落于左髋前外，掌心向下，虎口向前，掌指向左斜前；眼向前平视（图354）。

动作要领：（1）身体正直，双臂保持圆形。（2）双掌分开，双膝关节微上伸。（3）含胸、拔背，双臂保持弧形。

易犯错误：（1）俯身突臀，身体重心起伏太大。（2）左右歪髋，右膝关节过于内扣。重心不稳。

动作方向：此动作身体向东方。

图353

图354

图354正面

第 83 式　左搂膝拗步

动作 1：接上势，上体微向左转，重心于右腿，随身体转动，右掌转动掌心向上，向左摆掌于体前，腕与肩平，掌指斜向前上；眼视右掌方向（图 355）。

动作要领：（1）摆掌与身体转动应协调配合，右腿重心要稳固。（2）身体平稳，动作轻灵、沉稳，松腰髋、垂肘松肩。

易犯错误：（1）身体前俯，重心前倾。（2）左右歪髋，双臂挺直。

动作方向：此动作身体向东北方。

动作 2：身体向右转，重心于右腿，左脚提起向前迈出，脚跟先着地；同时右掌下落经腹前再向右后上方划弧于右肩外，掌心向外，掌指向上，左掌由下向上经面前划弧于右肩前，掌心向内，掌指向右；眼视右手方向（图 356）。

动作要领：（1）双掌运转与迈步动作协调一致。（2）双臂呈弧形，右掌向体右后侧划弧应在体右后侧 45 度为宜。（3）迈步时身体重心必须坐实，以保持身体平衡。

易犯错误：（1）双臂运转与迈步不协调。（2）凸臀，身斜，转体角度过大，出现动作重心偏斜现象。

动作方向：此动作身体向东南方。

动作 3：身体向左转，重心前移，左脚全脚掌踏实。左腿屈膝慢慢向前弓出，成左弓步；同时随体转，左掌落于右腹前，掌心翻转向下，向前经左膝前搂过至左膝外侧，掌指向前；掌指侧向前，右臂屈肘卷收，右掌经耳旁立掌向前推出，掌心向前，掌指向上，腕与肩高；眼向前平视（图 357）。

动作要领：（1）迈步时，身体重心坐实，保持身体平衡。（2）主宰于腰，以腰为肘，双臂运转必须协调一致，两肩平齐；弓步、搂掌、推掌应同时完成，作

图 355

图 356

图 357

到“上下相随”。(3) 定势时，右掌应基本对准身体中线，沉肩，松腰。

易犯错误：(1) 右掌过高、前伸，右肩过于前送。(2) 双脚在同一直线上。

动作方向：此动作身体向东方。

第 84 式 海底针

动作 1：接上势，身体微向左转，重心移至左腿；右脚向前跟半步，右脚前脚掌踏地；随身体转动，右掌立掌向前展伸，左掌保持上势搂膝姿势不变；眼视右掌方向（图 358）。

动作要领：(1) 重心稳固在左腿，右脚跟步踏地时身体才能平稳。(2) 立身中正，松腰胯、垂肘、松肩动作轻灵、沉稳。

易犯错误：(1) 跟步距前脚太近，身体重心前倾。(2) 动作姿势起伏，左右歪髋，双臂挺直。

动作方向：此动作身体向东北方。

技击含义：此势动作时，身体重心要移于左腿，重心稳固，身体才能左转自如，带动右脚向前跟步，跟步距离以不超过半步距离为好。微向前送肩，右掌向前展推，此势动作极其重要的一点是，重心前移向前跟步，身体姿势要保持平稳，万不可起伏，沉肩、松腰髋，动作意识要注重身体重心下沉，沉稳中寓有轻灵之感。右脚向前跟步，前脚掌要踏实，也就是前七（左腿）后三（右腿）的劲力分配。右掌前推，意贯右掌指。左掌同时要有沉劲，相辅相成。动作才能饱满圆活。要达到拳谚所云：“身为心之用，劲力为身之用。心、身有一定之主宰者，理也。”

图 358

动作2：身体向右转，重心移于右腿；右脚全脚掌踏实，右掌屈臂立掌收于胸前，掌心微向左，掌指向上；左掌弧形上提于体前，掌心向右，掌指向上，与鼻平；眼随体转向前平视（图359）。

动作要领：（1）向右转体以右前侧45度为宜，右脚踏实与前进方向成45度。（2）左掌上提，虎口含有上挑之意。（3）身体中正，松肩垂肘，以腰为轴带动双掌运行。

易犯错误：（1）转体幅度过大，重心偏斜，身体向后倾倒。（2）双臂过于夹紧身体。

动作方向：此动作身体向南方向。

技击含义：向右转体，同时，身体重心右移，右脚尖与前方成45度，右脚全脚掌踏实。右掌屈收，意贯右掌背，含有向后的“引带劲”，左掌挑起，意贯左掌虎口，含有向上的“挑架”之力，双臂的动作以腰髋的纵轴转动为主，动作过程要成弧形，立腰竖项，松肩垂肘、双掌虎口撑圆，以保持劲力的饱满。动作时要特别注意前臂与上臂之间以及双臂与身体之间不可夹紧，以免形成死角。要体会拳谚所云：“提顶吊裆心中悬，松肩沉肘气丹田。”

动作3：身体向左转，重心于右腿；左脚提起前移，左脚前脚掌踏地，成左虚步；随体转，右掌弧形向前下方插掌，掌心向左，掌指斜向前下；腕与腹平，左掌弧形下落于左膝旁，掌心向下，虎口向前，掌指斜向前；眼视前下方（图360）。

动作要领：（1）身体左转，右掌下插、左掌下落，与虚步动作同时完成。（2）松腰沉髋，肩背舒松，双臂撑圆。

易犯错误：（1）身体过于前俯，重心偏斜，身体向前倾倒。（2）左右歪髋，双臂僵直。

动作方向：此动作身体向东方。

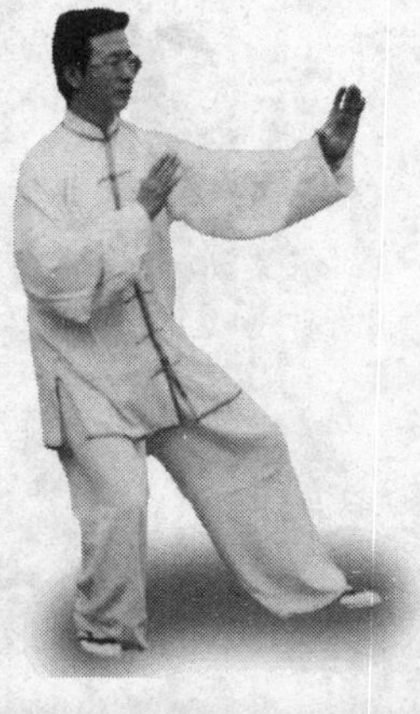

图359

图360

图360正面

技击含义： 此动作时，身体向左的转动，带动双掌与左虚步动作同时协调进行，也就是讲手脚的动作要在同一时间段内完成。尤其是折体下坐、插掌，是相当重要的。左脚踏地成左虚步，要有力度，身体重心的分配应是前四后六。即右腿屈膝下坐，重心六成稳固于右腿，左脚要支撑身体前俯的重量，含有四成重心。右掌的动作要成弧形，向前下插出，意贯右掌指。左掌的动作要向前下弧形下落于左膝侧，意贯左掌是采按劲。要如拳谚所云："夫发手击敌，全赖身法之助，身法为何？纵、横、高、低、进、退、反、侧而已！……低，则抑其身，而身有攒促之行。"

第 85 式 闪通臂

动作 1： 接上势，身体向右转，重心于右腿，上体直起，左脚提起向前迈出，脚跟先着地；随体转，左掌搭在右腕部，双掌向上提至右额前，左掌心向外，掌指向上；右臂内旋，右掌转动掌心向外，掌指向左；眼视右前方（图 361）。

动作要领：（1）腰的转动带动双掌上提、迈步协调完成。（2）立身中正，身体重心不可起伏。（3）松腰沉髋，松肩沉肘，双臂撑圆。

易犯错误：（1）动作不协调，凸臀。（2）身体重心起伏，耸肩扬肘。

动作方向： 此动作身体向东南方。

动作 2： 身体向左转，重心移于左腿，左脚全脚掌踏实，右腿屈膝，向前慢慢弓出，成左弓步；随体转，左掌微向下经胸前向前立掌推出。掌指向上，腕与肩平。同时，右掌向右前上方推撑，掌指向前，掌心向外；眼向前平视（图 362）。

动作要领：（1）弓步时要松腰沉髋，立身中正，双臂撑圆。（2）沉肩、坠

图 361

图 362

肘、顺腕、舒指。

易犯错误：（1）弓步时，身体重心起伏。（2）身体前俯，突臀耸肩，双臂僵直。

动作方向：此动作身体侧向东方向。

第 86 式　转身撇身捶

动作 1：接上势，身体向右转，左脚尖内扣，重心于左腿；随体转，右掌握拳，经面前下落至腹前，拳心向下，拳眼向内；左掌向上划弧至额前上方，掌心向外，掌指向右；眼随体转向前平视（图 363）。

动作要领：（1）身体的转动带动双掌与扣脚动作协调进行。（2）立身中正，松腰沉髋，肩肘松沉，肩髋相对，双臂撑圆。（3）左脚内扣幅度尽量达到大。

易犯错误：（1）动作不协调，脱节，上下不相随。（2）动作重心起伏，俯身突臀，双臂、双腿挺直。

动作方向：此动作身体向南方。

技击含义：此势动作时，传统杨式太极拳的动作特点之一是，身体重心要坐于左腿，左脚内扣要达到 135 度的幅度。重心稳固，身体才能右转，此势动作极其重要的一点是，右膝关节与右脚的方向一致，是身体转动的基础。同时也是动作姿势保持平稳，重心不起伏，沉肩肘、松腰髋，立身中正的保证。动作意识要注重身体重心下沉，沉稳中寓有轻灵之感。意贯右臂，要有沉劲，左掌意贯虎口，要有撑带的感觉。左右掌的动作相辅相成。动作才能饱满圆活。要达到拳谚所云："身为心之用，劲力为身之用。心、身有一定之主宰者，理也。"

图 363

动作 2：身体继续向右转，重心于左腿，右脚提起向前迈出，右脚跟先着地；随体转，左掌向左下划弧于左髋侧，掌心向下，掌指向前；右拳随腰转向前翻打，拳心向上与胸平；眼随体转向前平视（图 364）。

动作要领：（1）随体转，双手动作与右脚迈出的动作要协调一致。（2）尾闾中正，沉肩垂肘，双臂撑圆，动作饱满。

易犯错误：（1）上下动作不协调，动作脱节。（2）身体前俯突臀，左右歪髋，双臂僵直。

动作方向：此势动作身体向西方。

第 87 式　白蛇吐信

动作 1：身体微向右转，重心前移，右脚全脚掌踏实，右腿屈膝慢慢向前弓出，成右弓步；同时，左掌上提经右臂上横掌向前推出，腕与肩平，掌心向下，掌指向右；右拳变掌收于右腰间，掌心向上，掌指向前；眼向前平视（图 365）。

动作要领：（1）左横掌、右掌收与右弓步动作协调一致。（2）立身中正，松肩肘，双臂保持弧形。

易犯错误：（1）转体幅度过大，身体向右倾倒。（2）身体前俯，耸肩，左臂僵直。

动作方向：此动作身体向西方向。

技击含义：此势动作时，双臂的动作与身体的转动，右腿的弓步协调进行。腰髋的转动带动左掌上提向前的横掌推出，此时意贯左掌外缘及左臂，是撑推的感觉。同时右掌的回收，意贯右臂下侧，是引带劲。右肘关节，含有向后的顶劲。虽然身体转动的幅度不是很大，但腰髋的转动，身体沿纵轴运转，使得左脚的蹬踏之劲，贯穿到双掌。松肩拔背是蓄劲的体现。正如拳谚所云：“擎起彼劲

图 364

图 365

图 365 正面

借彼力，引到身前劲始蓄；松开我劲勿使屈，放时腰脚认端的。”

动作2：身体微向左转，重心于右腿，成右弓步；同时，右掌从右腰侧向前伸出，掌心向上，掌指向前，腕与胸平；左臂屈肘回收，从右臂上收于右肘上方，掌心向下，掌指向右；眼向前平视（图366）。

动作要领：（1）主宰于腰，以腰髋的转动带动双臂的运转。（2）立身中正，松腰胯、垂肘、松肩动作轻灵、沉稳。（3）双比保持弧形。

易犯错误：（1）动作左右不相随。不协调。（2）动作姿势起伏，左右歪髋，双臂挺直。

动作方向：此动作身体向西方。

技击含义：此势动作时，重心要稳固于左腿，身体才能左转自如，带动双臂的运转，右掌向前的探出，微向前送肩，意贯右掌指，是顺步探掌。左臂的屈收，左掌向后的动作要饱满，左肘不要成死角。动作意识上要注重身体重心下沉，身体姿势要保持平稳，万不可起伏，沉肩、松腰髋，沉稳中寓有轻灵之感。右掌伷出，左掌的同时回收，动作要连贯自如。动作才能饱满圆活。要达到拳谚所云：“每一动，惟手先著力，随即松开。犹须贯穿一气，不外起、承、转、合。始而意动，继而劲动，转接要一线串成。”

第88式　进步搬拦捶

动作1：接上势，身体向左转，左脚尖外展45度，重心于左腿，右脚提起向前迈出，脚跟先着地；随身体转动左臂外旋，左掌转动向上、向左后而上划弧至左肩外，掌心向外，掌指向上，腕与肩平；右臂内旋，右拳向左下划弧至腹前，拳心向下，拳眼向内；眼视左掌方向（图367）。

动作要领：（1）以腰的动作带动双臂动作与迈步协调完成。（2）重心左移，

图366

图367

动作姿势不可起伏，要平稳过度。

易犯错误：（1）动作不协调，身体前俯突臀。（2）耸肩，双臂僵直。

动作方向：此动作身体向东北方向。

动作 2：身体向右转，重心前移，右脚全脚掌踏实。右腿屈膝慢慢向前弓出，成右弓步；随腰转；右拳向前翻打，拳心向上，拳面向前，拳与胸平；左掌同时经面前向前横掌下压于右拳前，掌心向下，掌指向右，腕与肩平；眼向前平视（图 368）。

动作要领：（1）双掌的动作与弓步要同时协调完成。（2）身体正直，双肩松沉，双臂撑圆。（3）左掌、右拳之间以一拳距离为宜。

易犯错误：（1）右拳翻打、左掌盖压与弓步动作不协调。（2）身体前俯，耸肩、扬肘。

动作方向：此动作身体向东向。

动作 3：身体向右转，右脚尖外展 45 度，重心于右腿，左脚提起向前迈出，脚跟先着地；右拳收于右腰间，拳心向上，左掌立掌向前、向左划弧拦出，掌心侧向前，掌指向上，腕与肩平；眼向前平视（图 369）。

动作要领：（1）双臂不可挺直，立身中正，松腰沉胯。（2）迈步、拦掌、收拳动作协调完成。

易犯错误：（1）右臂紧夹身体，动作不协调。（2）突臀左右歪髋。

动作方向：此动作身体向东南方向。

图 368

图 369

动作4：身体向左转，重心前移，左脚全脚掌踏实。左腿屈膝慢慢向前弓出，成左弓步；右臂内旋，右拳自腰间向前打出，拳眼向上，与胸平；左掌弧形收至右前臂内侧，掌心侧向右，掌指斜向上；眼向前平视（图370）。

动作要领：（1）立身中正，两臂微屈，沉肩垂肘，双臂撑圆。（2）弓步形成、左掌收回、右拳打出动作要协调，速度均匀。（3）右拳、左掌之间距离以一拳为宜。

易犯错误：（1）上体前俯、突臀，耸肩、右臂僵直。（2）动作不协调，上下不相随。

动作方向：此动作身体向东方向。

第89式　上步右揽雀尾（掤式）

动作1：接上势，身体向左转，左脚尖外展45度，重心移于左腿，随体转右脚跟提起；同时，左臂外旋，翻转左掌心向上，向左下划弧撤至左腹前，掌心向上，掌指向右；右拳随体转向前展伸，腕与肩平，拳眼向上，拳面向前；眼随体转向前平视（图371）。

动作要领：（1）立身中正，肩肘松沉，双臂呈弧形。（2）右拳向前展伸的动作幅度要适宜。

易犯错误：（1）双掌动作与转体动作不协调。（2）俯身、耸肩、吊肘，左右歪髋。

动作方向：此势动作身体向西南方。

技击含义：此动作时，随身体的左转，左掌与右拳同时而动。右拳向前顺肩展伸，拳与胸平，拳面向前，意贯拳面，是向前送劲的意思；左臂外旋，左掌翻转向上，向左下回撤。此时，意贯左肘关节，是向后的撑劲同时左臂还含有向下

图370

图370正面

图371

的引带之意。要含有前送（右拳），后撑（左肘）的对拔之劲力感觉。顶头悬，身中正，松腰髋，顺肩胯。右脚跟提起，右前脚掌要具有蹬踏的力度感觉，要支撑身体的稳定。要体会拳谚所云："功夫先练开展，后练紧凑。开展成而地之，才讲紧凑；紧凑得成，才讲尺、寸、分、毫。"

动作 2：身体继续微向左转，重心于左腿；右脚提起向右前迈出，脚跟先着地，同时左掌向后而上划弧屈臂于右胸前，掌心向下，掌指向右；右拳变掌向左下划弧于左腹前，转动掌心侧向上，掌指向左；眼随体转向前平视（图 372）。

动作要领：（1）立身中正，沉肩垂肘，双臂保持弧形。（2）松腰沉髋，右腿屈膝，双脚间横向距离 30 厘米为宜。

易犯错误：（1）身体歪斜、突臀，左右歪髋。（2）耸肩、仰肘，双膝挺直，重心起伏。

动作方向：此势动作身体向西南方。

动作 3：身体向右转，重心移于右腿；右脚全脚掌踏实，右腿屈膝慢慢向前弓出，成右弓步；随体转，右臂向上经面前立掌向前掤出，掌心侧向前，掌指向上，与鼻平；左掌随体转落于右肘内侧，掌心侧向上，掌指对右肘；眼随体转向前平视（图 373）。

动作要领：（1）以腰转动带动上下动作协调完成。（2）沉肩、坠肘，含胸拔背。（3）右臂立掌向前掤出要成立圆弧形。

易犯错误：（1）身体前俯、突臀，双腋紧夹身体。（2）耸肩、仰肘，双膝挺直，重心起伏。

动作方向：此势动作身体向西方。

图 372

图 373

第 89 式　上步右揽雀尾（捋式）

动作 1：接上势，身体向左转，重心移于左腿，成坐步；双掌随身体转动向左后捋至腹前，双掌心侧相对，右掌心向左，掌志向前；左掌心侧向上，掌指向右；眼随体转向前平视（图 374）。

动作要领：（1）向后捋时，左肘应向左侧后 45 度方向撤肘。（2）立身中正，沉肩、坠肘，松腰沉髋。（3）右肘与身体保持 20 厘米左右距离为宜。

易犯错误：（1）身体后仰、左右歪髋，双腋紧夹身体。（2）耸肩、仰肘，双膝挺直，动作姿势起伏。

动作方向：此势动作身体向西南方。

第 89 式　上步右揽雀尾（挤式）

动作 1：接上势，身体向右转，重心于左腿，成坐步；同时右臂外旋屈肘提于腹前，右掌心向内，掌指向左；左臂内旋上提附于右腕内侧，左掌心向前，掌指斜向上，掌指向右；眼随体转向前平视（图 375）。

动作要领：（1）腰的转动带动双手相合。（2）立身中正，沉肩、坠肘，松腰沉髋。

易犯错误：（1）身体前俯突臀、左右歪髋，双腋紧夹身体。（2）耸肩、右膝挺直，动作姿势起伏。

动作方向：此势动作身体向西方。

图 374

图 375

动作 2： 重心前移，右腿屈膝慢慢向前弓出，成右弓步；同时双掌向前挤出，腕与肩平，右掌心向内，掌指向左，左掌心向外，掌指斜向上；眼向前平视（图 376）。

动作要领：（1）立身中正，沉肩、双肘应有下垂之意。（2）双臂撑圆，动作要饱满。

易犯错误：（1）身体前俯，双臂僵直。（2）耸肩、左膝挺直，动作姿势起伏。

动作方向： 此势动作身体向西方。

第 89 式　上步右揽雀尾（按式）

动作 1： 接上势，重心微向前移，成右弓步；同时双掌向前平展，左掌从右掌上向前分开，腕与肩平，双掌心相对，虎口向上，双掌指向前；眼向前平视（图 377）。

动作要领：（1）立身，沉肩、双肘下垂。（2）双掌前分要舒腕展指，双臂保持弧形。

易犯错误：（1）身体前俯、双臂僵直。（2）双臂过于上举，耸肩仰肘。

动作方向： 此势动作身体向西方。

动作 2： 重心后移于左腿，成左坐步，同时，双臂屈肘挑掌收于胸前，两掌心侧相对，掌指斜向上，眼向前平视（图 378）。

动作要领：（1）重心后移与屈臂挑掌应同时协调完成。（2）两臂放松，双腋微虚，屈肘挑掌动作成弧。

易犯错误：（1）双肘平展，俯身突臀。（2）重心后移与收掌动作脱节、不协调。

图 376

图 377

图 378

动作方向：此势动作身体向西方。

动作3：重心前移，右腿屈膝慢慢向前弓出，成右弓步；双掌微向下，再向前上按出，掌心向前，掌指向上与肩平，眼向前平视（图379）。

动作要领：（1）双掌前按动作要走弧形，双臂撑圆，双肘微屈。（2）双掌前按，要顺腕立掌，腕部要柔顺。

易犯错误：（1）双臂僵直，上体前俯、突臀。（2）耸肩、前按动作时双掌过高。

动作方向：此势动作身体向西方。

第90式 单 鞭

动作1：接上势，身体向左转，右脚尖内扣，重心移至左腿；双掌随腰转动微向上，经面前向左划弧至身体左前侧，掌心向外，掌指向上；眼左掌方向视（图380）。

动作要领：（1）右脚尖内扣幅度应尽量大。（2）转体时动作姿势平稳，双臂撑圆，含有劲力上引之意，动作呈弧形。（3）双掌至左前以达到45度为宜，角度过大，重心易偏斜。

易犯错误：身体姿势起伏，双臂挺直。

动作方向：此动作身体向东南方向。

技击含义：身体向左转，重心的移动要平稳，动作外形不可有起伏。此时，随体转，右脚内扣的幅度要大，尽量达到135度，要做到右膝关节与右脚尖的方向一致，髋关节的转动是相当关键的，所以要松腰、沉髋。同时双掌微向上、向左划弧，至身体左前45度，与身体转动的方向一致。双掌弧形移动时，左掌劲力为“引带劲”，而右掌劲力为“掤劲”。双掌虽然同时运动，但是劲力确不同。

图379

图380

向上的弧形，双掌指不可超过上眉。沉肩、垂肘，双臂动作要饱满，肩背要松。要体会拳谚所云“切记一动无有不动，一静无有不静。内固精神，外示安逸”之意。

动作2：身体向右转，重心移于右腿，左脚提起向左前迈出，脚跟先着地；随体转，左掌向下划弧至右腹前，掌心向上，掌指向右；右掌转动掌心向上，向内划弧经颌下握勾手向右前伸出，勾尖向下，勾背略高于肩；眼视勾手方向（图381）。

动作要领：（1）向右转体幅度要适中，不可超过右前45度。（2）勾手向右前伸出与左脚迈出、左掌下落动作要协调一致。（3）立身中正、松肩坠肘，松腰沉髋。

易犯错误：（1）左脚迈出时身体重心起伏，凸臀，双臂僵直。（2）动作不协调、脱节，向右转体幅度大、重心向后倾倒。

动作方向：此动作身体向西南方向。

动作3：身体向左转，重心前移，左脚全脚掌踏实，左腿屈膝慢慢向前弓出，成左弓步；同时左掌向上经面前，立圆（立掌）向前推出，掌心向前，掌指向上；右勾手向右后方拉开，勾尖向下，勾背略高于肩；眼向前平视（图382）。

动作要领：（1）向左转体、弓步与双手的动作要同时完成。（2）立身中正，松腰沉髋，含胸拔背。（3）松肩坠肘，双臂保持弧形。

易犯错误：（1）向左转体时身体重心起伏，动作不协调、脱节。（2）耸肩仰肘，双臂僵直。

动作方向：此动作身体向东方向。

图381

图382

第91式 左右云手（左云手1）

动作1：接上势，身体向右转，左脚尖内扣90度，重心于左腿；随体转，左掌（立掌）向右平摆至体前，腕与肩平，掌心向外，掌指向上；右勾手保持上势不动；眼随体转向前平视（图383）。

动作要领：（1）身体转动重心要平稳，保持身体平衡。（2）“主宰于腰”，以腰为轴，带动手、脚动作协调进行。（3）身体中正，垂肩沉肘，松腰髋，左掌应基本对准身体中线。

易犯错误：（1）动作重心起伏，双臂僵直。（2）上体前俯，凸臀。

动作方向：此动作身体向南方。

技击含义：此动作是衔接式。做此动作时，首先要注意的是身体的右转，重心要保持稳定，重心保持稳定的关键就是松腰沉髋。腰髋的转动使得身体沿纵轴旋转时，必须做到虚领顶劲，才能立身中正。立身中正，就避免了身体的前俯后仰。左脚随身体的转动内扣碾脚，不仅加强了身体转动时的灵活性，而且有利于主宰于腰，以腰为轴，带动手脚动作的协调进行。同时左掌随身体的转动向右平摆于体前，松肩垂肘，顺腕舒指。左掌基本对准身体中线，意贯左臂内侧，含有引带，化解的劲力。右勾手随体转而动。如拳谚所云“主宰于腰，一动无有不动”。

动作2：身体向左转，左掌随身体转动立掌划弧至体左前侧，逐渐翻转掌心向外，掌指向上与眼平；右勾手变掌向下抄至左肋前，掌心向上，掌指向左；右脚提起向左移靠，前脚掌踏地；眼视左手方向（图384）。

动作要领：（1）右脚移靠时，双脚间距离与肩同宽。（2）保持身体正直，双臂撑圆，防止耸肩、抬肘。（3）云手以腰转动带动双臂运转，要做到上手齐眉，

图383　图384　图384背面

下手齐腹。

易犯错误：（1）动作起伏大，双臂未撑圆。（2）以肩动为先，动作劲力不充实。

动作方向：此动作身体向南方向。

第91式　左右云手（右云手1）

动作1：接上势，身体向右转，右脚全脚掌踏实，重心移至右腿；左脚向左横步迈出，前脚掌踏地，随体转，右掌向上经面前向右前侧划弧，逐渐翻转掌心向外，掌指向上，腕与肩平；左掌向下划弧至右肋前，掌心逐渐转动向上，掌指向右；眼视右手方向（图385、386）。

动作要领：（1）左脚横步迈出与双掌动作完成应以腰为轴，协调完成。（2）双臂运转时要注意劲力变化，左掌是先按再掤，劲力饱满；右掌为掤劲。（3）身体转动幅度要保持在左前或右前45度为宜。

易犯错误：（1）动作不协调，脱节。（2）身体转动幅度大，重心不稳，向后倾倒。

动作方向：此动作身体向西南方。

技击含义：此动作时，左脚的横向迈出，要以左脚的前脚掌踏地，在传统杨式太极拳套路中这种步法也叫“横开步”，“蟹行步”或“侧行步。”髋关节的松沉，是横开步动作的关键。开步的距离要依每人所定。身体重心的稳固，奠定了腰髋的右转和左脚横向迈出的协调配合。右臂的外旋，意贯右臂外侧，是横掤劲。左掌先是向下的按掌，然后经腹前向右划弧于右肋前，是掤劲。双掌的上下反向的搅动，要随腰的转动、左脚的迈出同时协调进行。立身中正，虚领顶劲，双臂撑圆，动作要圆活自如，眼随上手的动作移动。要如拳谚所云：“运动知觉

图385　　图386　　图386背面

来相应，神是君位骨肉臣。分明火候七十二，天然乃武并乃文。”

第91式　左右云手（左云手1）

动作1： 接上势，身体向左转，左脚全脚掌踏实，重心移于左腿；随体转，左掌向上经面前向左前侧划弧，逐渐翻转掌心向外，掌指向，腕与肩平；右掌向下划弧至左肋前，掌心逐渐转动向上，掌指向左，同时右脚提起向左移靠，前脚掌踏地；眼视左手方向（图387、388）。

动作要领：（1）身体重心的移动要平缓，动作姿势不可起伏。（2）腰的转动带动双臂的协调运转。（3）身体转动幅度和左掌要保持在左前45度为宜。

易犯错误：（1）重心移动时动作姿势起伏。（2）左肩先动，动作不协调，上下动作脱节。（3）身体转动幅度过大重心偏左身体向左后倾倒。

动作方向： 此动作身体向东南方。

图387

图388

第 91 式　左右云手（右云手 2）

动作 1：接上势，身体向右转，右脚全脚掌踏实，重心移至右腿；左脚向左横步迈出，前脚掌踏地；随体转，右掌向上经面前向右前侧划弧，逐渐翻转掌心向外，掌指向上，腕与肩平；左掌向下划弧至右肋前，掌心逐渐转动向上，掌指向右；眼视右手方向（图 389、390）。

动作要领：（1）左脚横步迈出与双掌动作完成应以腰为轴，协调完成。（2）双臂运转时要注意劲力变化，左掌是先按再掤，劲力饱满；右掌为掤劲。（3）身体转动幅度要保持在左前或右前 45 度为宜。

易犯错误：（1）动作不协调，脱节。（2）身体转动幅度大，重心不稳，向后倾倒。

动作方向：此动作身体向西南方。

图 389

图 390

图 390 背面

第91式 左右云手（左云手2）

动作1：接上势，身体向左转，左脚全脚掌踏实，重心移于左腿；随体转，左掌向上经面前向左前侧划弧，逐渐翻转掌心向外，掌指向，腕与肩平；右掌向下划弧至左肋前，掌心逐渐转动向上，掌指向左；同时右脚提起向左移靠，前脚掌踏地；眼视左手方向（图391、392）。

动作要领：（1）身体重心的移动要平缓，动作姿势不可起伏。（2）腰的转动带动双臂的协调运转。（3）身体转动幅度和左掌要保持在左前45度为宜。

易犯错误：（1）重心移动时动作姿势起伏。（2）左肩先动，动作不协调，上下动作脱节。（3）身体转动幅度过大重心偏左身体向左后倾倒。

动作方向：此动作身体向东南方。

图391

图392

第91式 左右云手（右云手3）

动作1：接上势，身体向右转，右脚全脚掌踏实，重心移至右腿；左脚向左横步迈出，前脚掌踏地；随体转，右掌向上经面前向右前侧划弧，逐渐翻转掌心向外，掌指向上，腕与肩平；左掌向下划弧至右肋前，掌心逐渐转动向上，掌指向右；眼视右手方向（图393、394）。

动作要领：（1）左脚横步迈出与双掌动作完成应以腰为轴，协调完成。（2）双臂运转时要注意劲力变化，左掌是先按再掤，劲力饱满；右掌为掤劲。（3）身体转动幅度要保持在左前或右前45度为宜。

易犯错误：（1）动作不协调，脱节。（2）身体转动幅度大，重心不稳，向后倾倒。

动作方向：此动作身体向西南方。

图393

图394

图394 背面

第 91 式　左右云手（左云手 3）

动作 1： 接上势，身体向左转，左脚全脚掌踏实，重心移于左腿；随体转，左掌向上经面前向左前侧划弧，逐渐翻转掌心向外，掌指向，腕与肩平；右掌向下划弧至左肋前，掌心逐渐转动向上，掌指向左；同时右脚提起向左移靠，前脚掌踏地；眼视左手方向（图 395、396）。

动作要领：（1）身体重心的移动要平缓，动作姿势不可起伏。（2）腰的转动带动双臂的协调运转。（3）身体转动幅度和左掌要保持在左前 45 度为宜。

易犯错误：（1）重心移动时动作姿势起伏。（2）左肩先动，动作不协调，上下动作脱节。（3）身体转动幅度过大重心偏左身体向左后倾倒。

动作方向： 此动作身体向东南方。

图 395

图 396

第 91 式　左右云手（右云手 4）

动作 1： 接上势，身体向右转，右脚全脚掌踏实，重心移至右腿；左脚向左横步迈出，前脚掌踏地；随体转，右掌向上经面前向右前侧划弧，逐渐翻转掌心向外，掌指向上，腕与肩平；左掌向下划弧至右肋前，掌心逐渐转动向上，掌指向右；眼视右手方向（图 397、398）。

动作要领：（1）左脚横步迈出与双掌动作完成应以腰为轴，协调完成。（2）双臂运转时要注意劲力变化，左掌是先按再掤，劲力饱满；右掌为掤劲。（3）身体转动幅度要保持在左前或右前 45 度为宜。

易犯错误：（1）动作不协调，脱节。（2）身体转动幅度大，重心不稳，向后倾倒。

动作方向： 此动作身体向西南方。

图 397

图 398

图 398 背面

第91式　左右云手（左云手4）

动作1：接上势，身体向左转，左脚全脚掌踏实，重心移于左腿；随体转，左掌向上经面前向左前侧划弧，逐渐翻转掌心向外，掌指向上，腕与肩平；右掌向下划弧至左肋前，掌心逐渐转动向上，掌指向左；同时右脚提起向左移靠，前脚掌踏地；眼视左手方向（图399、400）。

动作要领：（1）身体重心的移动要平缓，动作姿势不可起伏。（2）腰的转动带动双臂的协调运转。（3）身体转动幅度和左掌要保持在左前45度为宜。

易犯错误：（1）重心移动时动作姿势起伏。（2）左肩先动，动作不协调，上下动作脱节。（3）身体转动幅度过大重心偏左身体向左后倾倒。

动作方向：此动作身体向东南方。

图399

图400

第91式 左右云手（右云手5）

动作1：接上势，身体向右转，右脚全脚掌踏实，重心移至右腿；左脚向左横步迈出，前脚掌踏地；随体转，右掌向上经面前向右前侧划弧，逐渐翻转掌心向外，掌指向上，腕与肩平；左掌向下划弧至右肋前，掌心逐渐转动向上，掌指向右；眼视右手方向（图401、402）。

动作要领：（1）左脚横步迈出与双掌动作完成应以腰为轴，协调完成。（2）双臂运转时要注意劲力变化，左掌是先按再掤，劲力饱满；右掌为掤劲。（3）身体转动幅度要保持在左前或右前45度为宜。

易犯错误：（1）动作不协调，脱节。（2）身体转动幅度大，重心不稳，向后倾倒。

动作方向：此动作身体向西南方。

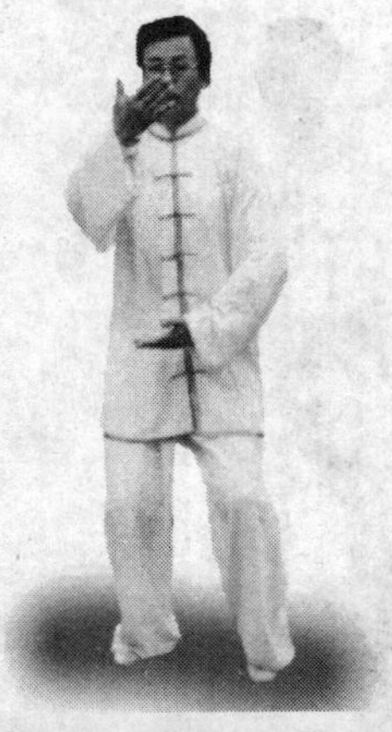
图401

图402

图402背面

第91式 左右云手（左云手5）

动作1：接上势，身体向左转，左脚全脚掌踏实，重心移于左腿；随体转，左掌向上经面前向左前侧划弧，逐渐翻转掌心向外，掌指向，腕与肩平；右掌向下划弧至左肋前，掌心逐渐转动向上，掌指向左；同时右脚提起向左移靠，前脚掌踏地；眼视左手方向（图403、404）。

动作要领：（1）身体重心的移动要平缓，动作姿势不可起伏。（2）腰的转动带动双臂的协调运转。（3）身体转动幅度和左掌要保持在左前45度为宜。

易犯错误：（1）重心移动时动作姿势起伏。（2）左肩先动，动作不协调，上下动作脱节。（3）身体转动幅度过大重心偏左身体向左后倾倒。

动作方向：此动作身体向东南方。

图403

图404

第91式　左右云手（右云手6）

动作1：接上势，身体向右转，右脚全脚掌踏实，重心移至右腿；左脚向左横步迈出，前脚掌踏地；随体转，右掌向上经面前向右前侧划弧，逐渐翻转掌心向外，掌指向上，腕与肩平；左掌向下划弧至右肋前，掌心逐渐转动向上，掌指向右；眼视右手方向（图405、406）。

动作要领：（1）左脚横步迈出与双掌动作完成应以腰为轴，协调完成。（2）双臂运转时要注意劲力变化，左掌是先按再掤，劲力饱满；右掌为掤劲。（3）身体转动幅度要保持在左前或右前45度为宜。

易犯错误：（1）动作不协调，脱节。（2）身体转动幅度大，重心不稳，向后倾倒。

动作方向：此动作身体向西南方。

图405

图406

图406 背面

第91式 左右云手（左云手6）

动作1：接上势，身体向左转，左脚全脚掌踏实，重心移于左腿；随体转，左掌向上经面前向左前侧划弧，逐渐翻转掌心向外，掌指向，腕与肩平；右掌向下划弧至左肋前，掌心逐渐转动向上，掌指向左；同时右脚提起向左移靠，前脚掌踏地；眼视左手方向（图407、408）。

动作要领：（1）身体重心的移动要平缓，动作姿势不可起伏。（2）腰的转动带动双臂的协调运转。（3）身体转动幅度和左掌要保持在左前45度为宜。

易犯错误：（1）重心移动时动作姿势起伏。（2）左肩先动，动作不协调，上下动作脱节。（3）身体转动幅度过大重心偏左身体向左后倾倒。

动作方向：此动作身体向东南方。

第92式 单 鞭

动作1：接上势，身体微向右转，右脚尖内扣45度，重心移于右腿，左脚提起向左前迈出，脚跟先着地；随体转，左掌向下划弧经腹前再向右上划弧于右肩前，掌心向内，掌指向右；右掌稍向上向内划弧经颌下握勾手向右前伸出，勾尖向下，勾背略高于肩；眼视勾手方向（图409）。

动作要领：（1）向右转体幅度要适中，不可超过右前45度。（2）勾手向右前伸出与左脚迈出、左掌下落动作要协调一致。（3）立身中正、松肩坠肘，松腰沉髋。

易犯错误：（1）左脚迈出时身体重心起伏，凸臀，双臂僵直。（2）动作不协调、脱节，向右转体幅度大、重心向后倾倒。

图407

图408

图409

动作方向：此动作身体向西南方向。

技击含义：身体向右转，幅度要适中。不可超过右斜前 45 度，否则重心极易偏后，产生身体向后倾倒。右脚内扣，重心移于右腿，髋关节的动转，使得左脚迈出的动作才能轻松自如。左膝关节要微屈，不可僵直挺硬。同时要注意左脚的落点应偏左，避免双脚在同一直线的现象出现。右掌向上，向颌下屈臂回收时，要注意到松肩、含胸，力达肘关节，意在“肘劲”。右腋不可紧夹身体，肘关节的运动方向是右斜前 45 度，随右前臂的展伸，右掌握勾手，以勾背为力点向前顶出。左掌弧形下落时，意在“采按”劲，然后屈臂经腹前继续向右上划弧于右肩前，逐渐翻转掌心向内，掌指向右，此时力贯左臂为平“掤劲”，双臂动作要肩肘松沉，饱满撑圆。立身中正，收腹敛臀，松腰沉髋，肩髋相合。正如拳谚所云：“立身须中正安舒，支撑八面”。

动作 2：身体向左转，重心移于左腿，左脚全脚掌踏实，左腿屈膝慢慢向前弓出，成左弓步；同时左掌向上经面前，立圆弧形立掌向前推出，掌心侧向前，掌指向上，腕与肩平；右勾手同时向右侧后方展伸，勾尖向下，勾背略高于肩；眼向前平视（图 410）。

动作要领：（1）向左转体、弓步与双手的动作要同时完成。（2）立身中正，松腰沉髋，含胸拔背。（3）松肩坠肘，双臂保持弧形。

易犯错误：（1）向左转体时身体重心起伏，动作不协调、脱节。（2）耸肩仰肘，双臂僵直。

动作方向：此动作身体向东方向。

图 410

第93式 高探马

动作1：接上势，身体重心前移，右脚向前跟半步，前脚掌踏地；同时，左掌随身体重心前移微向前展伸，掌心向前，掌指向上，腕与肩平；右勾手保持上势动作不变；眼视左掌方向（图411）。

动作要领：（1）重心前移要保持身体稳定。（2）立身中正，松肩、垂肘，双臂呈弧形。（3）跟步时右脚要有支撑的力度。

易犯错误：（1）左支撑腿直立，动作重心起伏。（2）身体前俯、突臀，左右歪髋。

动作方向：此动作身体向东方。

技击含义：此动作很重要的一点就是，身体重心的前移，并不意味着身体姿势上下位置的移动，也不是单纯的上体向前的位移，而是在左弓步的基础上，身体重心向前送，左膝关节微向前弓，髋关节沿水平位置平移，同时带动右脚向前跟步，右脚右膝要保持原动作方向45度不变。所以左腿不仅要保持身体重心的稳定性，而且要承受由于身体重心前移所加大的重量。虚领顶劲，保持了身体的中正。松腰沉髋，避免了身体姿态的上下起伏。右脚前脚掌踏地，缓解了左腿的承重感，加强了动作的稳固性。要理解拳谚所云："劲断意不断，意断神可接。劲、意、神俱断，则俯仰矣！手足无著落耳！"

图411

动作 2：身体向右转，重心移于右腿，右脚全掌踏实。随体转，右勾手变掌平举于身体右肩前外侧，掌心向外，掌指向上；左臂外旋，掌心翻转向上，掌指向前，双腕与肩平；眼视右掌方向（图 412）。

动作要领：（1）身体右转与双掌的动作同时协调进行。（2）立身中正，松肩、垂肘，双臂呈弧形。

易犯错误：（1）右支撑腿直立，动作起伏。（2）身体后仰，左右歪髋。

动作方向：此动作身体向南方向。

动作 3：身体向左转，重心于右腿，左脚提起稍向前移，前脚掌踏地，成左虚步；右臂屈肘经耳侧横掌向前推出，掌心侧向前，掌指斜向左前，略高于肩；左掌经右臂下屈臂收至上腹，掌心向上，掌指向右前方，双掌与肩平；眼向前平视（图 413）。

动作要领：（1）向左转体，右膝微上伸身体重心上拔。（2）立身中正，松腰松垮，沉肩肘，双臂呈弧形。

易犯错误：（1）上体前倾、凸臀，左右歪髋。（2）双腿直立，双臂过于挺直。

动作方向：此动作身体向东方向。

图 412

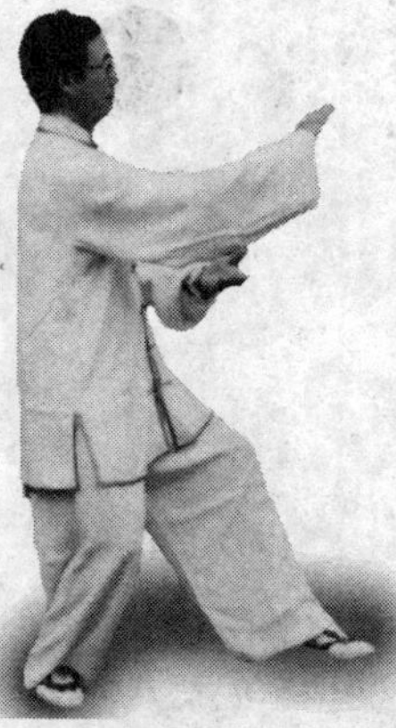

图 413

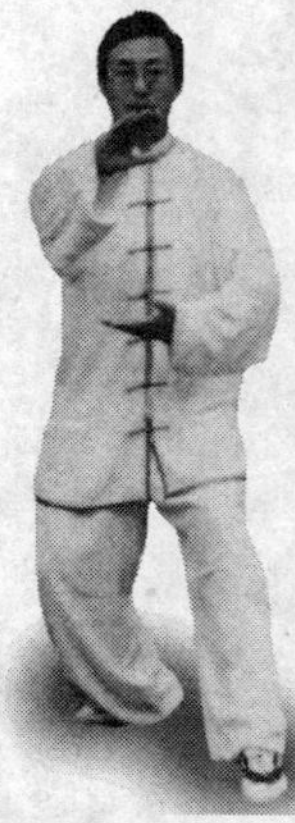

图 413 正面

第94式 穿 掌

动作1：接上势，身体微向左转，重心于右腿，右腿微屈下蹲，左脚向前迈出，脚跟先着地；同时左掌向左下划弧收于左腰侧，翻转掌心向上，掌指向前，右掌向右而上屈臂横掌于胸前掌心向下掌指向左；眼视右手方向（图414）。

动作要领：（1）重心下沉，右支撑腿首先要屈蹲，左脚再迈出。（2）立身中正，松腰沉髋，松肩垂肘，双臂撑圆。

易犯错误：（1）右支撑腿未屈蹲，左脚迈出产生“抢步、砸地”现象。（2）身体前俯后仰、突臀，左右歪髋。

动作方向：此动作身体东方向。

技击含义：此势动作，身体转动的幅度虽然不是很大，仍然要以腰髋的转动带动双掌及左脚的迈出协调而动。同时身体重心沿纵轴下沉，右腿屈蹲，左脚迈出的动作才能轻灵、自如，就可以尽量避免“抢步、砸地”现象的出现。松腰沉髋，以保持身体重心的稳定，松肩垂肘，含胸拔背，气沉丹田，立身中正体现了传统杨式太极拳的独特风格和特点。所以要如拳谚所云：“不强用力，以心行气；步如猫行，上下相随；呼吸自然，一线串成；变换在腰，气行四肢；分清虚实；圆转如意。”

动作2：身体微向右转，重心移于左腿，左脚全脚掌踏实，左腿屈膝慢慢向前弓出，成左弓步；同时左掌由右前臂上穿出，掌心向上，掌指向前与肩平；右掌屈臂收于左肘下，掌心向下，掌指向左；眼向前平视（图415）。

动作要领：（1）左掌前穿，右掌屈收与弓步动作同时协调完成。（2）上体正直，松肩沉肘，双臂不可挺直。

易犯错误：（1）重心起伏，上体过于前俯凸臀。（2）左右歪髋，双臂僵直。

图414

图414正面

图415

动作方向：此动作身体东方向。

技击含义：身体重心前移时，动作姿势要平稳，髋关节要沿水平位置平移，不可出现重心大起大伏的现象。左掌的伸出及右掌的回收要与左弓步的动作同时完成。动作过程中，要意贯右掌，为向下“採化”的劲力。左掌意贯掌指，为“长劲”。立身中正，松腰髋，沉肩肘，含胸拔背，双臂撑圆。要体会拳谚所云：“气宜鼓荡，神宜内敛。勿使有缺陷处，勿使有凹凸处，勿使有断续处。其根在脚，发于腿，主宰于腰，行于手指。由脚而腿、而腰，总须完整一气。”

第 95 式　转身单摆莲

动作 1：接上势，身体向右后转，左脚尖内扣 135 度，重心于左腿，右脚提起，前脚掌于右前方着地，成右虚步，随体转，右掌由左臂下向前横掌穿出，掌心向下，腕与胸平，掌指斜向左；左掌向内屈收划弧，掌心转动向下，左掌指与右肘相对；眼向前平视（图 416）。

动作要领：（1）身体右转左脚内扣幅度以 135 度为宜。（2）立身中正，腰髋松沉，松肩沉肘，双臂撑圆。（3）双掌运转与转腰、虚步动作协调一致。

易犯错误：（1）身体前俯、突臀，左右歪髋。（2）左脚扣脚幅度小影响身体右转。

动作方向：此动作身体西方向。

技击含义：身体右后转动的灵活与否，左脚内扣的幅度是起到关键的作用。由于传统杨式太极拳的脚内扣外展基本上都是实脚转动，所以转动时髋关节要放松，以腰髋的转动带动上下动作同时协调进行。右脚的踏地落点，要视左脚的内扣幅度进行适当的调整，以保持身体的稳定性。双臂的动作要随腰而动，右掌向前的穿出时，要意贯右臂为穿劲，动作完成时右掌为向下的带劲。左掌为向内的

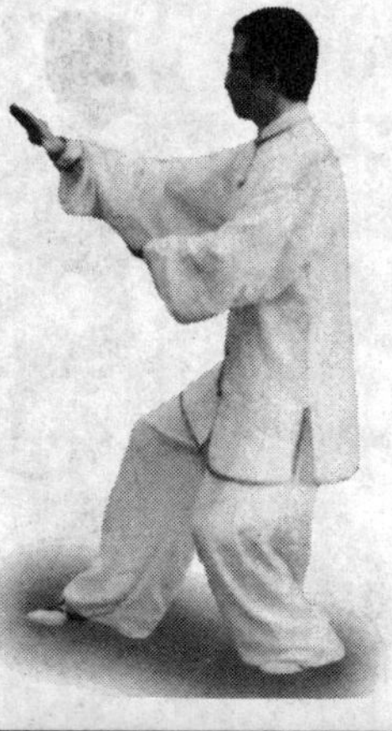

图 416

引化劲。此时，要尾闾中正，松腰沉髋，沉肩坠肘，气沉丹田，右脚踏地要有力度，左七、右三的重心分配是身体重心稳固的保证。要如拳谚所云：“双重为病，干于填实，与沉不同也；双沉不为病，自而腾虚，与重不一也；双浮为病，祇如漂渺，与轻不例也；双轻不为病，天然轻灵，与浮不等也。”

动作 2：身体向右转，重心于左腿，右腿屈膝提起，右脚面微向内扣，向前弹踢；左掌向前迎拍右脚面，同时右掌向下划弧于右髋旁，掌心向下，虎口向前；眼向前平视（图 417）。

动作要领：（1）身体右转的同时右腿弹踢，拍击脚面动作才能轻灵。（2）上体要保持正直，右臂保持弧形。

易犯错误：（1）上体前俯重心偏斜，身体向前倾倒。（2）右臂僵直，拍脚动作不灵活。

动作方向：此动作身体西方向。

技击含义：此势动作身体向右转的同时，要以腰的转动带动右腿先提起，右脚面微向内扣，然后右脚迅速向前弹踢，与此同时，随腰的转动左掌向前拍击右脚。右掌向右下弧形下落，意贯右掌为“採按”劲。虽然是独立拍脚的动作，身型仍要达到虚领顶劲，立腰松髋，肩肘松沉，右臂保持弧形。要达到拳谚所云：“刻刻留心在腰间，腹内松静气腾然。尾闾中正神贯顶，满身清利顶头悬。仔细留心向推求，屈伸开合听自由。”

图 417

第96式 上步指裆捶

动作1： 接上势，左支撑腿屈蹲，右脚跟着地，身体向右转，脚尖外展45度；右脚踏实，重心移于右腿，左脚提起向前迈步，脚跟先着地；右掌变拳提收于右腰侧，拳心向上，左掌向上经面前划弧于右肩前，掌心转动向内，掌指向右；眼随身体转动向前平视（图418）。

动作要领：（1）左腿先屈蹲，右脚再落地轻灵才能。（2）立身中正，松腰沉髋，双臂撑圆。

易犯错误：（1）左支撑腿未屈蹲，右脚出现“抢步”现象。（2）身体前俯、突臀，左右歪髋。

动作方向： 此动作身体西北方向。

技击含义： 此动的动作过程与右搂膝拗步动作1过程近似，唯一不同的地方就是右掌握拳提收于腰际右侧，提收时，意贯右臂为撑劲，动作要饱满。右肘的方向为右后45度。右腋不可紧夹身体。

动作2： 身体向左转，左脚全脚掌踏实，重心移于左腿，左腿屈膝慢慢向前弓出，成左弓步；左掌先落于右腹前，掌心翻转向下，再向前经左膝前搂至左膝外侧，掌心向下，掌指向前；右臂内旋，右拳随体转向前方打出，拳眼向上，拳与髋平；眼向前平视（图419）。

动作要领：（1）上体保持正直，双肘微屈。（2）右肩放松、右拳向前载打时，右前臂微内旋，含有向前下之意。

易犯错误：（1）身体前倾，弓背低头。（2）耸肩，双肘挺直。右肩向前送出。

动作方向： 此动作身体向西方。

图418

图418正面

图419

技击含义：此势动作时，身体左转，重心前移，髋关节的水平移动，带动上体立身位移。右腿的脚腿之力，逐渐地移向左腿形成左弓步。左掌落于右腹前时，掌心向内，掌指向右，意贯左臂下侧，是向的下“截劲”。然后翻转掌心向下，意贯左臂外侧，向前经左膝前弧形搂过于左膝外侧时是“横劲”。虎口向前，掌指侧向前，加强了左掌的掤、按劲力。同时右臂随身体的转动边内旋边向前打出。此时，要松肩沉肘，坐腕前打，拳面朝前。尤其强调的是，左右脚的横向距离要与肩同宽。定势时，双脚应做到“一条中心线”，是指身体的中线。“左右两侧分”。是讲双脚要在身体中线的两侧，如把前脚直接收回，双脚间距离应与肩同宽为宜。身形的中正安舒，松肩拔背，双臂保持弧形、撑圆，是意贯双臂、力达双掌的必然条件。要体会拳谚所云：“其跟在脚，发于腿，主宰于腰，形于手指，由脚而腿、而腰，总须完整一气。”

第 97 式　上步右揽雀尾（掤势）

动作 1：接上势，身体向左转，左脚尖外展 45 度，重心移于左腿，随体转右脚跟提起；同时，左臂外旋，翻转左掌心向上，向左划弧撤至左腹前，掌心向上，掌指向右；右拳随体转向前展伸，腕与肩平，拳眼向上，拳面向前；眼随体转向前平视（图 420）。

动作要领：（1）立身中正，肩肘松沉，双臂呈弧形。（2）右拳向前展伸的动作幅度要适宜。

易犯错误：（1）双掌动作与转体动作不协调。（2）俯身、耸肩、吊肘，左右歪髋。

动作方向：此势动作身体向西南方。

技击含义：此动作时，随身体的左转，左掌与右拳同时而动。右拳向前顺肩

图 420

展伸，拳与肩平，拳面向前，意贯拳面。左臂外旋，左掌翻转向上，向左回撤。此时，意贯左肘关节，是向后的撑劲同时左臂还含有引带之意。要含有前送（右拳），后撑（左肘）的相对对拔之劲力感觉。顶头悬，身中正，松腰髋，顺肩胯。右脚跟提起，右前脚掌要具有蹬踏的力度感觉，要支撑身体的稳定。要体会拳谚所云："向前后退，乃得机得势。有不得机得势处，其病必于腰腿间求之。"

动作 2： 身体继续微向左转，重心于左腿；右脚提起向右前迈出，脚跟先着地，同时左掌向后而上划弧屈臂于右胸前，掌心向下，掌指向右；右拳变掌向左下划弧于左腹前，转动掌心侧向上，掌指向左；眼随体转向前平视（图 421）。

动作要领：（1）立身中正，沉肩垂肘，双臂保持弧形。（2）松腰沉髋，右腿屈膝，双脚间横向距离 30 厘米为宜。

易犯错误：（1）身体歪斜、突臀，左右歪髋。（2）耸肩、仰肘，双膝挺直，重心起伏。

动作方向： 此势动作身体向西南方。

动作 3： 身体向右转，重心移于右腿；右脚全脚掌踏实，右腿屈膝慢慢向前弓出，成右弓步；随体转，右臂向上经面前立掌向前掤出，掌心侧向前，掌指向上，与鼻平；左掌随体转落于右肘内侧，掌心侧向上，掌指对右肘；眼随体转向前平视（图 422）。

动作要领：（1）以腰转动带动上下动作协调完成。（2）沉肩、坠肘，含胸拔背。（3）右臂立掌向前掤出要成立圆弧形。

易犯错误：（1）身体前俯、突臀，双腋紧夹身体。（2）耸肩、仰肘，双膝挺直，重心起伏。

动作方向： 此势动作身体向西方。

图 421

图 422

第97式 上步右揽雀尾（捋势）

动作1：接上势，身体向左转，重心移于左腿，成坐步；双掌随身体转动向左后捋至腹前，双掌心侧相对，右掌心向左，掌指向前；左掌心侧向上，掌指向右，随体转；眼随体转向前平视（图423）。

动作要领：（1）向后捋时，左肘应向左侧后45度方向撤肘。（2）立身中正，沉肩、坠肘，松腰沉髋。（3）右肘与身体保持20厘米左右距离为宜。

易犯错误：（1）身体后仰、左右歪髋，双腋紧夹身体。（2）耸肩、仰肘，双膝挺直，动作姿势起伏。

动作方向：此势动作身体向西南方。

第97式 上步右揽雀尾（挤势）

动作1：接上势，身体向右转，重心于左腿，成坐步；同时右臂外旋屈肘提于腹前，右掌心向内，掌指向左；左臂内旋上提附于右腕内侧，左掌心向前，掌指斜向上，掌指向右；眼随体转向前平视（图424）。

动作要领：（1）腰的转动带动双手相合。（2）立身中正，沉肩、坠肘，松腰沉髋。

易犯错误：（1）身体前俯突臀、左右歪髋，双腋紧夹身体。（2）耸肩、右膝挺直，动作姿势起伏。

动作方向：此势动作身体向西方。

图423

图424

动作2：重心前移，右腿屈膝慢慢向前弓出，成右弓步；同时双掌向前挤出，腕与肩平，右掌心向内，掌指向左；左掌心向外，掌指斜向上；眼向前平视（图425）。

动作要领：（1）立身中正，沉肩、双肘应有下垂之意。（2）双臂撑圆，动作要饱满。

易犯错误：（1）身体前俯，双臂僵直。（2）耸肩、左膝挺直，动作姿势起伏。

动作方向：此势动作身体向西方。

第97式 上步右揽雀尾（按势）

动作1：接上势，重心微向前移，成右弓步；同时双掌向前平展，左掌从右掌上向前分开，腕与肩平，双掌心相对，虎口向上，双掌指向前；眼向前平视（图426）。

动作要领：（1）立身，沉肩、双肘下垂。（2）双掌前分要舒腕展指，双臂保持弧形。

易犯错误：（1）身体前俯、双臂僵直。（2）双臂过于上举，耸肩仰肘。

动作方向：此势动作身体向西方。

动作2：重心后移于左腿，成左坐步，同时，双臂屈肘挑掌收于胸前，两掌心侧相对，掌指斜向上；眼向前平视（图427）。

动作要领：（1）重心后移与屈臂挑掌应同时协调完成。（2）两臂放松，双腋微虚，屈肘挑掌动作成弧。

易犯错误：（1）双肘平展，俯身突臀。（2）重心后移与收掌动作脱节、不协调。

图425

图426

图427

动作方向：此势动作身体向西方。

动作 3：重心前移，右腿屈膝慢慢向前弓出，成右弓步；双掌微向下，再向前上按出，掌心向前，掌指向上与肩平；眼向前平视（图 428）。

动作要领：（1）双掌前按动作要走弧形，双臂撑圆，双肘微屈。（2）双掌前按，要顺腕立掌，腕部要柔顺。

易犯错误：（1）双臂僵直，上体前俯、突臀。（2）耸肩、前按动作时双掌过高。

动作方向：此势动作身体向西方。

第 98 式 单 鞭

动作 1：接上势，身体向左转，右脚尖内扣 135 度，重心移至左腿；双掌随腰转动微向上，经面前向左划弧至身体左前侧，掌心向外，掌指向上；眼视左掌方向（图 429）。

动作要领：（1）右脚尖内扣幅度应尽量大。（2）转体时动作姿势平稳，双臂撑圆．含有劲力上引之意，动作呈弧形。（3）双掌至体左前以达到 45 度为宜，角度过大，重心易偏斜。

易犯错误：（1）身体姿势起伏，双臂挺直。（2）双掌至体左前角度过大。

动作方向：此动作身体向南方向。

动作 2：身体向右转，重心移于右腿，左脚提起向左前迈出，脚跟先着地；随体转，左掌向下划弧至右腹前，掌心向上，掌指向右；右掌转动掌心向上，向内划弧经颌下握勾手向右前，勾尖向下，勾背略高于肩；眼视勾手方向（图 430）。

动作要领：（1）向右转体幅度要适中，不可超过右前 45 度。（2）勾手向右

图 428　　图 429　　图 430

前伸出与左脚迈出、左掌下落动作要协调一致。(3) 立身中正、松肩坠肘，松腰沉髋。

易犯错误：(1) 左脚迈出时身体重心起伏，凸臀，双臂僵直。(2) 动作不协调、脱节，向右转体幅度大、重心向后倾倒。

动作方向：此动作身体向西南方向。

动作 3：身体向左转，重心前移，左脚全脚掌踏实，左腿屈膝慢慢向前弓出，成左弓步；同时左掌向上经面前，立圆（立掌）向前推出，掌心向前，掌指向上；右勾手向右后方拉开，勾尖向下，勾背略高于肩；眼向前平视（图 431)。

动作要领：(1) 向左转体、弓步与双手的动作要同时完成。(2) 立身中正，松腰沉髋，含胸拔背。(3) 松肩坠肘，双臂保持弧形。

易犯错误：(1) 向左转体时身体重心起伏，动作不协调、脱节。(2) 耸肩仰肘，双臂僵直。

动作方向：此动作身体向东方向。

第 99 式 下 势

动作 1：接上势，身体向右转，右脚外展 135 度，重心于右腿，右腿屈膝下蹲，同时左脚内扣 90 度，左腿伸直，成左仆步，随体转，右勾手向右后方伸出；左掌向上向右于面前屈臂落于胸前，掌心向右，掌指斜向上；眼视右手方向（图 432)。

动作要领： (1) 上体右转与右脚尖外展、左脚尖内扣动作同时协调完成。(2) 立身中正，松肩坠肘，右勾背高于肩，双臂撑圆。(3) 身体右转的方向以右后 45 度为宜。

易犯错误：(1) 转体、仆步动作脱节不协调。(2) 身体前俯，凸臀。

图 431

图 432

动作方向：此动作身体西南方向。

动作2：身体向左转，重心于右腿，随体转，左掌向下沿左腿内侧向前穿出，掌指向前，掌心向右；右勾手平举于身体右侧，勾尖向下；眼随体转向前平视（图433）。

动作要领：（1）转身穿掌时，右腿应全蹲，双脚全脚掌着地。（2）立身中正，松肩沉肘，双臂撑圆。（3）右勾手背略高于肩。

易犯错误：（1）身体前俯、弓背，产生身体倾倒现象。（2）双臂僵直，右勾手下落，动作不饱满。

动作方向：此动作身体东方向。

第100式　上步七星

动作1：接上势，身体向左转，左脚尖外展转正，重心前移，右脚尖内扣，身体直起成左弓步；左掌继续前穿，立掌挑起，掌心侧向右，掌指向上；右勾手在身后下落，勾尖转向上；眼视左掌方向（图434）。

动作要领：（1）左脚外展与右脚扣的动作，应与身体转动、直起协调一致。（2）左掌挑起、腕与肩平，双臂微屈。

易犯错误：（1）左掌过高，右臂过于挺直。（2）身体前俯突臀。

动作方向：此动作身体东方向。

技击含义：此势动作特别强调的是身体左转、直起的同时，左掌要沿左腿的内侧继续向前穿掌，此时以掌指为力点，意贯左掌指，具有“穿透力”的感觉，为“穿劲”。随弓步的形成，左掌立掌挑起，同时右臂内旋下落，右勾尖转动向上。双脚的动作顺序为左转、右扣。尤其重要的是，从左仆步到左弓步的形成，随身体重心的移动，身体左转、直起。虚领顶劲，尾闾中正，松腰沉髋的要领始

图433

图434

终贯穿动作之中。要体会拳谚所云："顺项贯顶两膀松，束烈下气把裆撑。用意开劲两捶争，五指抓地上弯弓。"

动作2：身体转正，左脚尖外展45度，重心于左腿；随身体转动右勾手变掌，双掌平举于身体两侧，掌心向外，掌指向上，腕与肩平；眼向前平视（图435）。

动作要领：（1）以腰的转动带动手脚的动作协调完成。（2）立身中正，含胸拔背，松肩坠肘，双臂撑圆。

易犯错误：（1）身体前俯、突臀，左右歪髋。（2）双臂伸直，耸肩，动作脱节。

动作方向：此动作身体向东方向。

技击含义：此动身体的转动幅度虽然很小，但仍要体现出主宰于腰，以腰为轴带动左脚外转，双手平举。身形要保持立身中正，松腰沉髋。双臂平举要松肩沉肘，双臂撑圆。要如拳谚所云："有准顶头悬，腰之根下株。上下一条线，全凭两手转。变换取分毫，尺寸自己辩。"

动作3：身体正向，重心于左腿，右脚提起向前迈步，右脚前脚掌踏地，成右虚步；双掌握拳，双拳由体侧向下经腹前两腕交叉，右拳在外向前上架起，腕与肩平，拳心向内，拳背向前；眼向前平视（图436）。

动作要领：（1）右脚虚步动作与双拳上架动作应协调一致。（2）身体正直，松肩沉肘、含胸拔背，松腰沉髋。

易犯错误：（1）重心前倾身体前俯，耸肩，架肘，突臀。（2）动作不协调，脱节。

动作方向：此动作身体东方向。

技击含义：重心于左腿，右脚提起向前迈出，右前脚掌踏地成右虚步时，右前脚掌要具有支撑感，身体的重心分配为左七、右三。双臂相合双拳上架，双臂

图435

图436

要撑圆，尾闾中正，含胸拔背，沉肩垂肘，尾闾中正，松腰松髋，以保证动作姿态的中正安舒。双臂举架的同时，不仅力达双臂上侧，双臂同时还要意贯双臂外侧，具有向外的双掤劲。此势动作幅度虽然不大，但要体现出拳谚所云："圆之出入，方之进退，随方就圆之往来也。方为开展，圆为紧凑。方圆规矩之至，其孰能出此以外哉。"

第101式 退步跨虎

动作1：接上势，身体向右转，重心于左腿，右脚向右后撤步，重心移至右腿；右拳向下收于右腰侧，拳心向上；左拳随身体转动稍向右划弧，拳心向内；眼随体转向前平视（图437）。

动作要领：（1）右脚撤步方向为偏右后方45度为宜。右脚后撤，前脚掌先踏地，随重心右移全脚踏实，右脚与前进方向成45度。（2）双拳动作要以腰转动来协调进行。

易犯错误：（1）重心右移过快，产生身体向右倾倒现象。（2）右腋紧夹身体，右膝关节与右脚尖上下不相对。

动作方向：此动作身体东南方向。

技击含义：此势动作右脚提起向右后撤步的方向要保持在右后45度，右脚后撤，前脚掌先踏地，随重心右移全脚踏实，右脚尖与前进方向成45度。特别要注意的是身体右转与身体重心右移要协调一致。否则极易产生身体向右倾倒的现象。左拳随身体转动稍向右划弧，意贯左臂右侧，为掤劲，是格挡化解的动作意识。右拳向下收于右腰侧，右肘的动作方向同样为右后45度，此时意贯右肘，力达肘关节是向后撑顶的动作意识。身形要达到虚领顶劲，含胸拔背，松肩沉肘，松腰坐髋，要如拳谚所云："身形腰顶岂可无？缺一何必费工夫！腰顶穷研

图437

生不已，身形顺我自伸舒。舍此真理终何极？十年数载亦糊涂！”

动作 2： 身体向左转，重心于右腿，左脚提起，前脚掌踏地，成左虚步；右拳向右前划弧至身体右前侧，拳变掌、掌心向前，掌指向上与眼平；左拳向下经腹前落于左髋外，拳变掌，掌心向下，掌指向前；眼向前平视（图 438）。

动作要领：（1）立身中正，松腰沉髋，沉肩坠肘。含胸拔背，两臂呈弧形。（2）主宰于腰，双臂动作随腰转而动。

易犯错误：（1）双肩耸起，双臂挺直，上体前俯。（2）动作不协调，上下动作脱节。

动作方向： 此动作身体东方向。

技击含义： 此势动作身体向左转，以腰的转动带动双拳同时而动。同时带动左脚提起踏地成左虚步。以达到上下动作协调完成。立身中正，松腰沉髋，沉肩坠肘，含胸拔背的动作要领，不仅保持了身体重心的沉稳，同时将劲力也通畅地运用到双臂。动作外形是双臂向外展开，但要意贯双前臂外侧，为撑掤劲。要如拳谚所云：“对待于人出自然，由此往复于地天。但求舍己无深病，上下进退永连绵。”

第 102 式　转身双摆莲

动作 1： 接上势，身体向右转，重心微移至左腿，右脚以前脚掌为轴脚跟向内拧转，随体转，右掌向内划弧于胸前，掌指侧向左；左掌自下而上弧形圈合于右掌外，腕与肩平，掌指侧向右，双掌心向下；眼视左掌方向（图 439）。

动作要领：（1）身体沿纵轴转动，右脚向内拧转幅度要大，身体右转应与右脚成顺势。（2）立身中正，松肩坠肘，含胸拔背；松腰沉髋，双臂撑圆。

易犯错误：（1）身体歪斜，耸肩，抬肘。（2）双臂僵直，双腋紧加身体。

图 438

图 438 正面

图 439

动作方向：此动作身体东南方向。

技击含义：身体右转；身体的重心要微移于左腿，右脚以前脚掌为轴脚跟向内拧转的动作才能轻灵自如。以腰转为轴带动双臂同时向体前圈合，左掌于内；右掌于外，双虎口在同一直线。此时意贯双掌虎口，为拿劲。拿劲就是控制对方的腕、肘、肩等部位，以防止对方化脱。同时要注意步法、身法及动作方向的配合，上下动作要相随相合。身体外形要达到立身中正，松肩坠肘，含胸拔背；松腰沉髋，双臂撑圆，要如拳谚所云："周身实力意中定，听探顺化神气关。"

动作 2：身体继续向右后转，重心于右腿，以右前脚掌为轴；随体转，左脚顺势提起于右脚前落步，脚跟先着地；双掌保持合抱姿势，双掌心向下；眼随身体转动向前平视（图 440）。

动作要领：（1）立身中正，腰髋松沉，身体稳固。（2）左脚落地点应适中，身体旋转角度以 230 度左右为宜。（3）沉肩坠肘，含胸拔背，双臂撑圆。

易犯错误：（1）左脚落地时偏离身体重心，产生"砸地"现象。（2）转体时左脚未顺势而动，动作脱节。

动作方向：此动作身体西北方向。

技击含义：此势动作的重点是身体继续向右后的转体幅度很大，运动速度相对也较快。因此随身体的继续右转，左脚顺势蹬地，身体沿纵轴而动，左脚提起于右脚前落地。双臂保持上势动作外形，就是为了在旋转时保持身体重心不受到到干扰。腰髋的松沉也是为了重心稳固。要如拳谚所云："乱环术法最难通，上下相合妙无穷。陷敌深入乱环内，四两千斤着法成。"

动作 3：身体向右转，左脚尖内扣，重心于左腿，右脚提起向前迈出，以前脚掌踏地，成右虚步；随体转，左臂外旋，左掌向下向内收于胸前，掌心翻转向上，掌指向右；同时右掌由左前臂上向前横掌抹出，掌心向下，掌指斜向左；眼视右掌方向（图 441）。

图 440

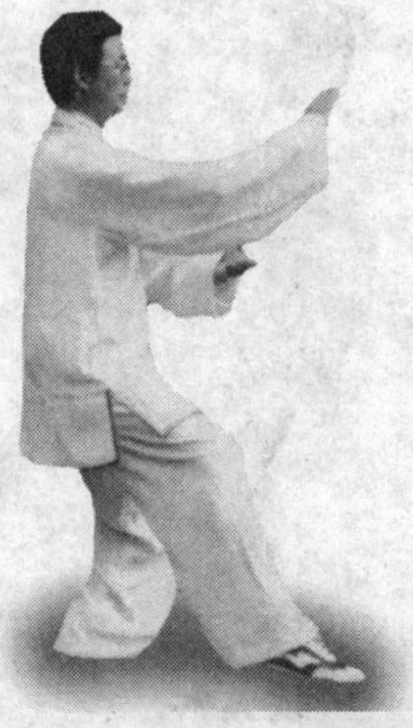

图 441

图 441 正面

动作要领：（1）身体转动带动双掌动作，右虚步的形成协调一致。（2）尾闾中正，松肩垂肘，含胸拔背，松腰沉髋。

易犯错误：（1）上体前俯、突臀，左右歪髋。（2）动作不协调脱节，重心起伏。

动作方向：此动作身体东方向。

技击含义：此势动作以腰髋的转动带动左脚的内扣，同时右脚点地成虚步时要与右掌的前抹动作协调完成。腰髋为顺势，身形要达到尾闾中正，松肩垂肘，含胸拔背，松腰沉髋，双臂撑圆。动作外形不可起伏，此时要意贯左掌左臂内侧为化劲。意贯右掌及右前臂外侧为抹劲。肩背舒松双肘关节要具有撑劲。要如拳谚所云："轻灵活泼求懂劲，阴阳既济无滞病。若得四两拨千斤，开合鼓荡主宰定。"

动作 4：重心于左腿，右脚提起向左而上，再向右做扇形外摆，脚面展平；双掌在体前自右向左迎拍右脚面；眼视双掌（图 442）。

动作要领：（1）右脚上举外摆时，上体微前迎，但避免俯身。（2）右脚外摆应以腰为轴，用横劲。（3）迎拍右脚时要有两响。

易犯错误：上体前俯或后仰失去重心。

动作方向：此动作身体东方向。

技击含义：摆连脚时，要提顶吊裆，身体沿纵轴方向上提拔，左支撑腿可微向上顶起，同时以腰的转动带动右脚以扇形向外摆动，力达右脚背外侧为横摆劲。不可将此动作做成向右踢腿的现象，也不可为了击拍脚面而弯腰俯身。身形要做到立身中正，松肩舒背，气沉丹田要如拳谚所云："身虽动，心贵静；气须敛，神宜舒。心为令，气为旗；神为主帅，身为驱使。"

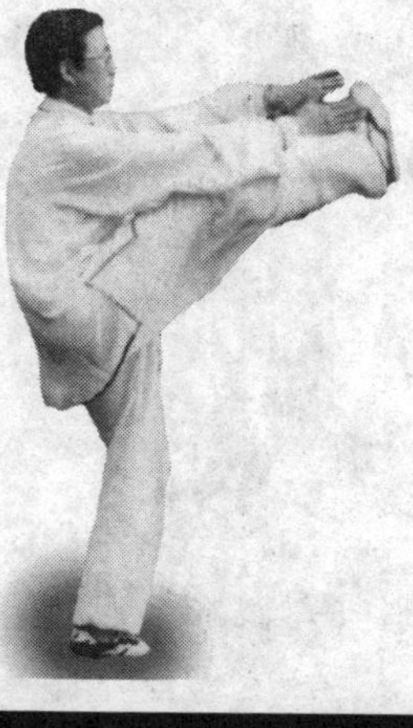

图 442

第103式 弯弓射虎

动作1：接上势，重心于左腿，左腿支撑，右小腿屈收右膝上提，脚尖自然下垂；左掌摆至身体左侧，右掌摆至左肩前，掌心向外与肩平，双掌指向上；眼视左掌方向（图443）。

动作要领：（1）立腰、竖项，立身中正，沉肩、坠肘，双臂撑圆。（2）双掌左摆方向为体左侧前45度，右膝提起方向为体前、右前45度为宜。

易犯错误：（1）双臂挺直，身体左右摇晃。（2）摆掌、提膝方向不到位，产生身体向后倾倒现象。

动作方向：此动作身体东北方向。

技击含义：此势动作，左腿独立支撑，双掌顺势向体左侧前摆掌，左腕略高于肩，右腕与肩平。右小腿屈收右膝上提，动作方向为右侧前。身形上要达到虚领顶劲，立腰竖项，松肩垂肘，含胸拔背，双臂撑圆，气沉丹田。如拳谚所云："遇机得势进退走，三前七星顾盼间。周身实力意中定，听探顺化神气关。"

动作2：身体向右转，重心于左腿，左支撑腿屈蹲，右脚向右侧前方迈步，脚跟先着地，同时随体转双掌下落，掌心向外，掌指向上；眼视左掌方向（图444）。

动作要领：（1）左支撑腿应微屈下蹲后右脚再向前迈步。（2）尾闾中正，松肩沉肘，腰髋松沉，双臂撑圆。

易犯错误：（1）左腿未屈蹲，右脚迈出，出现"抢步"现象。（2）俯身、突臀，左右歪髋。

动作方向：此动作身体东南方向。

技击含义：此势动作右脚的迈出，左支撑腿的重心要微微下沉，随腰髋的转动，右脚顺势向右侧前迈出，才能体现出迈步如猫行的轻灵稳健的动作特点。也

图443

图444

避免了“抢步”、“砸地”现象的出现。立身中正，含胸拔背，松腰沉髋，气沉丹田，双臂撑圆。意贯双掌及前臂下侧，为採、掤之意。如拳谚所云：“极柔即刚极虚灵，运若抽丝处处明。开展紧凑乃缜密，待机而动如猫行。”

动作 3：身体继续向右转，重心于左腿，右脚跟着地；随体转，双掌向下、向右经右膝前划弧于身体右侧，两掌握拳，拳心向下，拳眼相对；眼随体转向前平视（图 445）。

动作要领：（1）向右转身幅度应以右前 45 度为宜。（2）立身中正，两肩放松，两臂撑圆。（3）转体时，右腿膝部微屈，右脚尖翘起。

易犯错误：（1）身体前俯，突臀，左右歪髋。（2）转体、摆拳动作不协调。

动作方向：此动作身体东南方向。

技击含义：身体继续右转，腰髋的转动带动双掌向下，向右掤掌，当双掌顺序经过右膝前时，双掌握拳。此时身形要做到虚领顶劲，尾闾中正，松肩，含胸，腰髋松沉、双臂撑圆，尤其是右腿的膝关节不可挺直，要微屈，以保证身体重心的沉稳。动作如拳谚所云：“上下一条线，全凭两手转。变换取分毫，尺寸自己辩。”

动作 4：身体向左转，重心前移，右脚全脚掌踏实，右腿屈膝慢慢向前弓出，成右弓步；左拳经胸前向左前方折叠打出，拳与胸平，拳眼斜向上；右拳屈肘同时向左前方打出，至右额前，拳心向外，拳眼斜向下，双拳面向左侧前方；眼视左拳方向（图 446）。

动作要领：（1）双臂撑圆，力达拳面，双拳眼斜相对。（2）主宰于腰，身体向左转与双拳打出及弓步动作要协调完成。（3）立身中正，松肩坠肘，肩背舒展，双臂撑圆。

易犯错误：（1）身体前俯，耸肩、直臂。（2）转体、打拳动作不协调。

动作方向：此动作身体东北方向。

图 445

图 446

图 446 正面

技击含义：此势动作，特别要注意的是，右腿的弓步方向为右侧前方，即右前45度，而双拳的打出方向则为左前45度，是两个不同的隅向。双拳要向右做挂拳，力达双拳。然后双拳随腰髋的左转，折肘向左前侧击打。定势时要立身中正，松腰沉髋，沉肩坠肘，双臂撑圆，肩背舒展，气沉丹田。如拳谚所云："拳之运动，惟柔与刚；彼以刚来，我以柔往；彼以柔来，全在称量；刚中寓柔，与人不忤；柔中寓刚，人所难防。"

第104式 进步搬拦捶

动作1：接上势，身体向左转，左脚以前脚掌为轴，脚跟微向内拧转，重心移于左腿，成坐步；随体转，左臂外旋，左拳变掌，掌心转动向上、向下划弧至腹前左肩外，掌指向右；同时右拳向下划弧至体前，拳心向下，拳眼向左；眼随体转向前平视。（图447）。

动作要领：（1）腰髋的转动带动左脚跟向内拧转。（2）双掌动作应与重心左移协调完成。（3）重心左移，动作姿势不可起伏，要平稳过度。

易犯错误：（1）耸肩、吊肘，凸臀。（2）动作上下不相随，动作脱节。（3）双腋紧夹身体。

动作方向：此动作身体向东北方向。

技击含义：传统杨式太极拳由于弯弓射虎的动作方向为隅向，由此势开始，动作套路要恢复到原来的运动方向，因此随身体左转动的同时，左脚跟相应的要向内拧转将动作方向做必要的调整，身体重心的左移与双手的动作要协调而动。此势动作虽然幅度不大，但转体、拧脚，移重心、左掌，右拳的动作要协调一致的完成，不可有断续、顿挫的地方。身法上要虚领顶劲，立身中正，松腰沉髋，松肩垂肘，含胸拔背，双臂撑圆。动作时要意贯左臂下侧，为"引化"之意。左

图447

图447 正面

肘的动作方向应为左侧后45度。右拳动作时，要意贯右臂内侧，为“挂带”之感。左掌指与右拳眼相对，相距3拳的距离为宜。要体会拳谚所云：“顶、匾、丢、抗，失于对待也，所以为之病者，既失粘、黏、连、随，何以得知觉运动？既不知己，焉能知人？所谓对待者，不以顶、匾、丢、抗相对于人也，要以粘、黏、连、随等待于人也。能如是，不但对待无病，知觉运动亦自然得矣，可以进于懂劲之功矣！”

动作2：身体向继续左转，重心于左腿，右脚提起向前迈出，脚跟先着地；随体转，左掌向左侧上划弧至左肩外，掌心向外，掌指向上，腕与肩平；右拳向下划弧至左腹前，拳心向下，拳眼向内；眼视左掌方向（图448）。

动作要领：（1）双掌动作应与迈步协调完成。（2）立身中正，松腰沉髋，含胸拔背，肩肘松沉，双臂撑圆。（3）动作姿势不可起伏，身体重心要稳固。

易犯错误：(1)身体前俯，突臀、左右歪髋，耸肩、吊肘。(2)身体重心起伏。

动作方向：此动作身体向北方向。

技击含义：腰髋的转动，同时带动了双臂的动作。此时，向左后划弧时，先要意贯左肘关节，以肘带为主，同时又含有向下的掤劲，动作外形才能饱满。后展时，意贯左臂外侧，是立掤劲。而右拳，随腰的转动向左划弧时，此时意贯右臂内侧，是引带劲。落于左腹前时，右拳与身体的距离以20厘米为宜，双臂要撑圆，松肩沉肘，要虚腋。松腰沉髋，圆裆敛臀，左膝关节与左脚的方向一致，使得身体重心更加稳固，同时也加强了立身中正的动作概念。要体现拳谚所云：“主宰在腰，上于两膊相系，下于胯、两腿相随。”

动作3：身体向右转，重心移于右腿，右脚全脚掌踏实。右腿屈膝慢慢向前弓出，成右弓步；随体转右拳向前翻打，拳心向上，拳面向前，与胸平；同时左掌向前，横掌下压于右拳前，掌心向下，掌指向右，腕与肩平；眼向前平视（图449）。

图448

图448正面

图449

动作要领：（1）上体正直，双肩松沉，双臂撑圆。（2）左掌、右拳间距离以一拳为宜。（3）双掌的动作与弓步要同时协调完成。

易犯错误：（1）翻打、盖掌，与弓步的动作不协调。（2）身体前俯，耸肩，双臂挺直。

动作方向：此动作身体向东方向。

动作4：身体向右转，右脚尖外展45度，重心于右腿，左脚提起向前迈出，脚跟先着地；右拳收于右腰间，拳心向上，左掌立掌向前、向左划弧拦出，掌心侧向右，掌指向上，腕与肩平；眼向前平视（图450）。

动作要领：（1）立身中正，松腰沉胯，双臂不可挺直。（2）迈步、拦掌、收拳动作要协调完成。

易犯错误：（1）右臂紧夹身体，动作不协调。（2）俯身、突臀，左右歪髋。

动作方向：此动作身体向东南方向。

动作5：身体向左转，重心移于左腿，左脚全脚掌踏实。左腿屈膝慢慢向前弓出，成左弓步；右拳自腰间向前打出，拳眼向上与胸平；左掌收至右前臂内侧，掌心侧向下，掌指斜向上；眼视右拳方向（图451）。

动作要领：（1）立身中正，两臂微屈，沉肩垂肘，双臂撑圆。（2）弓步形成、左掌收回、右拳打出动作协调，速度均匀。（3）右拳、左掌之间以一拳为宜。

易犯错误：（1）上体前俯突臀，耸肩，右臂僵直。（2）动作不协调，上下不相随。

动作方向：此动作身体向东方向。

图450

图451

第105式 如封似闭

动作1：接上势，重心于左腿，左掌心转动向上，掌指向右，由右肘下向前穿出；右拳变掌，双掌心相对，掌指向前，腕与肩平；眼向前平视（图452、453）。

动作要领：（1）动作时身体重心要平稳，动作轻灵，双肘微屈。（2）立身中正，松肩垂肘。

易犯错误：（1）身体重心起伏，耸肩。（2）上体前俯，双臂僵直。

动作方向：此动作身体向东方向。

动作2：重心移于右腿，右腿屈膝，成坐步；右拳变掌，双掌心相对，虎口向上，屈臂挑掌收于胸前，两掌心侧相对，掌指斜向上；眼向前平视（图454）。

动作要领：（1）重心右移，与挑掌屈收动作协调完成。（2）双臂放松，双腋微虚，屈肘挑掌动作成弧形。

易犯错误：（1）双肘平展，仰身挺腹。（2）重心右移与屈臂挑掌动作脱节、不协调。

动作方向：此动作身体向东方向。

图452　　图453　　图454

动作 3：重心移至左腿，左腿屈膝慢慢向前弓出，成左弓步，双掌微向下再向前上按出，掌心侧向前，掌指向上，腕与肩平；眼向前平视（图 455）。

动作要领：（1）双掌前按应走弧线，双臂微屈撑圆。（2）上体正直，松腰沉胯。双掌前按要顺腕立掌，腕部要柔顺。

易犯错误：（1）上体前俯、突臀，双臂僵直。（2）双掌前按动作幅度过大，耸肩平肘。

动作方向：此动作身体向东方向。

第 106 式　十字手

动作 1：接上势，身体向右转，左脚尖内扣 90 度，重心于左腿；随体转，双掌向上、向右划弧于面前，掌指向上，双掌心向外，腕与肩平；眼向前平视（图 456）。

动作要领：（1）身体向右转时，身体重心不可起伏。（2）立身中正，两臂呈弧形，松肩、垂肘。

易犯错误：（1）身体重心起伏，俯身突臀。（2）耸肩扬肘，双臂挺直。

动作方向：此动作身体向南方向。

动作 2：身体微向右转，右脚尖外展 45 度，重心移于右腿；成右侧弓步，随体转，双掌微向上、再向左右平分撑开，掌与髋平，掌心向外，掌指向两侧；眼视右掌方向（图 457）。

动作要领： （1）松腰沉髋，身体重心下沉，双掌平撑分开双臂保持弧形。（2）立身中正，身体正直。

易犯错误：（1）身体前、俯突臀，双臂挺直。（2）双掌平分撑开与右脚转动动作脱节，不协调。

图 455

图 456

图 457

动作方向：此动作身体向西南方向。

动作3：身体微微向左转，重心移于左腿，右脚尖内扣45度；随身体转动，双掌向下划弧于腹前双腕交叉合抱，右掌在外，双掌心向内，掌指向左、右斜下方；眼视前下方（图458）。

动作要领：（1）双臂合抱时要沉肩、松肘虚腋。（2）重心左移、双掌合抱动作应同时协调完成。（3）立身中正，松腰沉髋。

易犯错误：（1）身体前俯，突臀。（2）双掌合抱时，耸肩、平肘，双腋紧夹身体。

动作方向：此动作身体向南方向。

动作4：重心于左腿，右脚内收成开立步，双脚平行与肩同宽，然后双腿慢慢直立；双掌交叉合抱上举于体前，腕与肩平，右掌在外，双掌心向内，掌指向左、右，成斜十字形；眼向前平视（图459、460）。

动作要领：（1）收脚成开立步、双掌合抱上举，动作要协调。（2）尾闾中正，沉肩垂肘，含胸拔背，松腰沉髋，双臂撑圆。（3）双膝关节不可挺直

易犯错误：（1）身体前俯，耸肩吊肘。（2）双臂紧夹身体，动作脱节。

动作方向：此动作身体向南方向。

图458

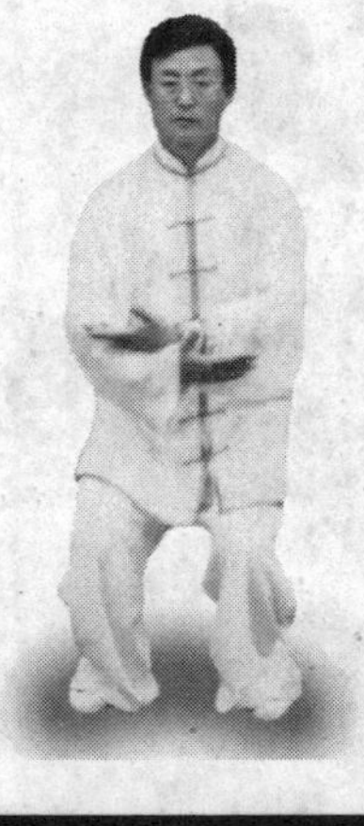

图459

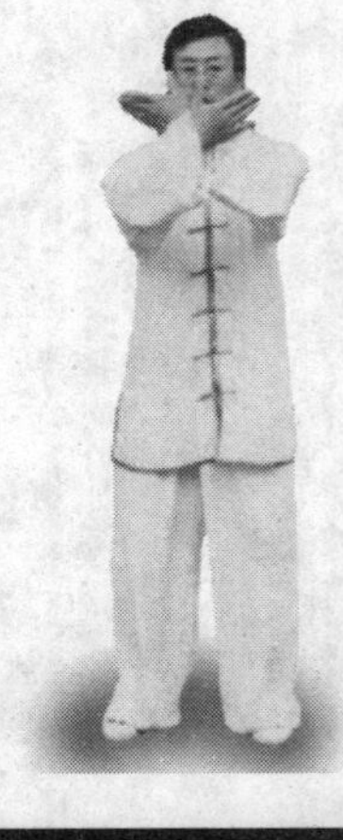

图460

第107式 收 势（合太极）

动作1： 接上势，双臂内旋，向前平展分开，掌心向下，与肩同宽，掌指向前与肩平；眼向前平视（图461）。

动作要领：（1）双臂自然撑圆，松肩、垂肘。（2）虚领顶劲，尾闾中正，松腰沉髋，松肩沉肘，含胸拔背。

易犯错误：（1）上体前俯，耸肩平肘。（2）双掌距离过宽，双臂挺直

动作方向： 此动作身体向南方向。

技击含义： 此势动作双臂边内旋、边向前平展，使双掌自然分开与肩同宽、同高。此时，要松肩、垂肘，意贯肩关节及双肘关节，使双臂含有向下的“沉劲”同时双掌指含有向前的“展伸劲”。所以双臂的动作外形要强调呈弓形。身形上要达到尾闾中正，虚领顶劲，含胸拔背，松腰沉髋的要求。只有这样双臂才具有以上劲力的感觉和动作外形的自然撑圆。要如拳谚所云：“盖内之虚灵不昧，能致于外之清明，流行乎肢体也。若不穷研轻重、浮沉之手，徒劳掘井不及泉之叹尔。”

动作2： 身体自然直立。双掌慢慢下落至两腿外侧，掌心向下，掌指向前；眼向前平视（图462）。

动作要领：（1）身体正直，头微上顶，松肩垂肘，呼吸自然。（2）双臂微屈，顺腕、舒指。

易犯错误： 上体前俯，耸肩。

动作方向： 此动作身体向南方向。

技击含义： 此势动作双掌慢慢下落至两腿外侧，掌心向下，掌指向前，动作看似极其简单，但双掌的动作过程却包含了极其复杂的劲力变化。在动作过程中

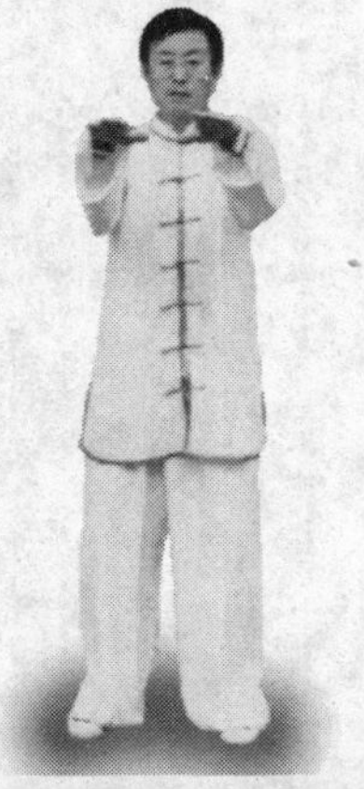

图461

图462

意贯双臂下侧，劲力变化的顺序应是①沉肩（肩关节的松沉）、②垂肘（肘关节的沉落），③顺腕（腕关节顺势的沉落），④展掌（掌指的舒展）。所以双掌的动作是向下的松沉的劲力变化，而不是双掌边下落、边内收的错误的动作过程。自然虚领顶劲，立身中正，含胸拔背，腰髋松沉的身法要领是动作劲力变化的关键。要体会拳谚所云："夫运而知，动而觉；不运不觉，不动不知。运极则为动，觉盛则为知。动知者易，运觉者难。先求自己知觉运动得之于身，自能知人；要先求知人，恐失于自己。不可不知此礼也。夫而后懂劲然也。"

动作3：左脚收至右脚旁，双脚并拢成开立步；双掌轻贴两腿外侧，两臂自然下垂，眼向前平视（图463）。

动作要领：（1）呼吸自然，身体正直。（2）两臂放松，收腹敛臀，含胸拔背。

易犯错误：身体前俯、后仰、歪斜，挺胸、凸腹、突臀。

动作方向：此动作身体向南方向。

技击含义：此势动作，双脚自然并拢，身体自然直立，不偏不倚，虚领顶劲，眼向前平视，下颌微收，口微开；松肩，虚腋，双臂自然撑圆，双掌指轻贴双腿外侧，含胸拔背，腰髋松沉；气沉丹田，收腹敛臀，双膝微屈，神态安闲。要如拳谚所云："解曰：先在心，后在身。腹松，气敛入骨，神舒体静，刻刻存心。切记一动无有不动，一静无有不静。视静犹动，视动犹静。动牵往来气贴背，敛入脊骨。要静。内固精神，外示安逸。"

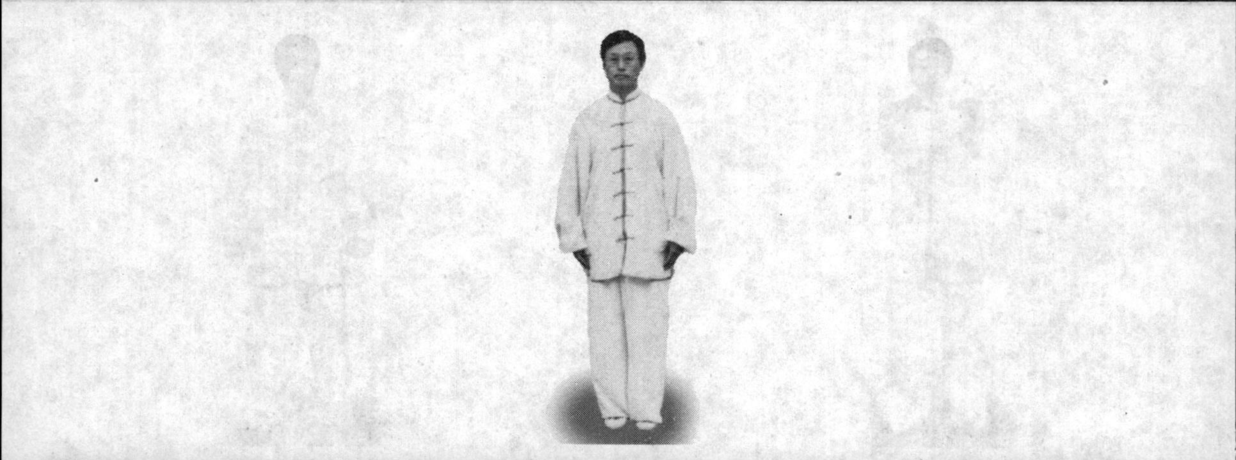

图463

杨式太极拳技击用法

杨式太极拳技击用法

第1式 预备势

传统杨式太极拳套路中“无极式”，就是现在人们所经常提到的“预备势”，它是整套动作的起始动作姿势，其动作要领是贯穿整套动作的精髓。《太极拳论》首先提到“太极者，无极而生，阴阳之母也”。

从动作整体外形讲，“无极式”要做到身体自然直立。动作极其简单，看似容易，但却内含极其丰富，有着严格的动作要领。从传统杨式太极拳动作要领和练习法则讲，“预备势”动作就要做到：头顶悬；虚领顶劲，身体自然挺拔。眼平视；精神提起，意念集中。口微开；舌抵上腭，呼吸平缓。下颌微收；竖项立顶，立身中正。肩松沉；神态自然，呼吸下沉。含胸拔背；身体自然舒松。肘微屈；双臂保持弧形，动作饱满。松腰；沉髋，身体重心平稳。尾闾中正；收腹敛臀，身体保持自然弓形。双膝微屈；身体避免僵直。十趾微抓地；身体保持平稳，亘心稳固。正如《无极歌》所讲：“无形无象无分拿，一片神行至道夸。参透虚无根蒂固，浑浑沌沌乐无涯。”

传统杨式太极拳套路动作练习时，“预备势”是直接开步进行动作开始的。脚的方向是两脚平行，脚尖向前，与肩同宽，是占有“地方”的意思。因为只有这样才能站得最稳，只有有了“根据地”，才能立场坚定站稳脚跟回击对方。但是，由注重于技击术逐渐演变为健身拳术，慢慢的后人将“预备势”动作进一步完善，成为由并立步到开立步的运动过程。

第2式 起 势

传统杨式太极拳套路中，起始动作的名称称之为“太极出势”，是套路开始和出手的意思。这也是我们现在所称谓的“起势”的动作。

太极出势的动作是整套动作的起始动作姿势。现在所流传的传统杨式太极拳起势动作演练有两种方式：(1) 身体自然直立，两臂掌心向下、向前平举与肩平，然后再慢慢下落。(2) 如本书所介绍的演练方式。本套路所演练的起势动作过程，是当年杨澄甫宗师准备南下教拳在京时所传授。它一改传统的两臂平举，而是演化为两臂掌心相对，虎口向上向前平举。它揉进和借鉴了武式太极拳的立圆动作，丰富了原起势的动作过程，使之更具有攻击力和化解力。如北京的崔毅士先生、武汇川先生、王旭东先生，杭州的牛椿明先生等都演练过。本套路的“起势”动作就是按我祖父崔毅士所传进行介绍。

技击含义：

(1) 对方双手死握我双腕下压，我顺势向下沉肩，卸对方之力。趁对方回抽瞬间，我力发于脚，提髋紧腰，双臂向前提起送出，破坏对方重心，使之向后倾倒。(图 1、2)

图 1

图 2

（2）再如对方双掌向我迎面扑来，或如对方双手抓我双肩，我以双臂虎口向上接应对方双肘或双臂下侧，将对方向后掀起，随之用双掌攻击对方胸部。（图3、4、5）

图3

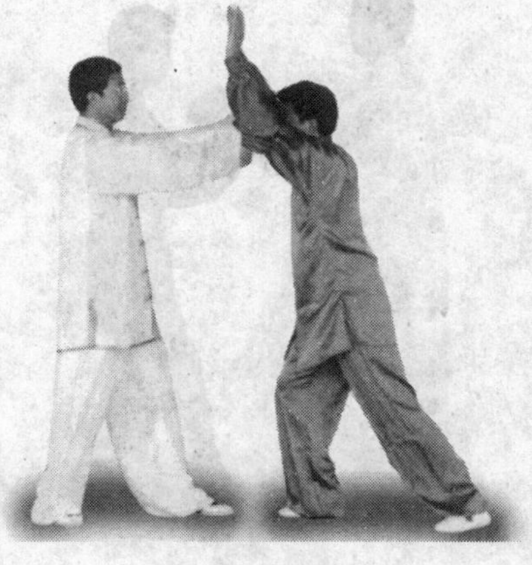

图4

图5

（3）对方正手或反手握我双腕，我松腰沉髋，沉肩垂肘，以挑掌动作结合弧形路线，向内引进化解；使之身体重心前倾，脚跟拔起，力量落空。（图 6、7）

（4）结合上势动作，我虽已破坏对方重心，但未解脱，此时，我即刻向下、向两侧分掌，使对方处于被动局面，在对方想撤手变化之时；我随之放长击远，双掌向对方胸部推按，以脚、腿、腰之力将对方推出。（图 8、9）

图 6

图 7

图 8

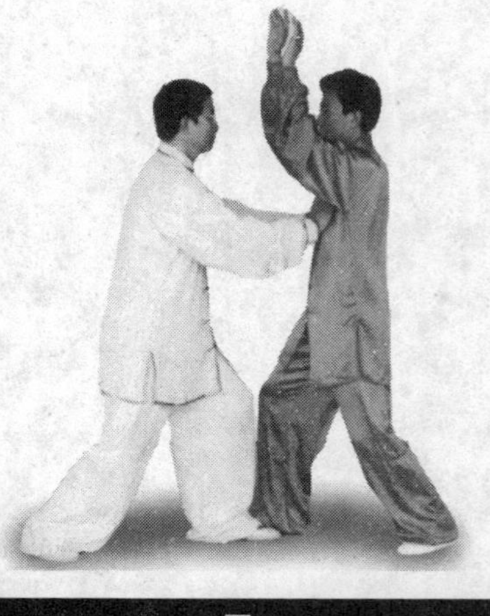

图 9

(5) 我双手进攻对方胸部，对方处于被动局面，对方由内向外分拨我双掌时，我即时松肩肘，双手拿住对方双腕，迅速下落使之身体重心前倾，趁对方身体前倾时，起腿以膝关节顶撞对方。(图10、11)

第3式 左掤势

《太极拳十三式打手歌诀》中第一句就提到“掤、捋、挤、按、须认真”，这就说明这四式动作在整套动作中占有极其重要的作用。掤、捋、挤、按四种手法也称谓为“四正手”。而採、挒、肘、靠四种手法在太极拳术中称之为“四隅手”。“四正手”与“四隅手”相呼应，统称“四正四隅手”，也称之为“太极八法”。

左掤动作是传统杨式太极拳套路中，第一个迈步、合手、弓步分手的动作，也是整套动作姿势高低的标尺。身、腰、手、脚，虽然在文字叙述中有先后，但在练习中必须同时开始和同时完成。要体会拳谚所云“切记一动无有不动，一静无有不静”的动作协调、完整的理念。凡迈步都必须轻灵，遵循“迈步如猫行”的拳理。如本势左脚向前迈出，身体重心首先要先坐实右腿，右膝关节要屈蹲，控制着左腿缓慢向前迈出，这也是“分清虚实”在步法上的一种表现。左弓步时，以髋关节的水平移动，带动上体直立前移。弓腿之膝关节不可超出脚尖，而蹬腱的膝关节要微屈，切不可蹬得挺直。以弓腿为实，蹬腿为虚；双膝关节要与脚尖方向保持一致。(在本套路练习时，特别要注意凡迈步动作都要按此规矩完成。) 前掤的手臂不可超过肩部的高度，身体要保持立身中正，在本套路中，左掤式就充分体现出传统杨式太极拳独特的运动外形、劲力内含及其攻防作用。“掤劲义何解，如水负舟行，先实丹田气，次紧顶头悬，周身弹簧力，开合一定间，任尔千斤力，漂浮亦不难。”左臂的平掤要体现出“掤在两臂”的劲力特点，

图10

图11

但决不是硬顶。要保持柔韧性和弹性，要做到尾闾中正、含胸拔背，松肩、垂肘、虚腋，双臂撑圆，动作要饱满，保持动作的灵活性。以腰为主宰，劲发于腿脚，使全身的弹簧力瞬间集中于掤手之臂。

严格地讲右手下掤的动作劲力方向，同时包含了向下、向后、向外的劲力成分，这三个方向的合力就是我们经常强调的劲力要“整”。本势中的下掤动作就是以向下的力量为主。本套路中虽然有平掤、立掤、下掤等等之分，採的动作定势时手的位置也不尽相同。由于动作外形的不同及其不同的劲力方向的侧重，那么不同的动作就产生各种变化莫测的效果。这些都要在本套路的练习中通过具体的动作来体现、说明。

技击含义：右臂向上迎击对方左拳进攻，沾粘对方手腕，小臂内旋反手抓腕，顺势下掤，左手臂以平臂掤劲攻击对方胸部及软肋，同时迅速上左步踩踏对方脚面或伸到对方身后使对方倾倒（图12、13、14）。

图12

图13

图14

第4式 右揽雀尾

传统杨式太极拳套路中右揽雀尾的动作，包含了太极拳中的主要手法 掤、捋、挤、按，既“四正手”。这“四正手”，既可以分开作为单势动作进行练习，又可以以动作组合的形式出现。在拳术的演练时，动作之间的衔接没有明显的界限，是以连贯、协调、和缓，一气呵成。动作的衔接均以腰髋的转动为主，以腰髋为轴，四肢为轮，轴转、轮自然动作自如，要做到一动，四肢百骸随动的原则。掤时要把力点集中在两臂，右臂为立掤，其劲力要意贯右掌小拇指及右臂外侧，左臂为下掤，其劲力要意贯左掌指及左臂下侧，双臂动作饱满撑圆，即拳理中所提到“掤在两臂”。

捋时以腰髋的转动，带动双手回捋，右手为捋劲；其劲力要意贯右掌及右臂内侧，左手为向下、向后的合力捋，要以左肘的向左后侧45度方向为准，要立身、松肩、含胸，沉腰髋。虚实分明，劲力刚柔相济。即拳理中所提到“捋在掌中”。

挤的动作时，要松腰、沉髋，保持坐步步型，以腰髋的转动，身体纵轴而动，带动双掌相合，再随重心前移向前挤出。其劲力要意贯右掌背及腕部，左掌附于右腕内侧，其劲力要意贯左掌心辅助发力，要含胸拔背、沉肩垂肘，双臂动作要饱满撑圆，即拳理中所提到“挤在手背”。

按的动作时，不仅要松腰、沉髋，而且身体重心的移动要平稳、圆活。以弓步——坐步——弓步的步法变化，与双掌的屈臂挑掌回收，左右分开；再沿平椭圆形向前按出的动作，要上下相随，动作协调一致。将腿脚之力，以腰为中转站送到上肢，其劲力要以腰背的力量意贯双掌指。此时，虚领顶劲、立身中正，含胸拔背、沉肩垂肘，双臂动作饱满撑圆，腕部要放松。虎口撑圆，掌心内涵。即拳理中所提到“按在腰攻”。当我们了解了动作的劲力变化时，就要处处注意，时时留心。双臂的运转都要呈弧形，双腋不可紧夹身体，腰髋的纵轴转动起着重要的作用。正如拳谚所云：“每一动，惟手先著力，随即松开。尤须贯串一气，不外起、承、转、合。始而意动，既而劲动，转接要一线串成。”

技击含义：右揽雀尾的动作，包含了太极拳中的主要手法掤、捋、挤、按，即“四正手”。其动作技击含义分别为：

掤：对方用右拳向我袭来，我即用右立掤动作迎击，用右臂贴对方腕部及前臂。(图 15)

捋：对方用左拳进攻，我即闪身用左臂贴粘对方前臂，翻腕采按，以右掌附于对方臂膀以向左转身之势，借对方之力，顺对方来势，将对方劲力化解。(图 16)

挤：双方交手时，对方进攻之手失败，欲想回抽时，我即以挤手的方式随之跟进。(图 17)

图 15

图 16

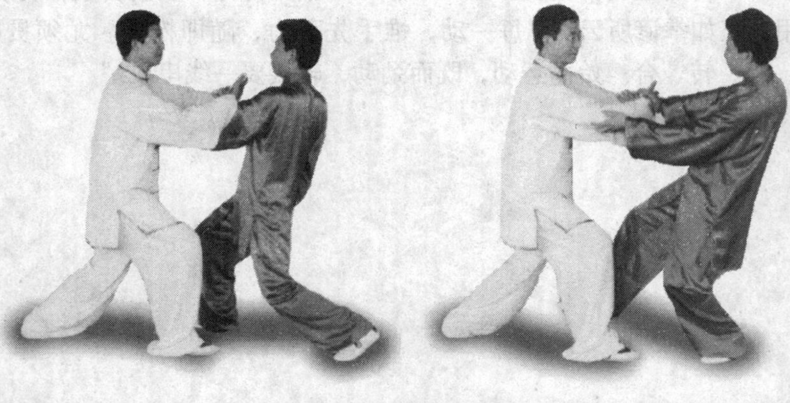

图 17

按：对方用挤劲进攻，我则以双掌左右分开化解，随之我乘机以双按掌进击。（图 18、19）

第 5 式 单 鞭

单鞭的动作造型可以讲是传统杨式太极拳套路中极具代表性的动作之一。此动作由于双臂前后分展，犹如一条舒卷自如的长鞭所以得名。

单鞭动作的全过程要体会动作开与合的有机配合，即开中有合，合中寓开，开合相济的原理。当然此原理不仅对此势如此，式式都要求注意。太极拳理论中提到身法“外三合”之说，即“肩与胯合”、“手与脚合”、“肘与膝合”，在此势动作中表现最明显。手、臂，与腿、脚，均含有上下垂直相对之意。所谓“相合”，不应片面、教条理解为动作外形必须绝对垂直相对。而是在运动中注重动作的衔接，身体各部位关节的相对协调、和顺，强调了杨式太极拳动作“立身中正安舒”，“沉稳气势浑厚”的整体性和完整性。

单鞭动作充分体现出採、挒、肘、靠四种手法和劲力连贯而成的动作特点。向左转腰时，双掌的劲力体现及动作意识为左採、右挒；向右转体时，右臂外旋，右手的动作过程要以右肘关节为力点，体现出肘打的意念。而左手的动作则是向下採按的动作意识和下掤劲的体现。身体向左转，成左弓步时，先以左肩臂为靠劲，继而左臂弧形前展，左掌再向前云掌推按。正如拳谚所云“採在十指，挒在两肱，肘在屈使，靠在肩胸，进在云手”，柔中寓刚，人所难防。

单鞭拳势的动作过程并不复杂，但运动时要圆润流畅，不得有断续停顿之势。身体的左右转动，要注意强调腰髋的转动必须协调一致。左转体弓步时，松腰、沉髋，以腰髋的转动带动左臂向上、向前的大弧形运动轨迹。但运动时左掌指不可超过上眉，动作要一气呵成。定势时，左臂与右臂的夹角应在 135 度为

图 18

图 19

宜。左掌与左腿的弓步方向一致，左掌指与鼻相平齐，掌心侧向前，虎口撑圆，意贯左臂外侧。右勾手的动作方向为右后45度。右勾背略高于肩，但右腕关节不可死折、力达勾背。此时立身中正，含胸舒背，肩要松沉，肘要下垂。双臂的动作外形要圆活、饱满，沉稳中要寓有轻灵之意。舒展中含有紧凑之感。要体会拳谚所云："以心行气，务沉着，乃能收敛入骨，所谓命意源头在腰隙也。"

技击含义：单鞭的用法较多，我们可以理解为对方从左后上打来，我即转身用左採手化解；由侧方打来即用右挒手格挡。如离身较近，即用肘打；用勾手勾挂对方进攻，用勾背进击对方下颌和胸部，以左云掌进击对方脸面。（图20、21、22、23）

图20

图21

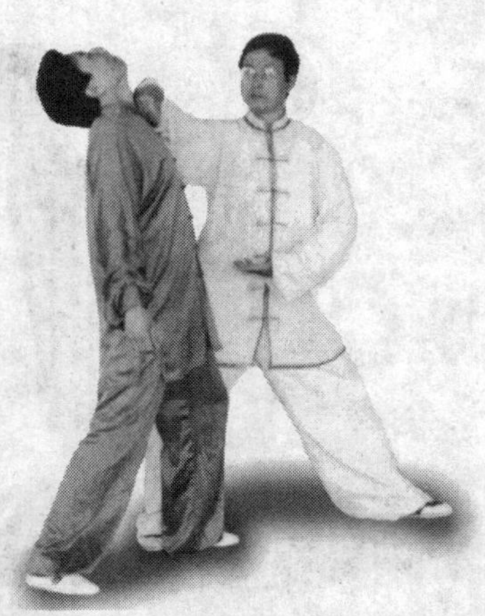

图22

图23

第6式 提 手

提手的动作过程，强调了以腰髋的左右转动，使得身体沿纵轴方向而动，并且带动双臂的动作同时进行。身体向左转的拧腰，右脚内扣的合髋，这一看似不协调的动作过程，却为下一动作的完成孕育着极大的力量。右脚跟的提起，不仅是为了增加转体时的灵活，同时也是加强双臂的劲力。右前脚掌的踏地，不能是虚点，而要有力度，要有支撑感，借以保持身体重心的稳固。虚领顶劲，尾闾中正的要领是身体纵轴转动的基础。松肩沉肘，含胸拔背使得双臂的平展，具有向下的沉劲和向后的引化劲。引出对方的虚处，破解对方的劲源。身体向右的回转，右脚跟的着地，右虚步的形成，前三、后七的身体重心的分配，避免了身体前俯、突臀的现象的产生。腰髋的松沉，加重了动作底盘的实力，同时进行的双掌从耳侧向前的合掌而产生的提拔劲，也由此而生。此劲乃是传统杨式太极拳术中沾劲的表现。其目的在于提拔对方之根基，破坏对方的劲数，使其重心偏斜、倾倒。用腰腿的力量沾提，绝不是单纯的用掌提，提劲时，双脚的动作要扎实，虚领顶劲，气贴脊背，才能得机得势而动。

提手动作的定势，要注意到动作的上下相随；内外相合，身体关节的相呼应，即肩与髋关节的相对；右肘与右膝关节的相对，右掌指与鼻尖的相对；左掌指与右肘关节的相对，双臂与双腿的相对。只有掌握和了解这些相关的知识，提手动作才能达到完整一气的境界。

技击含义：提手的动作技击含义有二点：

(1) 对方用双手合按我双臂时，我即用动作 1 的手法将对方来力化解，使其足跟拔起失去重心，趁对方回收之时，我顺势进击。(图 24)

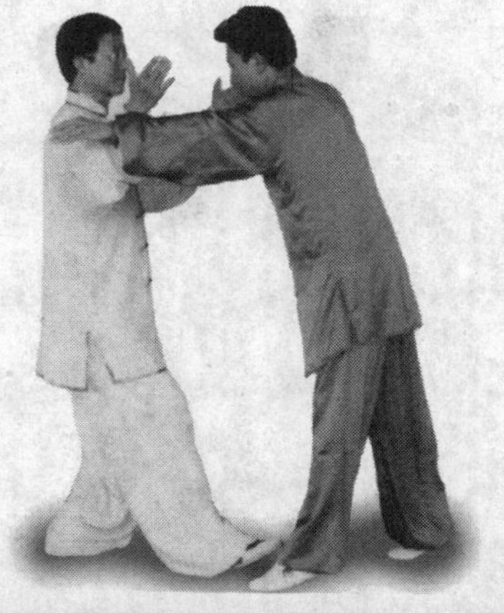

图 24

(2) 对方右拳进击，以左手分其右手，反手捋其腕或前臂，右掌附其臂膀，微向下松沉，趁对方回抽之时，由下向上以提劲将对方破解。(图 25)

第7式 上 势

现在的练习者在套路练习时，绝大部分都丢掉或忽视了此动作。其实在传统杨式太极拳套路中，上势动作是起到极其重要的作用的。

上势的动作过程可以看作是两部分动作的组合，即捋势和挤靠势。当身体向左转时，左臂外旋，弧形下落，此时要意贯左臂下侧，含有向下的掤劲，同时又要含有向侧后的撑劲，意贯左肘关节。这样既保证了左臂动作的饱满，又限制了左臂动作的方向，即向身体左侧后 45 度方向运转。腰髋的转动同时带动了右掌的前展，右腕关节要合顺，意贯右臂外侧，是向前的立掤劲。随身体的转动双臂要含对拔之劲。腰髋转动时，右脚跟要含有向后的蹬劲，而左膝关节与左脚方向的一致，使得左支撑腿含有撑劲。才能做到圆裆、敛臀，松腰沉髋，不仅使身体灵活自如地转动，而且也控制了由于身体的转动动作重心起伏的弊病。随后，双掌随腰的转动做捋势，身体向右的回转，左掌按附于右前臂时，身体重心右移，以左腿的力量催动腰髋向前平移，成右弓步，双臂也随同腰髋的平移向前下挤出，同时含有向前的肩胸的靠劲。意贯右前臂外侧，左掌辅助发力。此势动作外形与右揽雀尾的挤势动作相仿，但却体现出两种不同的劲力方法和产生不同的效果。右揽雀尾的挤势动作是平挤，左掌附于右掌腕部，是破坏对方的重心后，将对方沿水平方向放出，使对方后退。此势动作左掌按附于右臂内侧，力的方向是本人的前下方的劲力，是以"挤靠"劲为主打，是将对方沿本人劲力前下方放出，使对方后退后跌到在地。动作身形微微有些前俯，绝不可过于前倾，使自己失去重心。如拳谚所云："偏轻偏重为病，偏者，偏无着落，所以为病。因无着

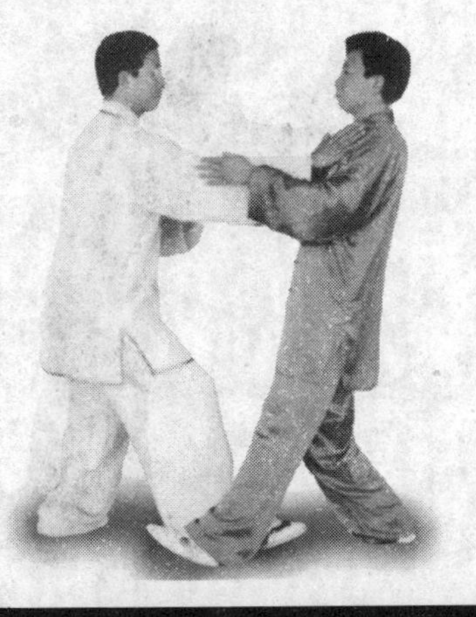

图 25

落，必失方圆。”

上势的动作是由捋势和挤靠势组合而成。而动作之间的结合都是由腰髋的左右转动进行连接的，没有明显的界限，上下动作的相随相合，协调一致，达到了拳理要求连绵不断，圆活连贯，运劲如抽丝，一气呵成的境界。

技击含义：对方以双按掌进击，我以挤手相迎，微化解对方劲力，然后将对方向前下方放出。（图 26、27）

第 8 式　白鹤亮翅

白鹤亮翅动作，是传统杨式太极拳极具代表性动作之一。动作外形舒展大方，圆活、潇洒。此势动作的虚步步型，是杨式太极拳拳式中的高架虚步。所谓“高架”是指动作外形相对而言，同是虚步步型，手挥琵琶、提手动作就属于中架虚步，自然海底针的虚步动作就属于低架虚步。

白鹤亮翅，虽然动作外形看似直立，但是动作要领却是丝毫无变。首先身形要达到虚领顶劲，含胸拔背，松腰沉髋，收腹敛臀的要求。既要有向上的挺拔之势，又要含有向下的沉劲，这样就有上下对拔、把身肢拉长的感觉。尤其是右臂虽然向上擎托高举，但是松肩、垂肘的动作原理也要充分体现，右肘关节不可扬起，要松沉，右肩与右掌指呈一弧形，双臂要呈弧形不可挺直，才能将腿脚之力，腰髋之劲，通畅的灌注到双掌。前三（左脚）后七（右腿）的身体重心的合理分配，就是整体动作劲力的基础保证。含胸拔背、松腰沉髋、松肩垂肘，加强了身体重心的稳固性，同时也保证了呼吸的深沉，也充分体现出太极拳原理中所包含的升、降，虚、实，开、合，採按、擎托等相对、统一的哲理。以心意之动，寓动作之形，如拳谚所云：“心气一发，四肢皆动。足起有地，动转有位。或粘而游，或连而随；或腾而闪，或摺而空；或掤而捋，或挤而按。”

图 26

图 27

技击含义： 对方以左拳进击，我以左掌向外拨化，握其腕臂，向下采按，对方以右拳再进击，我即以右掌虎口卡其腕，向上托擎，使其失却重心，向后倾倒，或我起腿攻击对方下部。（图 28、29）

第 9 式　左搂膝拗步

搂膝拗步，也是杨式太极拳极具代表性动作之一。无论左、右搂膝拗步动作的身法、劲力的变化都是极其丰富的。

首先是步法的转换，从白鹤亮翅动作的高架虚步到右支撑腿的屈蹲下坐，身体重心下沉，身型上要达到“立身中正”的要求。即使是左脚迈出，上体也要正直。这就尽量避免了为了迈步而失去身体的平衡，产生突臀、左右歪髋的错误动作。当然也就不符合“敛臀”和“尾闾中正”的拳理要求，这一点是要注意的；其次身体重心的前移，左腿屈膝前弓成左弓步时，身体的平稳位移，髋关节沿水平位置的运动，是避免动作过程中身体上下起伏的要点。演练时步法的变化是通过虚步——坐步——迈步——弓步构成的，尾闾中正是贯穿始终的。而主宰于腰，腰髋的转动却起着主导作用。两掌的动作要随腰的转动而动，腰的左右转动切不可摇晃，因为一晃动必然产生身体俯仰，与拳理不符。双掌的运转，劲力的变化尤其要注重体会。动作 1 右臂的摆掌与动作 3 左掌由右肩前落于右腹前的劲力为“截劲”，截击对方动作，使之失却重心，所以要意贯右臂左侧，左臂下侧。动作 2 右臂后展时，先要意贯肘关节的同时又要具备向下的掤劲，所以是下掤劲与肘劲的合力。动作 2 动作完成时，要意贯双臂，同时含有向外的掤劲。松腰沉髋、含胸拔背、沉肩垂肘是劲力贯注到双臂的保证。在此劲力意识下，通过腰的左转，将右腿的腿脚之力，运用到前推掌和下搂掌。前推掌时，万不可将掌心向前，而是微侧向前，虎口撑圆，意贯右臂外侧，沉肩垂肘，顺腕舒指，力达指

图 28

图 29

尖。下搂掌时，意贯左臂后侧撑劲的同时，又要有向下和向外的采按劲，虎口向前，是为了便于拿采对方，这也是传统杨式太极拳动作的独特风格。肩髋上下相对相合，避免了过分强调向前送肩，或两肩高低不平的现象。因而搂膝拗步动作的劲力、步法的变化是极其重要的，也是要细心体会的，可以通过单势、定势（以定势架势做较长时间的练习）体会动作的劲力。因为拳谚所云："气宜鼓荡，神宜内敛。勿使有缺陷处，勿使有凹凸处，勿使有断续处。""一身之劲，练成一家。分清虚实，发劲要有根源；劲起于脚跟，主宰于腰间，行于于指，发于脊骨。"

技击含义：一手搂开对方进击的手或脚，我向前上步，插于对方腿后，或采踏对方一脚，另一掌向前击打对方胸部反击。（图 30、31）

第 10 式 手挥琵琶

手挥琵琶的动作变化幅度不是很大，但是在动作的运转变化中，身形的正确与否、身体重心分配的是否合理，就直接的影响到步法上的变化、劲力上的体会。动作 1 右脚向前的跟步，现在一般的提法是：向前跟半步。所谓半步，就是本人弓步的一半的距离来理解。所以向前的跟步，右脚与左脚的纵向距离应以不超过此范畴为最好，超过这个范畴，双脚的纵向距离太近，身体重心偏前，极易产生左腿独立支撑的现象，使得身体向前倾倒。但在传统的杨式太极拳练法中却强调了向前跟"寸步"。所谓寸步，就是跟步的距离范畴不是很大。跟步距离要合理，实际上是突出了技击上的含义。所以在跟步的运动过程中，跟步的距离合适与否，起着很重要的作用。要保持自己下盘的稳固，就要以松腰髋的动作要领来约束，这样即避免了身体重心的起伏和动作外形的不正确。更重要的一点是为动作 2 打下了良好的基础，即身体右转，右掌的向后"引带"，重心的右移，右

图 30

图 31

脚的踏实，使之具有强烈得劲力感。动作3的向左转体，左脚跟踏地，成左虚步；前三（左脚）后七（右脚）的身体重心的分配，使得左脚具有向后的蹬劲，左脚掌与地面的夹角以不超过60度为宜。双膝要屈，右脚与右膝关节在同一45度方向，右脚具有向前的撑劲，使下盘根基更加稳固。随身体的转动，两掌前后交错，双臂下沉相合的同时，具有向前推（挥）出之意。动作强调了“挥”字，是推出、送出的意思。也是杨式太极拳中“借劲”、“长劲”的一种表现，即借对方之力，以我劲力之延长，将对方发出。此势动作外形与提手动作看似只是左右相反，却是两种不同的劲力表现形式，提手动作诠释已经做了注解可参看比较。身体纵轴的旋转贯穿了动作的始终，其他动作要领也已在分解动作中做了提示。所以在练习中要体会拳谚所云：“自己懂劲，接及神明，为之文成。于人懂劲，视听之际，遇而变化，自得曲诚之妙形。”

技击含义：对方以右拳击打，我即以转身闪过的同时，以右掌扶其腕，顺势

图32

图33

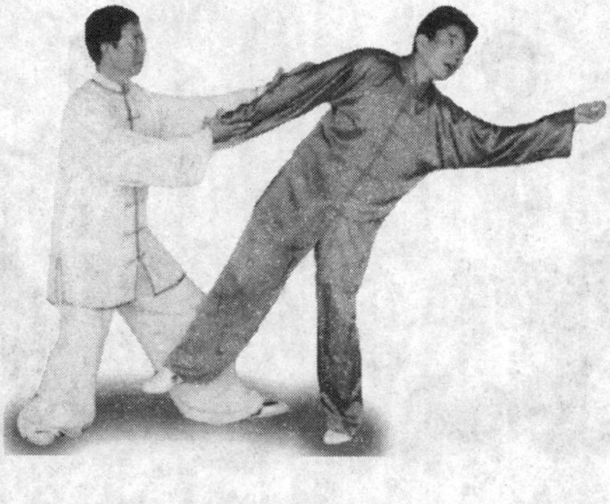

图34

向后引带，左掌贴扶于对方肘关节，两掌左右沉臂相合的同时，以反关节的方法将对方擒拿，趁对方回抽之时，顺势将对方发出。（图 32、33、34）

第 11 式　左搂膝拗步

同前。

第 12 式　右搂膝拗步

左、右搂膝拗步动作，也是传统杨式太极拳的代表动作之一。左搂膝拗步和右搂膝拗步，动作虽然左、右相反，但其劲力和步法的变化也近相同。在传统杨式太极拳套路中，此两势动作也起着动作之间衔接的作用，所以也习惯称之为“衔接式”。无论是左式变右式，还是右式变左式，身体与脚的转动都是体前侧 45 度，尤其是膝关节与脚尖的方向一致，是起到膝关节软组织不受损伤的保证。前脚的外展，也体现出传统杨式太极拳“碾脚”的动作特点。顶头悬，尾闾中正的身法要求，使得一脚向前迈出时，支撑腿要稳住重心，姿势不可起伏。加强了腿部力量的练习，同时也提高了身体的平衡能力。特别要提出的是：双脚的横向距离不可超过肩宽，但也不可在同一直线上，以 20～30 厘米为宜。因为双脚与身体重心的垂线，三点确定一平面。稳固了身体的重心，确定了动作姿态的平稳，从而为把脚腿的力量运用到前推掌的劲力奠定了基础。如果双脚的横向距离超过肩宽，势必身体重心偏于左或右，重心的不稳定，自然也就谈不上劲力的合理运用。左右搂膝拗步在套路中可以是相互连续的动作，也可以作为太极拳的基本功来练习。双掌的动作与弓步的形成，都要在腰髋转动的带动下协调完成。

技击含义：右手搂开对方进击的手或脚，我向前上步，插于对方腿后，或采踏对方一脚，左掌向前击打对方胸部反击。（图 35、36）

图 35

图 36

第13式 左搂膝拗步 第14式 手挥琵琶 第15式 左搂膝拗步

（均同前）

第16式 进步搬拦捶

搬拦捶的动作是传统杨式太极拳套路中五种拳法之一，在民间的流传中有的名称是“进步”搬拦捶，有的提法是“上步”搬拦捶，“进步”或“上步”只是提法不同，但同是连续向前进步、上步的意思。搬拦捶动作2目前有两种练习方法，一种是：右脚跟着地，脚尖外撇，右拳搬打。另一种就是本书所叙述的练习方式，此练习方法是当年杨澄甫宗师在京所传，如北京的崔毅士、武汇川、王旭东，杭州的牛春明等先辈都演练过，60年前澄甫宗师在我家庭院亲自指导我祖父练习的照片就是如此。本书就是依照我祖父，崔毅士所亲传套路进行释解。

搬拦捶的动作是由三种不同的攻防动作组合而成，这种连环手法通常又称之为“紧三拳”或“紧三捶”。

其一：分解动作2，右拳由左腹前，向前弧形翻打，动作过程即含有防备的意思，又含有以拳背攻击对方胸部的含义。左掌的向前横掌盖压，不仅含有向下的采按意念，同时又是辅助右拳的进攻，以迎面掌进击对方。左掌与右拳之间的距离应是本人一拳的空间。一般来讲，这个距离也是对方的前臂的长度，是控制对方的有利、合理的位置。

其二：分解动作3，左掌立掌微向下、向左横拦，右拳同时收于腰间右肘向体右后侧45度方向，通过腰髋的转动，使得左掌、右拳，分别向前、后两侧平撑，左掌意贯左臂下侧，是“立掤劲”。右拳意贯肘关节和右臂下侧，含有向下的“掤劲”、向后的“引带劲”。但是不能挺胸背肩，要涵胸拔背，以肩背的舒展将左掌、右拳有机地贯通，使之具有弹性和韧性。是化解对方进击的有利保证。

其三：分解动作4，通过身体的转动，弓步的形成，右拳以右臂旋转的动作方式向前直拳打出，右臂的旋转，加强了右拳的攻击力度。同时右腿的弓蹬，将脚腿的力量充实到右拳。而左掌的微向上、向右的弧形回收，也是拦截的含义，左掌落于右前臂内侧，与右腕的距离也是一拳的空间，同样这个距离也是控制对方前臂长度的有利、合理的位置。

搬拦捶的动作过程是连贯、有序的进行的，练习时要注意身体、脚的转动方向，要能够注意到身形的正确，尤其是上下动作的协调。演练时要体会到拳谚所云：“不强用力，以心形气；步如猫行，上下相随；呼吸自然，一线串成；变换在腰，气行四肢；分清虚实，圆转自如。”

技击含义：对方以右拳进击，我即以右拳搬压，同时以左掌还击，对方以左手接我左掌，我将对方化解，同时进步逼近对方，借转腰之势，用右脚腿之力，急以右拳击其胸、腹。（图 37、38、39）

图 37

图 38

图 39

第17式 如封似闭

如封似闭的动作可以看作是搬拦捶动作的劲力的延伸。动作演练时要在松腰沉髋、沉肩垂肘的动作意识引导下，身体重心微微下沉的同时，左臂的外旋、左掌的翻转与右拳的前伸、双臂动作同时进行。这也就是太极拳劲法中的“长劲”。所谓“长劲”，就是劲路、意气的再延伸。尾闾中正是极其重要的，身体重心的微下沉，带动肩背的舒松，催动了右拳的前伸，力贯拳面。而左臂的动作则以前穿动作协调进行，因此左掌指不仅具有穿劲、同时左臂还具有向前的掤劲。含胸拔背的动作要领，使得双臂保持弧形，动作劲力的饱满。左掌前穿，双掌前展分开成开式后，再随身体重心的后移，髋关节的水平移动，带动身体平稳位移。右腿屈膝后坐，右膝关节与右脚的方向一致，奠定了身体重心的稳固。先沉肩、再垂肘，以双手拇指为力点，腕关节向内旋转，带动双掌指，立圆弧形向上挑起，收于胸前，双腋要虚，不可紧夹身体。双掌心侧相对，双臂呈八字形。此时，身形要立身中正，虚领顶劲，含胸拔背，松腰沉髋，气息要平稳，精神要提起。身体重心前移时，动作外形不可有起伏，身体要保持立身位移。以右腿之力缓慢将身体重心移向左腿，成作左弓步。同时随身体重心前移，双臂微内旋，向下旋腕，翻转掌心侧向下。双手以人字形向两侧平分，掌心侧相对，松肩垂肘、虚腋，此时力贯双掌外侧，以转臂旋腕的动作继续将外力化解。然后，双掌再沿椭圆形路线向前展臂推出，双掌前推时要保持在肩宽的范围内。掌指向上，与鼻平，掌心侧相对，顺腕舒指，腕部不可向前坐腕用力，手指与肩要保持在圆活、自然的状态。同时身体重心随向前展臂前推动作，以“虚领顶劲”之意，脚生之力，将身体重心前移。含胸拔背、坐腰，掌心内涵，意念贯注十指。这样才能达到拳谚所云：“太极之武事，外操柔软，内含坚刚。而求柔软之于外，久而久之，自得内之坚刚。非有心之坚刚，实有心之柔软也。”

技击含义：对方用左掌推我右拳或右肘，我即以左掌由右臂下穿出，接其左腕，掤住对方来势，顺其势微后引带化解，以动其重心，抽出右掌按其臂膀，然后以双掌进击。（图 40、41、42）

图 40

图 41

图 42

第18式 十字手

传统杨式太极拳术中，此势的动作外形状如十字，故名十字手。

十字手的动作，看似简单，但却包含了劲力的变化，重心的移动，步法的转变等诸要素，而这些动作都是以腰、髋的转动来协调进行。身体右转，左脚内扣90度，腰髋转动带动脚内扣，此时，重心于左腿，双掌随腰动以“引带劲”向右划弧。身体继续右转时，右脚外展45度，身体重心移于右腿，成右侧弓步，双掌于面前微向上、向两侧平分划弧与髋平时，意贯双臂下侧及双掌外缘是“沉劲”。松肩沉肘气息下沉，双臂有下坠、松沉之意。“沉劲”在太极拳术中是起到极其重要的作用，往往许多发力都是先伴有“沉劲”，破解对方来势再随机而变。身体左转，右脚内扣45度，此时双脚平行，同时身体重心已移于左腿，双掌继续向下划弧，双臂内旋，于腹前交叉合抱为“下掤劲”。重心于左腿，右脚先提起，前脚掌微蹬地，顺势回收，前脚掌先踏地，再全脚掌踏实，双脚距离与肩同宽。随身体重心的提起，双腿缓慢直立。双掌上提合抱手面前为“上掤”。无论“上掤”还是“下掤”劲力都要意贯双臂外侧，双臂圆抱，气势饱满。身形要保持立身中正，含胸拔背、垂肩沉肘、松腰沉髋，劲由足下起，由脚而腿、而腰、而指，“要从梢节起，中节随，跟节催之而已。此固分而言之，若合而言之，则上自头顶，下至足底，四肢百骸，总为一节”。所以“十字手”的动作要连绵不断，动作之间要和顺、柔和，劲力要饱满，虚实要分明，一气呵成。所以此势劲力变化无常，可掤可按，可捌可捋，可靠可肘，直来横引，斜来身旋。

此势动作目前有两种练习方式。其一，双掌交叉合抱时，双掌心侧向上，然后再接下一分解动作；其二，如本书所述，是澄甫宗师所传。

技击含义： 对方双手进击我面部，我以双掌将对方双手分撑开，破坏其来势。如对方进击我腹部，我以下掤接其来势，趁对方回收之时，我顺势用合掤将对方合劲送出。（图 43、44、45、46）

图 43

图 44

图 45

图 46

第19式 抱虎归山

此势动作名称目前社会上流传的有“抱虎推山”、“抱虎归山”之名。其中抱或推是动作意识的表现，是一种技击的手法。在传统杨式太极拳套路中，抱虎归山的动作外形虽然与右搂膝拗步的动作极其相似，但在演练的时候，要突出右掌搂抱的动作意识，这是这两个动作之间明显的区分。此势动作先以腰髋的右转，带动双掌的前后展伸，然后再以腰的回转，将双掌巧妙的回收。这一张一弛，一开一合，就充分地体现出太极拳理所提到的“开中寓合，合中寓开”的原理。

从十字手的定势开始，向右转体时，要以腰髋的转动使身体沿纵轴方向平稳旋转，同时左脚以脚跟为轴，向内扣转，左膝关节要相向而动。膝关节与脚尖上下相对，保持身体的稳定性。身体重心微下沉，松腰沉髋是动作旋转的关键，双臂随转体而动，在动作时不仅要达到掤在两臂的意识，而且还要微微向外撑展。当身体转到西南方时（即体右斜前45度），动作的感觉是拧腰合髋。此时，身体重心要稳固在左腿，以腰髋的继续右转，带动右脚提起向右前方迈出。所以在此动作时，髋关节的转动是决定右脚能否轻松前迈的关键。这样就避免了右脚先迈出，而身体却还未转到位的弊病，同时也就避免了身体前俯、突臀，左右歪髋的毛病。虚领顶劲、尾闾中正是保证身体纵轴旋转的精髓。含胸拔背、松肩垂肘是意到、手到、气到、劲力的保证。松腰沉髋是身体转动、上下动作协调配合的前提。只有注意到这几方面的要领，动作才能圆活、自如，协调、和顺。

技击含义： 对方由右后进击，我急转身躲闪的同时右掌防下，左掌击上，并上步进击。如对方以左手推我左臂，我则趁势双掌扶其臂膀以四正手的方式将其发放。（图 47、48、49）

图 47

图 48

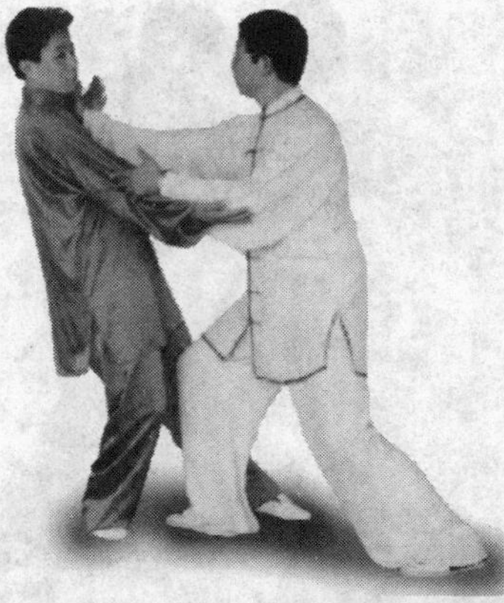

图 49

第 20 式 右揽雀尾

同前。

第 21 式 斜挪势

同第 3 式左挪式。

技击含义：对方由左后向我进击，我转身以右掌向下裹采对方一臂，同时以右掌沾粘对方手腕，小臂内旋抓腕，顺势下采，左手臂以平挪劲进攻对方胸部及软肋，同时迅速上左步踩踏对方脚面或伸到对方身后使对方倾倒。（图 50、51）

第 22 式 肘底捶

此势的动作名称，有称做“肘底看捶”、“肘底藏捶”、“肘底打捶”的，动作实质上是相同的。肘底捶是传统杨式太极拳术中五种拳法之一。是套路练习中，从隅向回到原演练方向（正向）的重要环节。

身体向左转，左脚外展，要具有“碾动”的意识。在传统杨式太极拳的练习中，身体转动是指身体腰髋部位的转动带动上体沿纵轴旋转，才能达到“肩与胯合”的要求，这一点是非常重要的。在此基础上，双臂的动作运转才能自如、圆活连贯。双掌于体侧平展成阴阳掌时，右脚跟的提起不仅加强了身体转动的灵活性，同时也加强了双臂的力度。左臂微外旋，转动掌心向上时，要松肩垂肘，顺腕舒指，肩关节要松沉、撑开，使得掌指与肩保持弧形。劲力的意贯，左臂不仅要具有向外撑扩的感觉。并且借以腰髋的转动之势，更加强了向左引带的劲力。

图 50

图 51

同时而动的右臂动作，保持了向外的撑劲。双掌指、双臂，通过含胸拔背的身形要求，成一弓形，使得双臂具有弹性。虚领顶劲身形的挺拔，尾闾中正保持了中定的感觉。右脚及时的跟进，巩固了身体的底盘，松腰沉髋就避免了身体转动时动作姿势的起伏。右脚跟向内的拧转、踏实，右膝关节与脚尖方向一致，防止了突臀、歪髋的不良习惯。双掌的圈合，绞动，左掌的穿撑，（其它武术套路中此掌也称为迎面掌或迎手）右臂的旋转，右拳的扣拧，左脚虚步的形成，在身体回转的同时，以腰为轴，协调而动，动作一气呵成。如拳谚所云："心气一发，四肢皆动。足起有地，动转有位。能去能就，能刚能柔。不动如山岳，难知如阴阳。"

技击含义：对方用右拳向我头部进击，我急以右掌拦截，握其腕部，趁对方下落回抽时，以右臂的拧扣抑制对方，同时用左掌的穿撑进击对方面部。（图52、53）

图 52

图 53

第23式 左右倒撵猴

“左右倒撵猴”，或“左右倒辇侯”、“左右倒卷肱”，虽然字意上不同，但是讲的都是同一个动作，本书采用的名称是澄甫宗师所传。

“左右倒撵猴”动作时，无论左式还是右式，首先要注意的是虚领顶劲，身体的中正，以腰髋的转动带动双掌前后对称的、对拔的分撑开。如“右倒撵猴”其内在的意识是右拳变掌的下落、回抽至右髋侧时，不仅是单纯的下落动作，而要具有意念和劲力。下落时，右臂及右掌指不仅要含有向下沉的“掤劲“，同时还要具有向后回抽时的“肘劲”，即意贯肘关节。因此右臂同时含有两种劲的合力，动作外形要圆，才能达到劲力的饱满。同时左掌的随腰而动，要有向前的前撑立掤劲，虽然转体动作幅度不大，但一撑、一顶的意识是必须具备的。身体继续向右的转动，使得双掌加强了前后的展伸，劲力的延长。松肩垂肘，肩背的舒松，保证了双臂在135度夹角的合理性。同时右支撑腿的重心稳固，左脚轻松提起向左侧后退步（即身体左侧后45度的方向），左前脚掌的踏地，巩固了身体的稳定性。尾闾中正，身体沿纵轴的左转，带动了左脚的内扣踏实，右臂的卷收，左臂外旋的同时进行体现了太极拳练习中一动无有不动的连绵不断的感觉。松腰沉髋，重心的左移，左坐步的形成，双掌于胸前相对交错时，右脚随之转正（内扣碾脚）的协调进行，更加渲染了左臂回带、引收的劲力，右掌向前推、撑的意识。所以讲，右倒撵猴动作的定势，要达到：虚领顶劲，含胸拔背，松腰沉髋，垂肘沉肩，收腹敛臀的要领提示。双臂撑圆，左膝关节与左脚的方向一致，也是动作姿态正确与否的保证。肩与胯合，上下相随，倒撵猴的动作过程，强调了整体性、连贯性和协调性。在传统杨式太极拳套路中，倒撵猴的动作是分左、右对称进行的，运动过程是一样的，只是左右动作相反，身体动作方向不同而矣。这也是传统杨式太极拳术中，唯一的一组采取退步的形式、结合进攻的手法的动作组合。无论是左还是右倒撵猴，定势动作的完成，才是这组动作的最后完结，下一组动作才能由此继续连贯的开始进行。练习时绝不是盲目地追求所谓动作的连贯性，而忽略了动作各个环节的体现。正如拳谚所云：“夫太极拳者，千变万化，无往非劲。势虽不侔，而劲归于一。夫所谓一者，自顶致足，内有脏腑筋骨，外有肌肤皮肉，四肢百骸相联而为一者也。”

技击含义：倒撵猴采取的是防守反击的手法，如对方用右拳进击，我以左掌采其腕，坐实左腿，向左转体，向内引带对方，同时用右掌击其胸部或面部，右脚向内的转动锁住对方一脚，而向上勾提使对方失去重心被击倒。（图 54、55、56）

图 54

图 55

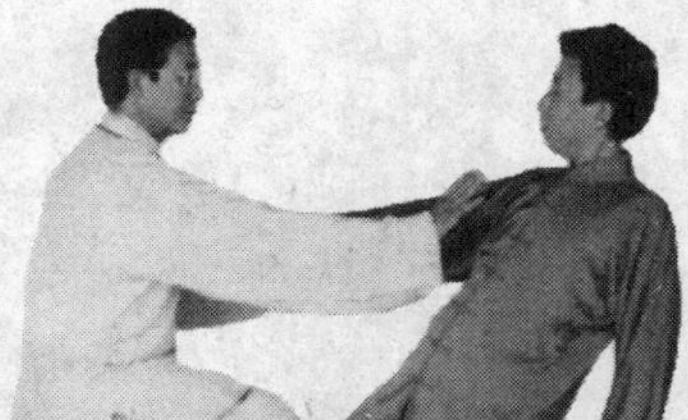

图 56

第24式 斜飞势

斜飞式动作有两点要注意：一是右脚收回落地点的正确与否不仅影响到身体重心的稳定性，更重要的是影响到整体动作的继续完成。右脚回收落地点，要与左脚跟在同一横线。左脚跟与右脚的距离是本人的肩宽（即本人一横脚宽），这样不仅保证了身体重心的稳固性，同时为身体的右转、左脚的内扣打下了良好的基础。右转体时，身体沿纵轴旋转，与左脚的内扣拧转同时进行。重心右移，并不意味着身体位置的左右晃动，所以右前脚掌踏地要有力度，不是虚放，要有承重感。既保证了左脚转动时的灵活，同时也控制了身体动作姿态的稳定；二是以腰为轴，腰髋的转动带动上下动作的相随相合。双掌的绞手、合抱动作与右脚迈出的动作要同时协调进行。松腰沉髋是重心稳固的保障，也是为右臂的挒掌积蓄力量。身体右转，重心右移成右弓步，左脚的弓蹬，催动右臂右掌向体右前挒出，意贯右臂外侧。左掌的采按同时含有向下的沉劲和向下外的采按劲。也可以讲，斜飞式动作的一合一开也是传统杨式太极拳术中“开合劲”的体现。太极拳的动作，不外开、合的基本动作组合。拳谚所云“开合虚实，即为拳经”，“架子不外虚实开合”。开时心意与手足具开，发劲制胜，这种劲就称之为“开劲”。而合时心意与手足俱合，蓄劲待发，这种劲就称之为“合劲”。开中寓合，合中蓄开，是相辅相成的。身法的正确，肩肘的松沉，右臂与右脚的同向，这些都是斜飞式动作完成的要素，在练习中也是相当重要的。

技击含义：对方由右后以左拳向我袭来，我急转身，以双掌的绞合、合抱，将其化解，同时以左掌控制其左腕，上右步进身，以右臂的开劲，进击对方颈部，将对方㧐倒。（图 57、58、59）

第25式 提 手 第26式 上 势

（均同前）

图 57

图 58

图 59

第27式 白鹤亮翅 第28式 左搂膝拗步

（均同前）

第29式 海底针

目前此势的动作名称民间流传的有："海底捞针"、"海底藏针"、"海底探针"等等，其义都是讲此势动作是低架虚步。本书所采用的是"海底针"名称，是澄甫宗师所传。

传统杨式太极拳术中，虚步步型可以归纳为三种：高架虚步，如白鹤亮翅，高探马；中架虚步，如提手，手挥琵琶；低架虚步，如海底针。这三种虚步由于动作外形的不同，自然支撑腿的承重也不一样。海底针的动作属于低架虚步，首先支撑腿的膝关节与脚的方向一致，上下相对，是松腰沉髋要领实施的关键。身体重心的分配，前脚的承重感必然比其他两种虚步的承重感要大一些，可以讲是前四后六。因为海底针的动作，上体不是直立，而是折体（即身体向前俯身）下坐，上体前俯舒展伸拔。为了保持身体的中定和稳固性，以六成的重心放在支撑腿，同时前脚又为了避免由于身体的前俯而产生的动作不稳定，所以就必然加强了前腿的支撑力，增强了承重感，以四成的力量放在前脚。绝不是单纯地追求动作外形的低架势，而采取"双重则滞"的五五分成的做法，双腿同时屈膝下弯，右掌做成"劈掌"和"砍掌"的错误动作。或上体稍有前倾就弯腰驼背，耸肩缩首。只有下盘的稳固，上体的前倾不超过45度，才保证了上肢动作的自如，连贯、和顺。随身体的转动，右掌由胸前大弧度的立圆向前下斜插掌时，要转腰顺肩，舒腕力贯指尖。这也就是传统杨式太极拳术中"钻劲"的体现。左掌向前的立圆弧形的下落，为右掌的动作增加了稳定感和力度。要如拳谚所云："上欲动而下自随之，下欲动而上自领之；上下动中部应之，中部动而上下和之。内外相连，前后相需。所谓一以贯之者，其斯之谓矣！"

技击含义：海底针的动作具有多种作用，动作（1）、（2）是解脱法，分解动作（3）是进击法。

（1）如对方用右手死握我腕部下方，我即以弧形动作向前下插掌，逼其失去重心，而脱手。（图 60、61）

（2）如对方用右手死握我腕部上方，我即以弧形动作向前下插掌，借以解脱。（图 62、63）

图 60

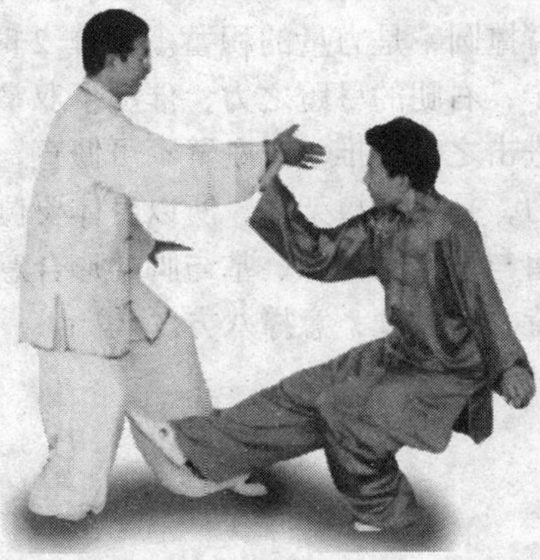

图 61

图 62

图 63

（3）如对方用右拳向我进击，我用左掌搂开对方，用右掌直插对方裆部，以掌指戳击对方。（图 64、65）

第 30 式　闪通臂

目前此势的名称在民间的流传中有“闪通背”，“闪”字含有躲闪、化解，快速之意；“山同背”，是指双臂、头，动作外形如“山”字型；“扇通臂”，则指动作定势，背部舒拔似扇面。虽然文字不同，但其动作外形、技击含义是一样的。本书所采用的名称，是依据澄甫宗师所传。

当我们做闪通背动作 1 身体向右的转动时，是由低架的动作姿态恢复到身体中正的动作架势。身法的变化是由腰髋的转动，带动上体向右的拧转，同时右臂的内旋、翻转上提，是传统杨式太极拳术中的劲法之一“提劲”的体现。即为提上、拔高之意。提时要借腰的拧转之势，腰腿之力，双掌随腰转动起身翻掌，就蕴育着快速躲闪、化解之意。左脚的迈出，此时要松腰髋，顶头悬、沉肩肘、双臂撑圆，是力量的积蓄。动作 2 时，腰髋沿水平位置的移动，带动身体立身弓步，右腿的弓蹬之力，催动了双掌推撑动作的完成。这一推一撑，也蕴涵着快速进击之意。推掌时左臂不可僵直，要自然撑圆。右掌的上撑要含微向后的引带劲力，是顺步撑架掌，所以身体要侧向前。定势时要达到势停意不断，立身中正，肩与髋，肘与膝、掌与脚的形合意连。松肩沉肘，含胸拔背，将劲力贯通于腰，背、肩、臂，意撑八方。

图 64

图 65

技击含义：对方用拳或掌向我进击，我用右臂迎击，同时翻掌向后外引带化解使其实却重心，同时进步以左掌向对方胸肋部及背部进击。（图 66、67）

第 31 式　转身撇身捶

转身撇身捶的动作也是传统杨式太极拳套路中五种拳法之一，它的动作是由两部分组成：转身撇拳（捶）及弓步冲拳。“转身”强调了此动作身法的变化，在转身的时候，首先要注重的是虚领顶劲，尾闾中正，即腰髋的转动带动身体沿纵轴的旋转。左脚的内扣 135 度，加强了身体向右后转动的幅度。使得右脚随身体的转动能轻松的提起迈出。右脚的落点要稍偏右，双脚的距离与肩同宽，以避免双脚在同一直线上的现象出现。左脚、右脚，身体重心垂线三点确定了动作姿势的稳定性，加强了撇拳（捶）动作的力度。“撇拳（捶）”也称之为“反背拳（捶）”，一般的讲“撇拳（捶）”动作的翻打，是在大幅度转体的情况下借势进行的。右拳的翻打是以右肘关节为圆心，右前臂为半径，拳以扇面形的动作弧线体现。右拳击打时意贯拳背，是翻打、格挡的意思。松肩垂肘，右臂撑圆，是右拳动作姿态，劲力通顺的的基础保证。随身体重心的右移，右弓步的形成，腰髋的继续右转，右拳回收，含有引带，化解之意。左掌横掌推出。此时意贯左掌外缘及左臂，称之为“刚劲”或“截劲”。其作用全在右拳的引入落空，对方不能化解时，向对方中心发力。动作上应虚领顶劲，含胸拔背，肩肘松沉、立身中正，敛气凝神，力由脚而腿，而腰、而掌，节节贯通。随后，腰髋的回转，身体的左转，带动右拳的击打。在传统杨式太极拳术中凡用身法和手法将对方劲力顺势化解称之为“吞”，也可以看作是合劲。而用身法和手法顺势借力进击，称之为“吐”，也可以看作是开劲。这动作上的一吞一吐，劲力上的一开一合，技法上的一化一进，就把转身撇捶的动作的圆活连贯，连绵不断，劲力的刚柔相济有机的

图 66

图 67

组合起来。

技击含义：对方由右后用右拳进击，我急速转体，以右拳自上而下撇拳翻打格挡。并顺势向后与带化解对方之势，随即以左横掌进击对方胸部，对方以左手推拦，我转腰化解以右拳进击对方软肋。(图 68、69、70、71)

第 32 式 进步搬拦捶

同前。

图 68

图 69

图 70

图 71

第33式 上步右揽雀尾 第34式 单 鞭

（均同前）

第35式 左右云手

左右云手的动作是传统杨式太极拳套路中，唯一的一组身体的重心左右移动，横向出步也叫侧行步的动作形式出现，因而身体重心的稳定就是至关重要的。髋关节要保持在与地面水平的位置移动，腰髋的松沉不仅保证了身体重心的稳定，同时也为双脚的侧行开步、收步，提供了有力的机体保证。在侧行步中，随身体重心的左右移动，双脚轮流踏实支撑，双腿的动作虚实要分明，要掌握“轻提、慢落”的步法规律，既左脚能轻松的提起向左侧行迈出，右脚也能轻灵的提起向左脚靠近。一般的讲，侧行步的步幅要合度，即是以右腿的支撑，左腿自然伸直横行迈出一步，以前脚掌轻松落地为宜。右脚的提收同样也是以前脚掌的踏地支撑，身体重心保持平稳左右过度，上体不可俯身歪斜摇晃。双脚的脚尖向前，双膝关节要保持与双脚的同向。这也就是我们平常所讲的“点起点收”。双脚的横向距离在传统杨式太极拳术中的要求是与肩同宽。自然不可大于肩宽，同时也不可小于双脚靠拢。如果双脚靠拢，则身体极易失去重心，不宜保持平衡。立身的中正，身体纵轴的左右转动，上体以扇面的活动范围动转，带动了双臂的运转。双臂在体前的反向轮流交错立圆绞动，其劲力也是在不断的变化。以右臂为例，右臂由左肩前到右体侧前的动作过程，右臂的逐渐内旋翻转掌心向外，其劲力为“掤劲”。右掌由右侧前下落到右腰髋部位时，其劲力为“掤按劲”。由右侧经腹前到左腹前时，右掌臂为下“掤劲”。由左腹前到到左肩前时，力贯掌指为“抄裹劲”。劲力变化过程是掤劲——掤按劲——掤劲——抄裹劲。左右相同，身体转动的幅度分别以左侧前45度，右侧前45度为宜。不可超过180度，否则身体重心极易偏斜，产生身体向后倾倒的现象。　双臂在运转过程中，均要保持弧形，松肩垂肘，含胸拔背，上手掌指与上眉平齐，称之为“上齐眉”，与身体的距离为本人的四拳距离。下手掌指与腹齐，称之为“下齐腹”，与身体的距离为本人的两拳的距离。距离过大动作显得零散、破碎。距离太小，动作显得拘谨、无力。双掌的运转与左脚的迈出、右脚的回收，身体重心的移动要同时同向，协调配合进行。不可肩关节先动，上下动作脱节、不相随，形成身体扭动。掌随体转，眼随掌动，精神提起。要体会拳谚所云：“太极者圆也，无论内外、上下、左右，不离此圆也。太极者方也，无论内外、上下、左右，不离此方也。圆之出入，方之进退，随方就圆之往来也。方为开展，圆为紧凑。方圆规矩之至，其孰能出此以外乎！”

技击含义：对方用左、右拳或掌连续进击，我则用左、右前臂或掌云拨对方的进击破解对方。同时用一掌进击对方软肋。（图 72、73、74）

图 72

图 73

图 74

第36式 单 鞭

同前。

第37式 高探马

高探马的动作也是传统杨式太极拳套路中高架虚步之一，它的动作过程强调了此动作身法变化的重要性。在向左转身的时候，首先要注重的是虚领顶劲，尾闾中正，即腰髋的转动带动身体沿纵轴的旋转。使得左脚随身体的转动能轻松地提起前移。左脚的落点要稍偏左，双脚的距离与肩同宽，以避免双脚在同一直线上的现象出现。左脚、右脚、身体重心垂线三点确定了动作姿势的稳定性。在大幅度转体的情况下右掌借势横掌向前展伸。此时意贯右掌外缘及右臂，称之为“刚劲”或“截劲”。其作用全在引入落空，在对方以知受力，但不可变化之时，随即向对方中心发力，其势劲力快而短促。松肩垂肘，右臂撑圆，是右掌的动作姿态，劲力通顺的基础保证。左臂的回带，左掌的松沉回收，含有借劲，引带化解之意。乘人之势，借人之力，达到“牵动四两拨千斤”的意境，同时也充实了右掌的横切“截劲”。因而左掌的回收，右掌的展伸，左脚的踏地虚步，均随腰髋的转动上下相随、协调配合进行。身形上，腰髋的转动，身体的重心具有向上的提拔之意，同时也使得双膝关节随之向上展伸。腰身的拔伸体现了传统杨式太极拳尾闾中正、虚领顶劲的含义。含胸拔背，松肩垂肘，使得双臂的劲力有机的贯穿，成为一体。但右掌、左臂劲力的轻与重，虚与实，要合理的分配，要达到拳谚所云：“半轻半重不为病；偏轻偏重为病。半者，半有著落也。所以不为病；偏者，偏无著落也，所以为病。偏无著落也，必失方圆；半有著落，岂出方圆?”

注：此势动作，右掌的向前展伸，一种做法是立掌向前推出，以扑面掌的动作形式出现；另一种就是如本书所描述，此动作形式是依澄甫宗师当年所转。其技击含义大同小异。

技击含义：对方以右拳或右掌向我进击，我左掌翻转，向下、向后借劲引带，右掌同时随腰髋的转动直击其面或喉头。（图 75、76）

第 38 式 右分脚

右分脚的动作是传统杨式太极拳套路中，分脚、蹬脚、单摆、双摆四种腿法之一。四种腿法的共同之处就是一腿独立支撑，另一腿以不同的脚法出现。

右分脚共分 5 势分解动作完成，但这五势分解动作却是一气呵成的，动作之间没有明显的界线。动作的虚与实，开与合，起与落，都要做到主宰于腰，上下相随，一动无有不动，动作均匀柔和的要领。如身体重心下坐（沉）时，双掌的动作同时左右平撑，此时为开。右掌为实，左掌为虚。左脚迈出脚跟着地与双掌的动作同时到位，此时为合。左弓步，身体右转，双掌体前交错抹掌，右掌抹出与左弓步要达到手到腿到。不可腿先到，掌后到。或掌先到，腿后到。此时为开，身体不可前俯突臀。身体沿纵轴提拔，向左转体，随之带动右膝提起，膝关节与腰平，左掌横带，右掌平捋，以腰的转动带动左掌缓慢横带，右掌同时平捋相合。协调进行的提膝动作也同时到位。此时为合，为起。左腿支撑，右脚缓慢自左向右横分，脚面微内扣，与腰平，双掌也同时左右平撑，此时为开。定势时双腿的膝关节不可挺直，要含蓄。右脚的进击部位是对方的膝关节与腰部。气沉丹田，胸含背圆，松肩垂肘。右分脚的动作过程身体的左右转动起着极其重要的作用，“虚领顶劲，气沉丹田，不偏不倚，所谓尾闾正中神贯顶，满身清利顶头悬”。双掌的劲力变化也随腰髋的动转而变化，双掌相合，左掌在内，右掌在外。

图 75

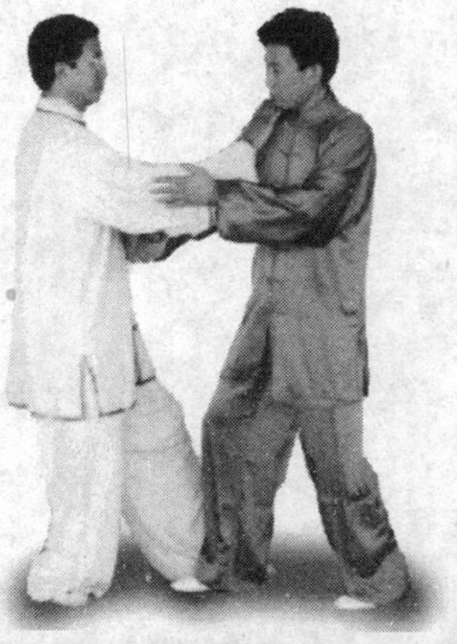

图 76

为双掤劲。右脚分出，意贯脚外侧。拳谚所云："筋骨要松，皮毛要攻。节节贯穿，虚灵在中。"又云，"立身中正安舒，支撑八面；行气如九曲珠，无微不到，所谓'气遍身躯不稍滞'也。"

注：分脚的动作目前有两种形式，一种是脚面绷平，力贯脚尖；另一种如本书所描述，脚面微内扣，力贯脚外缘。无论何种形式，在传统杨式太极拳术中分脚的高度，都是以膝关节、腰部为攻击目标，所以起腿不高，并且分出的腿不是平直，而是微屈，蓄而待发。本势动作依据祖父崔毅士所传。

技击含义：对方用拳、掌进击，我用双掌掤架，拨开对方攻击，迅速抬腿攻击对方。(图 77、78)

第 39 式　左分脚

同前。

第 40 式　回身左蹬脚

蹬脚动作是传统杨式太极拳套路中四种腿法的其中一种，它是以一腿支撑，另一腿脚尖回勾，力达脚跟，向前蹬出。

回身左蹬脚动作练习的时候，首先要把回身的概念搞清楚，回身是指身体向侧后方转，动作时要虚领顶劲，立身中正，充分利用腰髋的转动与双掌、左膝同时而动。虚领顶劲，右脚以脚跟为轴，头顶、右脚跟在同一纵轴线上。腰髋转动的同时，双臂平撑，左臂与左膝关节要上下相对，同时辅助用力转动，尤其是右脚要控制身体转动的幅度。左脚落地，右支撑腿的重心首先要下沉，左脚才能落地，否则极容易产生左脚抢步的现象出现。由于身体重心猛然倾斜，身体向前倾

图 77

图 78

倒。重心稳固后，双掌同时向下划弧，意贯双掌是采按劲，双掌于腹前相合。身体重心提起，随之左膝关节屈膝上提，膝关节向身体左侧方，同时双掌的合掌上提，意贯双臂外侧及上侧含有提、掤劲。双掌翻转向两侧平分时，左脚也同时向左侧蹬出，脚尖回勾，力达脚跟。在传统杨式太极拳套路练习时，对于左蹬脚的动作要求是，左脚的蹬出，左腿（主力腿）不是完全伸直，而是膝关节微屈，不仅有利于动作的爆发力，而且也有利于主力腿的迅速回收。蹬脚的高度是在对方膝关节与腰髋的高度，强调了动作的技击性、稳固性。左臂与左腿的上下相对，也加强了动作的合理攻击性，同时顺势的动作外形，也尽量避免了本人在独立支撑时，正面暴露给对方。肩肘的松垂，双臂的撑圆，稳固了身体的重心。上下动作要相随，动作要协调一致。拳谚所云："当时而动，如龙如虎，出乎尔动而急如电山。"

技击含义：对方由身后向我进击，我则迅速转身，以左掌拨开对方拳掌，避开对方的来势，并迅速起脚蹬之，使其上下受攻，难以防备。（图 79）

第 41 式　左搂膝拗步　第 42 式　右搂膝拗步

（均同前）

图 79

第43式 进步栽捶

栽捶，也是传统杨式太极拳术中五种拳法之一。“栽”字顾名思义就是由上向下的动作，但在此动作过程中，虽然右拳的动作弧度不是相当大，却也是右拳的运动过程从腰侧弧形向前下栽打。松腰沉髋，身体重心下沉，身型上要达到立身中正的要求。即使是右拳栽打，上体也要保持正直。这就尽量避免了为了栽打而失去身体的平衡，产生俯身、突臀，左右歪髋的错误动作。当然也就不符合“敛臀”和“尾闾中正”的拳理要求，这一点是要注意的；其次身体重心的前移，左腿屈膝前弓成左弓步时，身体的平稳位移，髋关节沿水平位置的运动，是避免动作过程中身体上下起伏的要点。尾闾中正是贯穿始终的。而主宰于腰，腰髋的转动却起着主导作用。左掌、右拳的动作要随腰的转动而动，腰的左转动切不可摇晃，因为一晃动必然产生身体俯仰，歪髋与拳理不符。双掌的运转，劲力的变化尤其要注重体会。动作1左臂的摆掌与动作3左掌由右肩前落于右腹前的劲力为“截劲”，截击对方动作，使之失去重心，所以要意贯右臂左侧，左臂下侧。右掌握拳提收时，先要意贯肘关节的同时又要具备向下的捆劲，所以是下捆劲与肘劲的合力。动作1动作完成时，要意贯双臂，同时含有向外的捆劲。松腰沉髋、含胸拔背、沉肩垂肘是劲力贯注到双臂的保证。在此劲力意识下，通过腰的左转、将右腿的腿脚之力，运用到栽捶和下搂掌。栽捶时，右臂边内旋边向前下栽打，拳面朝前下方，要松肩、送臂、顺腕。沉肩垂肘，力达拳面。下搂掌时，意贯左臂后侧撑劲的同时，又要有向下和向外的的采按劲，虎口向前，是为了便于拿捆对方，这也是传统杨式太极拳动作的独特风格。肩髋上下相对相合，避免了过分强调向前送肩、或两肩高低不平的现象。因而栽捶动作的劲力、步法的变化是极其重要的，也是要细心体会的，可以通过单势、定势（以定势架势做较长时间的练习）体会动作的劲力。因为拳谚所云：“气宜鼓荡，神宜内敛。勿使有缺陷处，勿使有凹凸处，勿使有断续处。”“一身之劲，练成一家。分清虚实，发劲要有根源：劲起于脚根，主宰于腰间，行于手指，发于脊骨。”

技击含义：一手搂开对方的进击的手或脚，我向前上步，插于对方腿后，或采踏对方一脚，另一拳向前击打对方下部反击。(图 80、81)

第 44 式 翻身撇身捶

撇身捶的动作是传统杨式太极拳套路中五种拳法之一。在整套的拳术演练中，出现了“转身撇身捶”与“翻身撇身捶”的两种不同身法变化的形式。同是撇身捶“转身”与“翻身”又有何不同？一般讲“转身”是指身体向侧方回转，转身时身体应保持立身中正，虚领顶劲，松腰沉髋，利用腰髋的动转带动双臂的动作进行。如闪通背动作身体侧向前方，然后转体接撇身捶动作应理解为“转身”。“翻身”一般的讲是指身体由前向后做 180 度的翻转，转体动作幅度大于“转身”的幅度。它的动作含义包括了翻与转双重的意思。同样身体应保持立身中正，利用腰髋的动转带动双臂的动作进行。如“进步栽捶”动作身体正向前方，然后转体接撇身捶动作应理解为“翻身”。

在传统杨式太极拳术的套路中，初期的演练形式，进步栽捶动作以后紧接的就是翻身二起脚再连打虎式，有腾空拍脚的动作，动作比较刚烈、勇猛。杨澄甫宗师经过不断的思索、揣摩，就演变成目前的动作形式，动作变得柔和、缓慢，圆活、连贯，一气呵成，更贴切杨式太极拳“连绵不断，棉里藏针”的特点。

我祖父当年学拳时，就曾练习翻身二起脚再连打虎式，后期就遵循杨澄甫宗师的修改进行演练。我幼年练拳时，在祖父的教导下也练习过此种动作形式。

目前，此动作的名称有的称为“回身撇身捶”，还有称为“转身撇身捶”，其含义是一样的。

图 80

图 81

第 45 式 进步搬拦捶

同前。

第 46 式 右蹬脚

无论左式还是右式的蹬脚动作，都是传统杨式太极拳套路中腿法的一种，同是以一腿支撑，另一腿脚尖回勾，力达脚跟，向前蹬出。

蹬脚的动作练习的时候，首先要虚领顶劲，立身中正，竖腰立顶，以保持身体纵轴的重心稳固。松肩垂肘，双臂撑圆，同样是为了达到加强身体重心的稳定，避免了耸肩扬肘所造成的身体重心上浮，呼吸紧张，上重下轻的弊病的出现。在传统杨式太极拳套路练习时，对于蹬脚的动作要求是，脚的蹬出，蹬脚的腿并不是完全伸直，而是略微屈膝，目的就是蹬脚的同时，留有适当的余地，既可以瞬间发力加强力度，又可以在不力的情况下迅速将脚回收，而且蹬脚的高度是以对方膝关节与腰髋的高度为攻击部位。突出强调了蹬脚动作的技击含义。动作的时候，蹬脚的主力腿与上臂要上下相对，同样是加强了技击的力度的同时，尽量避免将自己的正面暴露给对方，所以为顺势。

技击含义：对方以双拳、掌进击，我以掌拨开对方的进击，随即以脚蹬踹对方，使其倾倒。（图 82、83）

第 47 式 左打虎势

打虎势的动作是传统杨式太极拳套路中，以双拳动作出现的两种动作形式之

图 82

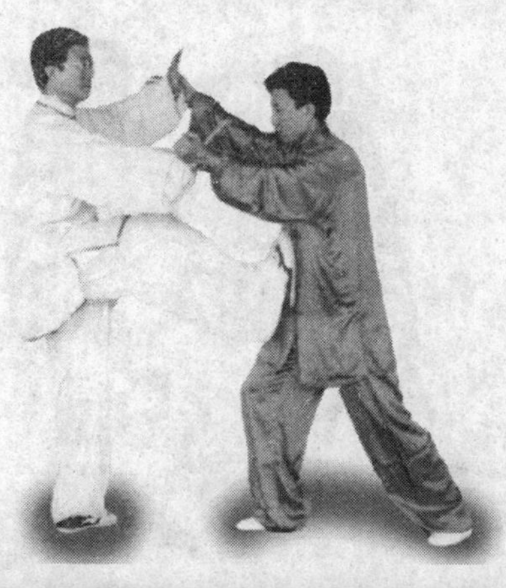

图 83

一，也是双贯拳。动作过程中要求处处对称协调，上下相随一致。身体重心左移，一边弓腿，一边上下双拳相合，腿到拳到，上下相随。而不是腿先到，再合双拳。身体立身的中正，决定了双拳动作的效果和力量。左拳自左向头前上方划弧圈打时力达左拳面，是贯拳。拳心向外，拳眼向下，左臂含有向外的撑劲。右拳同时向下屈臂圈打，同样力达拳面，也为贯拳。拳心向下，拳眼向内，右臂含有向外的撑劲。双拳上下要成一直线，左脚、左拳在前，是顺步顺势。左拳的高度一般在头前上方 20 厘米的距离。离头部太近，左臂动作软塌无力；离头部距离太远、太高，左臂动作僵直，不符合太极拳理。右拳与身体的距离也是本人两拳的距离。右拳距身体近，右臂则不具备撑劲，动作不饱满；距身体远，右臂动作同样僵直，失去了太极拳圆活、自然，动作处处呈弧形的要领。所以左打虎的动作练习时要做到顶头悬，身体中正，松腰沉髋，含胸舒背，双臂撑圆，沉肩坠肘，动作饱满。正如拳谚所云："十三总势莫轻视，命意源头在腰隙。变换虚实须留意，气遍身躯不稍滞。"

技击含义：对方由身后向我进击，我即刻转身用左拳向下格挡化解然后由左贯拳进击对方头部，同时右拳进击对方软肋部，形成上下夹击之势。（图 84、85）

第 48 式　右打虎势

同前。

第 49 式　右蹬脚

同前。

图 84

图 85

第50式 双探掌

双探掌的动作，目前知之者极少，此动作是澄甫宗师所传。我祖父教我练拳时，经常提到当年练习时，澄甫宗师总讲："双手探喉，贯耳拳"，所指的就是双探掌的动作。

当身体右转，右脚向前迈出时，双掌随体转而动，向两侧划弧收于腰间，双臂是向内抄裹。此时，尾闾中正，松腰沉髋。双腋不可紧夹身体，双肘的方向应为各自侧后45度，沉肩坠肘，双臂撑圆。当身体重心右移时，双掌同时向前上方穿掌，意贯双掌指，力达指尖。是"钻劲"，也称之为"入劲"。一般用于人顺我背与对方接近时，突然用旋转的方法将对方来劲化解，同时用掌指向对方进击。从双探掌的动作过程讲，双臂是由平撑的动作状态，向下划弧时，双臂外旋，翻转掌心向上收于腰间。通过双臂的旋转，双掌向内圈合抄裹。随身体重心的前移弓步的形成，以左脚的蹬踏之力，贯注到双掌指。身形要达到尾闾中正，松肩舒背，所以双臂不可挺直，双肘微屈，虽然是意贯指尖，但也要含有沉著之意。"举步周身要轻灵，尤须贯穿，气宜鼓荡，神宜内敛。莫叫断续一气研。勿使有凸凹处，勿使有断续处。其根在脚，发于腿，主宰于腰，形于手指。由脚而腿、而腰，总须完整一气。向前、后退，乃得机得势。有不得机得势处，身便散乱，必至偏倚，其病必于腰腿间求知。"

技击含义：对方双掌或双拳向我进击，我以双臂由内向外的旋转将其臂膀圈合托起，以一脚向前上步采踏对方脚面的同时，以双掌指进击对方咽喉。（图86、87、88）

图 86

图 87

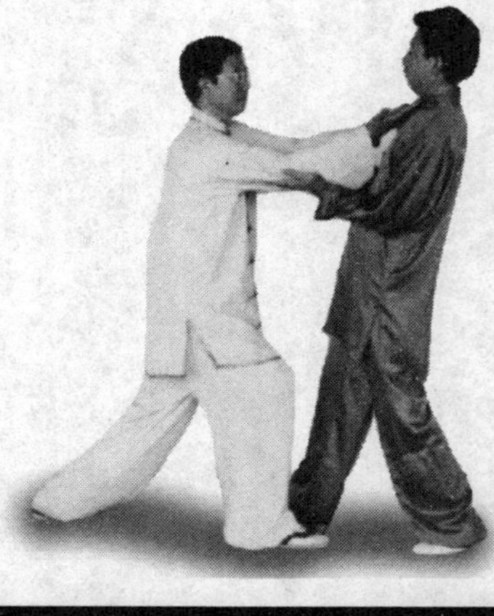

图 88

第51式 双峰贯耳

目前在社会流传的杨式太极拳动作名称中，此动作的名称多称之为“双峰”贯耳，是形容双拳如同两座山峰夹击，说明双拳的力度；还有的称之为“双封”贯耳，是说明双拳同时封闭圈打的含义；也有的称之为“双风”贯耳，是指双拳的动作速度快而有力。虽然字面不同，但含义相同。

双峰贯耳的动作练习时，首先要注意身体的中正，不可因为向前的贯拳圈打，而造成上体前俯，那么必然产生是向后的突臀现象出现，身体重心向前倾斜。双峰贯耳双拳的圈打动作要与弓步的形成同时协调完成。双掌于腰侧握拳，双臂同时向内旋转，双拳从身体两侧后弧形向头前贯打。双拳的贯打动作完成时要腰髋松沉，松肩沉肘，含胸拔背，肩背舒展，双臂撑圆。左脚的向前的弓蹬之力要于腿、于腰、于肩，节节贯穿，意贯双拳。双拳的高度与太阳穴平齐。要如拳谚所云：“轻灵活泼求懂劲，阴阳既济无滞病。若得四两拨千斤，开合鼓荡主宰定。”

技击含义：我以双拳或双掌进击对方，对方用手向下按压，我即顺势向下松沉化解，然后双臂环绕向前，用双拳进击对方头部。（图89、90）

第52式 左蹬脚　第53式 转身右蹬脚　第54式 进步搬拦捶
第55式 如封似闭　第56式 十字手　第57式 抱虎归山
第58式 右揽雀尾　第59式 斜单鞭
（均同前）

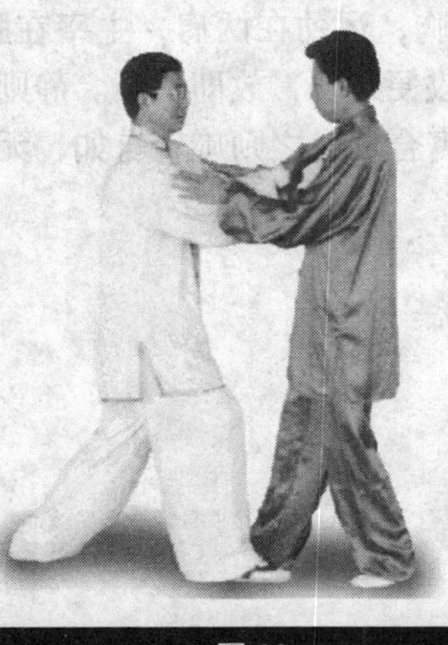

图89

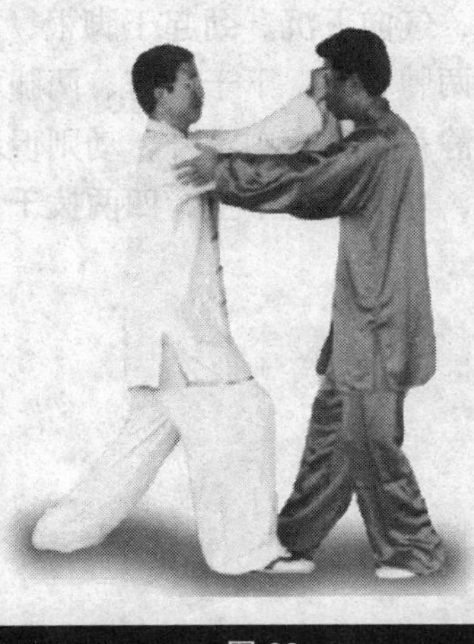

图90

第60式 右野马分鬃

野马分鬃的动作是传统杨式太极拳套路中极具代表性的动作之一。它的动作外形不仅开展大方，舒适圆活，而且对劲力的要求也是极其严格的。从步法、劲力的变化讲，它属于“蓄势暗劲弓蹬步”。动作1是蓄。身体的右转，松腰沉髋，沉肩坠肘，双臂合抱撑圆，左腿屈膝支撑，都在积蓄力量，属于太极拳术中的“相合”。动作2是暗劲弓蹬步，属于太极拳术中的“相开”。是指双臂舒展，弓步时劲力的爆发，撒放。右臂要含有“掤劲”，拳谚如此释义“掤劲义何解，旋转如飞轮，投物于其上，脱然掷寻丈，急流成旋涡，浪卷若螺纹，落叶坠其上，攸尔便沉沦。”意思是说，掤劲好似飞轮、旋涡，落上之物，便有抛出沉落之感。右肩、背具有“靠劲”，拳谚如此释义：“靠劲义何解，其法分肩背，斜飞势用肩，肩中还有背，一旦机可乘，轰然如捣碓，仔细维重心，失中徒无劲。”意思是讲，肩靠、背靠，首先要得势，但绝不可失去重心，被他人所制。所以右肩、背、臂要具备“掤、靠”的意念。左掌要具备“掤、按”之劲。左臂含有向后、向外的撑劲。肩髋上下相对相随。松肩舒背，肩肘松沉。虚领顶劲，立身中正。右腿，右臂为顺势。

传统杨式太极拳术中左掤式前臂为屈臂前举，意贯前臂为“掤劲”；野马分鬃前臂为展臂前伸，意贯前臂、背、肩，为“掤、靠劲”；斜飞式前臂为展，意贯前臂为“掤劲”当先。这三种形式的动作，前臂都是在体前上方，所以也称之为“上手”。同样后手的动作，相对讲称之为“下手”。“下手”共同之处就是掌、臂都具备向下、向后、向外的劲力内含。不同之点就是掌与身体的距离不尽相同，因而劲力的着重点也不同，这就需要练习者慢慢体会细细揣摩。以上就是这三式动作外形不同之处，劲力表现各异之点。虽然动作外形、劲力各不相同，但虚领顶劲、立身中正是贯穿始终的。正如拳谚所云：“先要两股前节有力，两肩松开，气向下沉。劲起于脚根，变换在腿，含蓄在胸，运劲在两肩，主宰在腰。上于两膊相系，下于两胯、两腿相随。劲由内换，收便是合，放即是开。静则具静，静是合，合中寓开，动则俱动，动是开，开中寓合。触之则旋转自如，无不得力，才能引进落空，四两拨千斤。”

技击含义：对方以拳掌进击或拿抓我左掌，我即以转体趁势引进，化其来势，并以右掌从左臂下突然进击，攻入对方腋下，同时上右步，以挪靠之劲使对方跌到。（图 91、92）

第 61 式　左野马分鬃

右式野马分鬃的动作转换到左式野马分鬃的动作，身形的变化不大，首先要注意尾闾中正，松腰沉髋，沉肩坠肘，气沉丹田。身体沿纵轴旋转，腰髋的转动带动双臂同时而动。转体时，双掌首先要保持上势动作不变，因为腰髋的转动之势，带动右臂继续向右延续 挪带劲力的意念，同时左掌辅助右掌的动作向右引带。当左脚提起向侧前迈出，脚跟着地时，双臂同时内外旋转相合。上下动作要相随相合，意贯双臂，为双挪劲。

第 62 式　右野马分鬃　第 63 式　左挪势　第 64 式　上步右揽雀尾

第 65 式　单　鞭

（均同前）

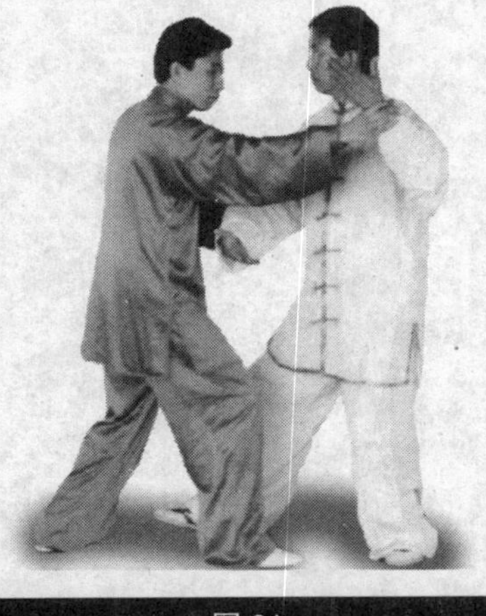

图 91

图 92

第66式 左玉女穿梭

传统杨式太极拳套路中典型的以“四隅”方向（既四个斜向）的路线为主的连续动作就是玉女穿梭。在套路练习时虽然有左、右玉女穿梭之分，但其动作要领是相同的，只是动作方向及动作过程中的具体演练方式略有不同而已。玉女穿梭的动作在练习时，对于它的劲力特点的体现目前有两种讲法，一种认为：“穿梭”的含义是指前臂的动作（无论左臂还是右臂为前时）在动作过程中含有向前上穿架的动作含义。比较强调穿的动作含义的体现；另一种的解释为：“穿梭”是形容向前推按的掌法动作速度之快，劲力之猛。其实两种解释并不矛盾，无论是穿架也好，还是架撑也好，都是首先起到防卫的动作意识，而向前的按推掌才是进击的动作实质。两者缺一不可。

此势动作时，首先要注意的是，身体向右转带动右脚提起向前迈出时，右脚落地的方向是关键。例如：在本书的套路中单鞭动作的身体面向正东方向，身体右转，右脚的落点方向应为西南方，即身体向右转动了135度。只有明确了转体的方向，左玉女穿梭的动作才能正确的完成。在动作过程中要注意到立身中正，腰髋松沉，双掌的动作随腰髋的转动协调而动，手脚的动作上下相随，沉肩坠肘、双臂撑圆、圆活饱满。拳谚所云：“乱环术法最难通，上下随合妙无穷。陷敌深入乱环内，四两千斤着法成。手脚齐进横竖找，掌中乱环落不空。欲知环中法何在？发落点对即成功。”所以，动作在练习时要认真揣摩的，体会其中的奥妙。

同样其它方向的的穿梭动作，转体、迈步是关键。

技击含义：对方由右后向我袭来，我即转身，先以右掌接迎，在向右掠带的同时，左臂由下向上撑架，将对方重心破坏，同时左脚向前上步，右掌迅速进击对方胸部，将对方击倒。（图 93、94、95）

第 67 式　右玉女穿梭

目前在社会流传的传统杨式太极拳套路中，从左式穿梭的动作到右式穿梭的动作过程练习时有两种方式：一种如本书所描述：由左玉女穿梭定势，右脚随身体向右转，先提起落地，然后左脚内扣，重心稳固后，右脚再向前迈出，分为两部分进行完成；另一种为：一次性完成动作，即由左玉女穿梭定势，右脚提起随身体向右转，边转动边找准方向再迈步。澄甫宗师在教学时一开始即如此。经过常年教学认为一次性完成动作，不仅身体重心不宜掌握，极易产生身体倾倒的现

图 93

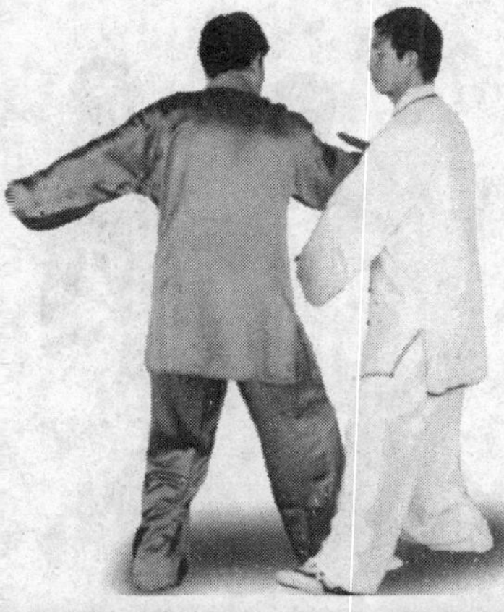

图 94

图 95

象，而且动作方向也不易准确掌握。所以就改进为如本书所描述，这样重心不仅稳定，动作方向也能准确掌握。我祖父教我练习时，两种练习方法都让我掌握，揣摩两种练习的细微之处。

技击含义：对方由右后向我袭来，我即转身，先以左掌接迎，在向右掠带的同时，右臂由下向上撑架，将对方重心破坏，同时右脚向前上步，左掌迅速进击对方胸部，将对方击倒。（图 96、97、98）

第 68 式　左玉女穿梭　第 69 式　右玉女穿梭　第 70 式　左掤势
第 71 式　右揽雀尾　第 72 式　单　鞭
第 73 式　左右云手　第 74 式　单　鞭
（均同前）

图 96

图 97

图 98

第75式 下 势

下势动作是传统杨式太极拳术中唯一的一组以仆步的形式出现的动作，在整套的动作中总共出现两次。两次的共同点是：下势动作都是以弓步动作为起始，仆步动作形成后，接下来都是以弓步为衔接式，然后再进行下面的动作。不同点是：一次是以独立步的动作形式出现，另一次确是以虚步的动作形式出现，自然动作的表现形式及劲力变化也是不同的，对于两种不同动作形式，将结合具体动作进行诠释。

一般讲，下势动作前的弓步动作开步要大，就是指双脚的前后及横向距离要略大些，这样有利于仆步动作的形成。从单鞭式的弓步，身体右转的同时，双脚要按右展（右脚）、左扣（左脚）的顺序进行。腰髋的松沉，尾闾的中正，是仆步形成的动作关键，也是保持动作稳定的要领。当仆步形成后，腰髋的转动带动左掌沿左腿内侧向前穿掌。肩肘的松沉，增加了左手穿掌的力度和右勾手向外撑力的内涵感觉。拳理所讲："身滞则进退不能自如，故要身灵。举手不可有呆像。彼之力方碍我皮毛，我之意以入彼骨内。两手支撑，一气贯穿。左重则左虚，而右已去；右重则右虚，而左已去。气如车轮，周身具要相随。有不相随处，身便散乱，便不得力，其病于腰腿求知之。"下势的动作也称之为"泻力法"，如对方用力过猛，我则顺势以下势动作缓解其力，此为"力过则泻"。又可称之为"补气法"，若对方用力牵引我，它必定产生憋气现象，我若稍加力向后牵引，对方必定随之加力牵拉，憋气现象随之加重，我则顺势发之，彼必仰倒，此为"气过则补"。

技击含义：对方以猛力进击，我则顺势以扑步化解其力及其来势，然后再反击，扑步是以腿为进的方法。（图 99、100）

第 76 式 左独立

此势动作的名称社会流传的有："锦鸡独立"、"金鸡独立"、"更鸡独立"、"寒鸡独立"，以及"独立式"等等，虽然名称繁多，也是大同小异，其意就是要提请练拳者注意到此势动作的重点就是要立身中正，虚领顶劲，动作姿态要挺拔。在挺拔之时，还要注重身形的动作要领的体现，即含胸拔背，松肩垂肘，肩背舒松。虽然是独立式，但也要做到力撑八面，从弓步到独立动作的完成，不仅是支撑腿的直起，更重要的是要以意领气，以气带动，虚领顶劲，身体才能沿纵轴直起，在动作过程中重心保持稳定，身体才能不偏不倚。在起身的同时，左掌

图 99

图 100

翻转下落，为掤按劲。同时右掌穿提，为擎劲，这一起一落，以意领为主，动作要轻灵，柔和、缓满，劲力要饱满，动作要和顺。上下要相随，肩髋要相对。左臂具有向后的撑劲，左掌含有向下的掤按之意。左肩松沉，但身体不可向左倾斜。右掌的穿提。意贯虎口的同时，右臂还具有向前的立掤劲。右肩背要舒松，沉肩垂肘，右掌指与鼻相平时，还要达到肘膝相对。这些动作完成的中心要点就是要尾闾中正，腰髋要松沉，含胸拔背，精神提起，意识放松，动作才能不僵拙，沉稳之中寓有轻灵，独立支撑八面，劲力节节贯通。

技击含义：该势为乘势攻击法，例如接前势，对方意寓后撤时，我即跟进，一掌按其手，一掌托其臂，同时用脚攻击对方的下部。（图 101、102）

第 77 式　右独立　　第 78 式　左右倒撵猴（右倒卷肱 1）
第 79 式　斜飞势　　第 80 式　提　手　　第 81 式　上　势
第 82 式　白鹤亮翅　第 83 式　左搂膝拗步　第 84 式　海底针
第 85 式　闪通臂　　第 86 式　转身撇身捶

（均同前）

图 101

图 102

第87式 白蛇吐信

传统杨式太极拳套路中，白蛇吐信的动作过程与转身撇身捶的动作身法变化是一样的。白蛇吐信的动作是传统杨式太极拳套路中两种探穿掌法之一，它的动作是由两部分组成：转身收掌及弓步探掌。“转身”强调了此动作身法的变化，在转身的时候，首先要注重的是虚领顶劲，尾闾中正，即腰髋的转动带动身体沿纵轴的旋转。双脚的距离与肩同宽，以避免双脚在同一直线上的现象出现。左脚、右脚，身体重心垂线三点确定了动作姿势的稳定性，加强了掌的动作的力度。如转身撇身捶，“撇拳（捶)”动作的翻打，是在大幅度转体的情况下借势进行的。右拳的翻打是以右肘关节为圆心，右前臂为半径，拳以扇面形的动作弧线体现。右拳击打时意贯拳背，是翻打、格挡的意思。松肩垂肘，右臂撑圆，是右拳动作姿态，劲力通顺的的基础保证。变化到白蛇吐信的动作时，随身体重心的右移，右弓步的形成，腰髋的继续右转，右拳变掌回收，含有引带、化解之意。左掌横掌推出，此时意贯左掌外沿及左臂，称之为“刚劲”或“截劲”。其作用全在右掌的引入落空，对方不能化解时，向对方中心发力。动作上应虚领顶劲，含胸拔背，肩肘松沉，立身中正，敛气凝神，力由脚而腿，而腰、而掌，节节贯通。随后，腰髋的回转，身体的左转，带动右掌的伸出，此时意贯右掌指，为“长劲”。所谓长劲就是劲路意气的延伸。在传统杨式太极拳术中，凡用身法和手法将对方劲力顺势化解称之为“吞”，也可以看作是合劲。而用身法和手法顺势借力进击，称之为“吐”，也可以看作是开劲。这动作上的一开一合，劲力上的一吞一吐，技法上的一化一进，就把白蛇吐信的动作的圆活连贯，连绵不断，劲力的刚柔相济有机的组合起来。

技击含义： 对方由右后用右拳进击，我急速转体，以右拳自上而下撇拳翻打格挡。并顺势拳变掌向后引带化解对方之势，随即以左横掌进击对方胸部，对方以左手推拦，我转腰化解以右掌进击对方软肋及喉头。（图 103、104）

第 88 式　进步搬拦捶　　第 89 式　上步右揽雀尾
第 90 式　单　鞭　　　　第 91 式　左右云手
第 92 式　单　鞭　　　　第 93 式　高探马

（均同前）

图 103

图 104

第94式 穿 掌

传统杨式太极拳套路中以掌指为力点出现的动作有双探掌、白蛇吐信和进步穿掌。无论是何种方式的单掌或双掌的前探，都是在弓步形成的同时完成前伸探掌的动作。探掌动作时，双臂或单臂的前伸，都要做到立身中正，松肩垂肘，肩背舒展，松腰沉髋，气沉丹田，双臂保持弧形，意贯掌指。在练习时要注意到双臂不可伸直，伸直则肩关节极易耸起，不仅动作外形笨拙，而且劲力内含也僵硬，失去了太极拳术中虚中有实、实中有虚的意念。同时也达不到动中寓静、静中寓动的拳理要求。双臂过于弯曲，动作外形显得软塌无力，自然就谈不到劲力的合理运用。所以太极拳术中直与屈之间的概念，不包含日常的直、屈的直观的感觉，而应是似直非直、似屈非屈的感觉。使得劲力的变化能随心所欲，虽然是意贯掌指，但肩背要舒展，不可以身体的重量压到手掌，否则就容易产生身体前俯、突臀的错误动作外形。弓步动作的形成与掌指的前探动作要体会到“其根在脚，发于腿，主宰于腰，行于手指。由脚而腿、而腰，总须完整一气。向前、后退，乃能得机得势。有不得机得势处，身便散乱，必至偏倚，其病必于腰腿求知。上下、前后、左右皆然”。

技击含义：（1）我用右横掌进击对方，对方以右手拦截，我则顺势化解的同时，上左步以左掌指进击对方喉部及头部。（2）对方以直拳进击，我以右掌盖压的同时，上左步以左掌指进击对方喉部及头部。（图 105、106）

图 105

图 106

第95式 转身单摆莲

目前在社会流传的传统杨式太极拳套路，此势动作有两种练习方法，一种名称为“转身十字蹬腿”或“十字蹬腿”，即右腿以前蹬的形式出现。另一种为本书所描述，“转身单摆莲”，右腿以摆莲脚的形式出现。此势动作是澄甫宗师所变动，据我祖父讲：“杨老师提到拳术套路中蹬脚的动作比较多，只有一个双摆莲动作，显得有些单调，变动一下，使得套路中前有单摆莲，后有双摆莲，不仅前后动作有相互呼应之意，而且也丰富了腿法的变化。”拳谚也提到：“纭手高探对心掌，十字摆莲往后翻。”虽然有的名称中“连”、“莲”音同，字不同，但其意相同，形容动作“如同莲花连续摆动”。我所珍藏的30年代，澄甫宗师在我家亲自教我祖父动作的照片，就是佐证。

此势动作，首先要注意的是扣脚转体的动作过程，身体转动为180度，左脚的内扣幅度也很大，因此髋关节的放松是转体的动作关键，尾闾中正，以左脚跟为轴，以腰的转动为主，身体沿纵轴旋转。其次是虚步摆掌的动作，右脚的点地位置同样不可忽视，双脚的横向距离太宽，极易产生身体重心向右偏斜，身体向右倾倒的现象。横向距离小，身体重心不稳，易产生身体前俯、突臀，左右歪髋的弊病。因此双脚的横向距离要与肩同宽，右脚的点地要成顺势。左七右三的重心分配，是绝不可忽视的。自然立身中正，含胸拔背，松腰沉髋，沉肩坠肘，双臂撑圆的动作要领同时要体现出来，“发劲须上下相随，乃能一往无敌；立身须中正不偏，方能八面支撑。静如山岳，动若江河。”

技击含义：对方从身后向我进击，我急转身；以双掌封护自己，将对方拳掌格挡，迅速起腿进击对方下部，同时用左掌拍击对方面部。（图107、108）

图107

图108

第96式　上步指裆捶

指裆捶，也是传统杨式太极拳术中五种拳法之一。“指裆”顾名思义就是直接击打对方的下部的动作，但在此动作过程中，虽然右拳的动作幅度不是相当大，却也是右拳的运动过程从右腰侧向前直打。松腰沉髋，身体重心下沉，身型上要达到“立身中正”的要求。即使是右拳直打，上体也要保持正直。就尽量避免了为了追求直打的效果而失去身体的平衡，产生俯身、突臀，左右歪髋的错误动作。当然也就不符合“敛臀”和“尾闾中正”的拳理要求，这一点是要注意的。其次身体重心的前移，左腿屈膝前弓成左弓步时，身体的平稳位移，髋关节沿水平位置的运动，是避免动作过程中身体上下起伏的要点。“尾闾中正”是贯穿始终的。而“主宰于腰”，腰髋的转动却起着主导作用。左掌、右拳的动作要随腰的转动而动，腰的左转动切不可摇晃，因为一晃动必然产生身体俯仰，歪髋与拳理不符。双掌的运转，劲力的变化尤其要注重体会。动作1左臂的摆掌与动作3左掌由右肩前落于右腹前的劲力为“截劲”，截击对方动作，使之失去重心，所以要意贯右臂左侧，左臂下侧。右掌握拳提收时，先要意贯肘关节的同时又要具备向下的掤劲，所以是下掤劲与肘劲的合力。动作1动作完成时，要意贯双臂，同时含有向外的掤劲。“松腰沉髋”，“含胸拔背”，”沉肩垂肘”是劲力贯注到双臂的保证。在此劲力意识下，通过腰的左转、将右腿的腿脚之力，运用到指裆捶和下搂掌。指裆捶时，右臂边内旋边向前直打，拳面朝前，要松肩、送臂、坐腕。“沉肩垂肘”，力达拳面。下搂掌时，意贯左臂后侧撑劲的同时，又要有向下和向外的掤按劲，虎口向前，是为了便于拿采对方，这也是传统杨式太极拳动作的独特风格。肩髋上下相对相合，避免了过分强调向前送肩、或两肩高低不平的现象。因而栽捶动作的劲力、步法的变化是极其重要的，也是要细心体会的，可以通过单势、定势（以定势架势做较长时间的练习）体会动作的劲力。因为拳谚所云：“气宜鼓荡，神宜内敛。勿使有缺陷处，勿使有凹凸处，勿使有断续处。”“一身之劲，练成一家。分清虚实，发劲要有根源：劲起于脚跟，主宰于腰间，行于手指，发于脊骨。”

技击含义：一手搂开对方的进击的手或脚，我向前上步，插于对方腿后，或采踏对方一脚，另一拳向前击打对方下部。（图 109、110）

第 97 式　上步右揽雀尾　第 98 式　单　鞭　第 99 式　下　势

（均同前）

图 109

图 110

第100式　上步七星

传统杨式太极拳套路中，上步七星的动作是从低架式仆步变化到高架式虚步的动作，是步法幅度变化比较大动作之一。因而动作要领掌握的正确与否是极其重要的，从低架式仆步变化到高架式虚步其中重要的过渡动作是弓步起身。弓步起身的动作，首先要解决好身体转动的同时，左脚先向外展，脚尖转正，然后右脚随之内扣135度。此时，身体重心前移，左腿前弓，动作要缓慢完成，要时时注意虚领顶劲，身体沿纵轴方向，向上顶起，立身中正意贯头顶。切不可起身时，髋关节向左侧突歪，用俯身前冲之贯性动作起身。随身体左转重心前移，左掌继续向前穿伸，此时意贯掌指。当弓步形成时，意贯左臂下侧，为“立掤劲”。同时右臂内旋，转动勾尖向上，力达右臂及勾背。腰髋松沉，肩背舒展，立身中正。如拳谚所云：“肌肤骨节，处处开张，不先不后，迎送相当。前后左右，上下四傍，转接灵敏，缓急相当。”当动作完成后，左脚外转，幅度在30～45度之间，重心于左腿，右脚要蹬地提起，轻提慢放，成右虚步。充分体现出迈步如猫行的劲力内涵。右前脚掌踏地成右虚步时，右前脚掌要具有支撑感，身体的重心分配为左七、右三。双臂相合双拳上架，双臂要撑圆，含胸拔背，沉肩垂肘，尾闾中正，松腰松髋，气沉丹田，劲起于左脚，力达于双臂，以增加前后之间的张力，以保证动作姿态的中正安舒。双臂举架的同时，不仅力达双臂上侧，双臂同时还要意贯双臂外侧，具有向外的双掤劲。此势动作幅度虽然不大，但要体现出拳谚所云：“圆之出入，方之进退，随方就圆之往来也。方为开展，圆为紧凑。方圆规矩之至，其孰能出此以外哉”。自然动作之间的协调一致，上下动作的相随相辅是绝不可乎视的。

技击含义：（1）对方以右拳进击，我以左掌向外掤化，同时以右拳自下而上攻击对方下颌。右脚提起进击对方前进腿的迎面骨。（图 111、112）

（2）对方以右拳进击，我以双拳十字架起，随即起腿进击对方下部。（图 113）

图 111

图 112

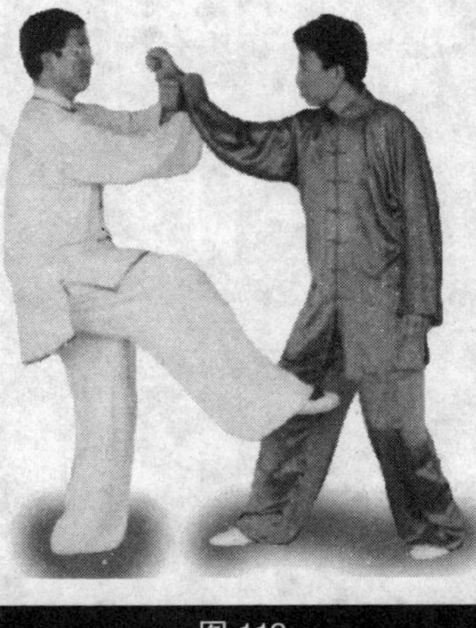

图 113

第101式 退步跨虎

传统杨式太极拳套路中，左虚步、双掌上下、左右分开外形相似的动作是白鹤亮翅和退步跨虎。这两个动作的共同点是，虽然动作外形看似直立，但是动作要领却是丝毫无变。首先身形要达到虚领顶劲，含胸拔背，松腰沉髋，收腹敛臀的要求。既要有向上的挺拔之势，又要含有向下的沉劲，这样就有上下对拔、把身肢拉长的感觉。虽然是右臂同样向上擎托高举，但是松肩、垂肘的动作原理也要充分体现，右肘关节不可扬起，要松沉，右肩与右掌指呈一弧形，双臂要呈弧形不可挺直，才能将腿脚之力，腰髋之劲，通畅地灌注到双掌。前三（左脚）后七（右腿）的身体重心的合理分配，就是整体动作劲力的基础保证。含胸拔背、松腰沉髋、松肩垂肘，加强了身体重心的稳固性，同时也保证了呼吸的深沉，也充分体现出太极拳原理中所包含的升、降，虚、实，开、合，采按、擎托等相对、统一的哲理。以心意之动，寓动作之形，如拳谚所云："心气一发，四肢皆动。足起有地，动转有位。或粘而游，或连而随；或腾而闪，或摺而空；或掤而捋，或挤而按。"动作外形相似但劲力的运用却有相当大的区别，白鹤亮翅的动作，意贯右掌虎口，右掌是向上擎托高举之意，左掌为掤按之意。退步跨虎的动作，意贯双掌及前臂外侧，为向外开展、撑掤之意。

退步跨虎的动作要注重身体左右的转动，在躯干端正，旋转圆活，舒展大方中寓有紧凑之感。虽然定势时双掌左右分开，更须注意开中寓合，合中寓开的意念。

技击含义： 对方以双拳左右同时向我进击，我即以双掌将对方双拳分开，随即起左脚攻击对方下部。（图 114、115）

第 102 式 转身双摆莲

传统杨式太极拳套路中，转身双摆莲，是唯一的一组以大幅度转身，运动速度相对较快的动作组合。而且对腰腿功夫的要求较高。从整体动作过程讲是向右后转身 360 度。但是在具体动作过程中，动作 1、2 是相当重要的环节。从退步跨虎的定势到动作 2 身体转动的方向应为退步跨虎的定势的左后侧方 45 度，也就是身体沿顺时针方向转动了近 230 度左右，左脚跟的落点以此方向为宜。在身体转动的过程中首先是身法的正确，尾闾中正身体沿纵轴方向旋转，松肩坠肘，含胸拔背、气沉丹田，加强了身体重心的稳固性。身躯的中正，才能达到敏捷中求稳定。动作 3 是整体动作启、承、转、合的衔接点，腰髋的动转使得身体继续右转，左脚内扣，重心左移，右脚点地成虚步，双掌一引化、一抹掌，把整体旋转动作完成。摆连脚时，转动带动右脚自左向右上以扇形向外摆动，力达右脚背外侧为横摆劲。动作如张开扇面，双掌同时自右向左顺序拍击脚面，不可将此动作做成向右踢腿的现象，也不可为了击拍脚面而弯腰俯身，失去中正安舒之意。

目前在社会流传的此势动作名称，“连”与“莲”通用。一为延续不断，连接和顺的寓意。另一为此势动作犹如风摆莲花般的象形比喻。自然动作的连续和顺，快速度的大回转和摆腿是本势动作的特点。

图 114

图 115

技击含义：(1) 对方以右拳进击时，我以右掌握其腕，左掌虎口卡其上臂形成撅臂之式，同时向右转体，以左脚勾挂对方一起，使之倾倒将其制服。(2) 对方由身后进击，我即刻迅速转体，双掌用挒或採或掤的动作防化，同时起腿攻击对方形成上下夹击之式使之难以招架。(图 116、117、118、119)

第 103 式 弯弓射虎

传统杨式太极拳套路中，弯弓射虎是唯一的一组弓步方向与双拳的动作方向在两个不同的隅向的动作。如前面所描述的玉女穿梭的动作，虽然弓步的方向全是隅向，但双掌的动作方向都为顺势顺向。弯弓射虎上下动作方向的不同，不仅加强了身体转动的幅度，同时也强调了主宰于腰，以腰的力量加强了双拳的力度意识。突出了左顾、右盼、中定连的重要性。弯弓射虎双掌动作的劲力的变化是

图 116

图 117

图 118

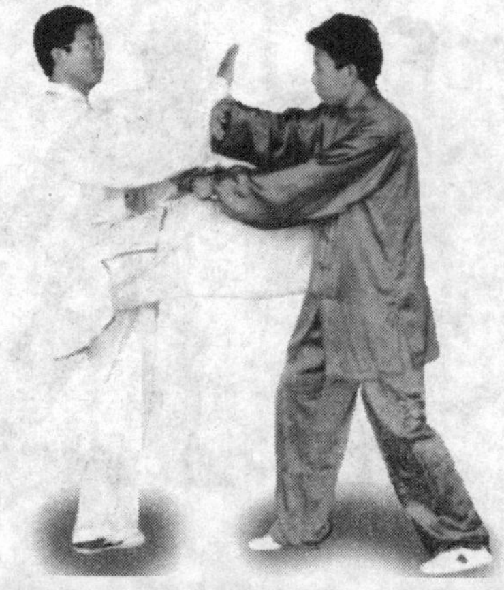
图 119

以不同的阶段以不同的劲力方式出现，但总的动作意识是延续不断的。如动作 1 转体迈步时，意贯双掌及前臂下侧，为掤之意。动作 3、4 在继续延续掤劲的同时，双掌握拳劲力变化为挂带之意，当转体弓步时随腰的转动双拳向前击打，力达双拳面。身形要达到虚领顶劲，立身中正，松腰沉髋，沉肩坠肘，肩背舒展，气沉丹田，双臂撑圆。动作意识要如拳谚所云："拳之运动，惟柔与刚；彼以刚来，我以柔往；彼以柔来，全在称量。刚中寓柔，与人不仵；柔中寓刚，人所难防。运用在心，不矜不张。中有所主，无人猖狂。随机应变，终不惊慌！"

技击含义：对方以拳向我进击，我以双掌才掤化，趁对方回撤之时，我即顺势转身以双拳击打对方胸部、肋部及头部。（图 120、121）

图 120

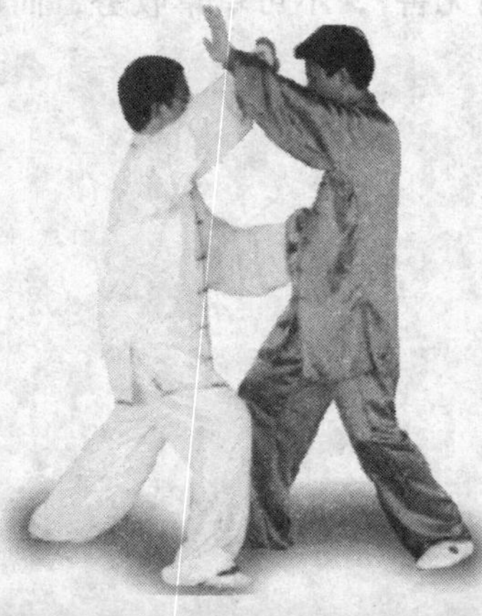

图 121

图 121 正面

第104式　进步搬拦捶　第105式　如封似闭　第106式　十字手

（均同前）

第107式　收　势（合太极）

传统杨式太极拳套路中，“无极式”是现在人们所经常提到的“预备势”，而“合太极”是整套动作的结束动作姿势。其实，就是“合太极”返回“无极式”，即结束动作返回预备势。其动作要领是贯穿整套动作的精髓。《太极拳论》首先提到“太极者，无极而生，阴阳之母也。动之则分，静之则合。”

从整体外观讲，“合太极”的动作要做到身体自然直立。动作极其简单看似容易，但却内涵了极其复杂和严格的动作要领。从传统杨式太极拳动作要领和练习法则讲，“合太极”动作就要做到：头顶悬；虚领顶劲，身体自然挺拔。眼平视；精神提起，意念集中。口微开；舌抵上腭，呼吸平缓。下颌微收；竖项立顶，立身中正。肩松沉；神态自然，呼吸下沉。含胸拔背；身体自然舒松。肘微屈；双臂保持弧形，动作饱满。松腰；沉髋，身体重心平稳。尾闾中正；收腹敛臀，身体保持自然弓形。双膝微屈；身体避免僵直。十趾微抓地；身体保持平稳，重心稳固。正如《无极歌》所讲：“无形无象无分拿，一片神行至道夸。参透虚无根蒂固，浑浑沌沌乐无涯。”又如太极拳论所云：“虚领顶劲，气沉丹田，不偏不倚，忽隐忽现。左重则左虚，右重则右杳，仰之则弥高，俯之则弥深。进之则愈长，退之则愈促。一羽不能加，蝉虫不能落。人不只我，我独知人英雄所向无敌，盖皆由此而及也！”

传统杨式太极拳至此收势合太极，返回无极式，由动入静，与预备势前后呼应、对称，所以称之为“合太极”。此时，神态安闲，心智爽朗。一般讲要静立3～5分钟，意守丹田。如拳谚所云“气以直养而无害”，不可草草收势，而影响演练效果。